DA COMPENSAÇÃO
NO
DIREITO CIVIL
E NO
DIREITO BANCÁRIO

ANTÓNIO MENEZES CORDEIRO
PROFESSOR CATEDRÁTICO DA FACULDADE DE DIREITO
E DA UNIVERSIDADE CATÓLICA
DOUTOR EM DIREITO

DA COMPENSAÇÃO
NO DIREITO CIVIL E NO DIREITO BANCÁRIO

Reimpressão da edição de Abril de

ALMEDINA

DA COMPENSAÇÃO – NO DIREITO CIVIL E NO DIREITO E NO DIREITO BANCÁRIO

AUTOR
António Menezes Cordeiro

EDITOR
EDIÇÕES ALMEDINA, S.A.
Rua Fernandes Tomás, nᵒˢ 76, 78 e 80
3000-167 Coimbra
Tel.: 239 851 904 · Fax: 239 851 901
www.almedina.net · editora@almedina.net

PRÉ-IMPRESSÃO
G.C. – GRÁFICA DE COIMBRA, LDA.

IMPRESSÃO E ACABAMENTO
PAPELMUNDE

Maio, 2014

DEPÓSITO LEGAL
194459/03

Toda a reprodução desta obra, por fotocópia ou outro qualquer
processo, sem prévia autorização escrita do Editor, é ilícita
e passível de procedimento judicial contra o infractor.

Ao Prof. Doutor Martim de Albuquerque

ADVERTÊNCIAS

Da compensação no Direito civil e no Direito bancário insere-se no quadro das pesquisas relativas à elaboração do volume II do nosso *Tratado de Direito Civil Português*, relativo ao *Direito das Obrigações*. Simultaneamente, este escrito tem em vista novas edições, revistas e actualizadas, dos *Manuais* de *Direito comercial* e de *Direito bancário*. Assume, todavia, total autonomia formal e substantiva.

O sistema de citações e de abreviaturas corresponde aos enunciados no início do volume I, tomo I, do *Tratado* e no do volume I do *Manual de Direito comercial*.

Os preceitos sem indicação de fonte reportam-se ao Código Civil.

O texto está actualizado com referência a elementos publicados até Dezembro de 2002. Indicações bibliográficas e jurisprudenciais completas constam do final da obra.

Na conclusão da presente obra, o autor beneficiou de licenças sabáticas concedidas, em simultâneo, pela Universidade de Lisboa e pela Universidade Católica Portuguesa. A ambas essas instituições, nas pessoas dos respectivos reitores – Prof. Doutor JOSÉ BARATA-MOURA e Prof. Doutor MANUEL BRAGA DA CRUZ – vivamente se agradece.

Serpa, Janeiro de 2003.

§ 1.º INTRODUÇÃO

1. A compensação

I. O Código Civil prevê, no seu artigo 847.º/1, a compensação: quando duas pessoas sejam reciprocamente credor e devedor, qualquer delas pode livrar-se da sua obrigação, através da compensação com a obrigação do seu credor, desde que se verifiquem determinados requisitos, depois referenciados. Ao crédito da pessoa que invoca a compensação poderemos chamar compensatório ou activo; ao da pessoa contra a qual ele é invocado chamaremos compensado ou passivo[1].

O próprio termo compensação[2] pode traduzir:

– o instituto da compensação, no seu todo;
– o acto que desencadeia a aplicação desse instituto;
– o efeito extintivo ocasionado pela compensação.

II. A compensação surge no coração do Direito civil. O Código vigente insere-a nos artigos 847.º a 856.º, entre as causas de extinção das obrigações diferentes do cumprimento: dez artigos herdeiros de vinte e

---

[1] Adaptamos à língua portuguesa a terminologia hoje corrente na dogmática continental; cf. MARTIN SCHLÜTER, no *Münchener Kommentar zum BGB*, 2.º vol., 4ª ed. (2001), § 387, 1 (1769) e KARL-HEINZ GURSKY, no *STAUDINGERS Kommentar*, 13ª ed. (1994), Prenot. 44 aos §§ 387 ss., 1 (219).

[2] Nas línguas latinas, a terminologia está estabilizada em torno da velha *compensatio*: compensação, *compensazione*, *compensation* ou *compensación*, em português, italiano, francês e castelhano, respectivamente. Em alemão usa-se, na doutrina moderna germânica, *Aufrechnung*, na literatura antiga, *Kompensation* e nos textos suíços, *Verrechnung*; nas fontes austríacas prevalece a *Aufrechnung*, embora também ocorra *Kompensation*. Na Escócia, o termo tradicional é *compensation*; já no Direito inglês, a função da compensação é assegurada pelo *set off*, figura processual abaixo examinada. Cf. a nota terminológica de REINHARD ZIMMERMANN, *Die Aufrechnung/Eine rechtsvergleichende Skizze zum Europäischen Vertragsrecht*, nos FS Medicus (1999), 707-739 (709-710).

dois séculos de uma história complexa e intensa e na qual, por excelência, a certeza e a equidade do Direito se têm vindo a entrechocar.

Na origem, podemos imaginar que a compensação operasse perante um credor que, isolado, fosse demandar o seu devedor; este, sendo credor do credor demandante e por uma dívida do mesmo tipo, contrapor-lhe-ia a compensação: ambas as dívidas desapareceriam, mantendo-se o crédito passivo apenas pelo saldo, se o houvesse.

III. Os problemas foram-se, porém, avolumando: e se os créditos não forem da mesma espécie? E se não estiverem ambos vencidos? E se for invocado o crédito activo apenas para protelar o pagamento da dívida invocada? E se as posições em presença estiverem numa situação de complexidade subjectiva ou tiverem diversos titulares? E se as obrigações em causa apresentarem locais diversos para o cumprimento? E se se tratar de obrigações constituídas ao abrigo de leis diferentes? E se um interessado for credor de um terceiro que, por seu turno, seja credor do credor do primeiro? E se houver créditos prescritos? E obrigações naturais? E deveres de indemnizar? E entidades públicas?

As questões podem-se multiplicar de modo infindável. Curiosamente, quase todas elas obtiveram, no Direito romano, respostas que mantêm actualidade. Mais: o fascínio dos textos romanos[3] e do que eles representam é tão forte que a opção por uma compensação automática (por oposição a potestativa) foi tomada, na generalidade dos países latinos, na base de mero erro histórico de interpretação do *Corpus Iuris Civilis*.

IV. Todavia, tudo isto vem, hoje, aplicar-se a situações sociais e económicas muito diferentes das que, na Antiguidade, presidiram ao seu nascimento. Funcionam? Em que base e com que consequências?

A actual Ciência do Direito dá respostas: umas claras e práticas, outras ainda com margem de incerteza.

---

[3] Em parte provocado pelos enigmas subjacentes; cf. o clássico PAUL KRETSCHMAR, *Über die Entwicklung der Kompensation im römischen Rechte* (1907), 1.

2. Vantagens e papel

I. A compensação apresenta diversas vantagens que têm sido enumeradas ao longo da História[4]. Vamos recordar algumas:

– permite prescindir de um juízo ou, mais latamente, de um conjunto de operações relativas a um contrapagamento: numa linguagem tipo *law & economics*: baixa os custos da transacção[5]: o credor demandado resolve a situação no momento, sem necessidade de se arvorar, por seu turno, em demandante[6-7];
– põe o interessado ao abrigo da insolvência do seu devedor: pela compensação, ele "cobra-se" ainda que o devedor fique incapaz de satisfazer as suas obrigações[8];
– evita fluxos de meios de pagamento: a compensação consuma-se em abstracto, nas esferas respectivas.

Pode, porém, ter inconvenientes. Eles serão, de algum modo, a contraface das vantagens[9]. Assim, nas mãos de um demandado de má fé, que invente créditos dilatórios, a compensação pode enfraquecer o mais sólido

---

[4] Assim e como exemplos: CASIMIRO CARAVELLI, *Teoria della compensazione e diritto di retenzione* (1940), 3-4, PIERO SCHLESINGER, *Compensazione (diritto civile)*, NssDI III (1959), 722-731 (722/II), ROGER MENDEGRIS, *La nature juridique de la compensation* (1969), 11, BÖRRIES VON FELDMANN, *Die Aufrechnung – ein Überblick*, JuS 1983, 357-363 (357), VALERIA DE LORENZI, *Compensazione*, DDP/SezCiv III (1990), 66-77 (66/II), STAUNDINGER/GURSKY, *BGB*, 13ª ed. cit., 221 ss. e SCHLÜTER, *BGB/Münchener Kommentar*, 2.º vol., 4ª ed. cit., 1769.

[5] Recordamos RONALD H. COASE, *The Problem of Social Cost*, J. Law & Econ. 3 (1960), 1-44 e RICHARD A. POSNER, *Economic Analysis of Law*, 5ª ed. (1998), 56 ss..

[6] Surgem fórmulas como "manifestação do princípio dos mínimos meios" (CARAVELLI, *Teoria* cit., 4), como "simplicidade" (SCHLESINGER, *Compensazione* cit., 722/II), como "razões de economia" (DE LORENZI, *Compensazione* cit., 66/II).

[7] ROGER MENDEGRIS, *La nature juridique* cit., 11: "Simplifica as relações entre devedores recíprocos, evitando dupla transferência de fundos ...".

[8] Trata-se do aspecto contemplado, no Direito romano, através da figura da *compensatio* do *bonorum emptor*.

[9] Cf. APPLETON, *Histoire de la compensation en Droit Romain* (1895), 10. Como desvantagem, este Autor refere ainda o sacrifício do foro competente para estatuir sobre o crédito compensatório: a compensação é, naturalmente, feita valer no foro da obrigação compensada: a apresentada, em primeiro lugar.

e justificado pedido[10]. Num cenário de insolvência, a compensação pode subtrair, injustamente, créditos à massa. Finalmente, a compensação pode, pela supressão do movimento de mercadorias, empolar artificial e irresponsavelmente transacções que, em última instância, alguém terá de suportar.

Caberá ao Direito limar todos estes possíveis escolhos.

II. O papel da compensação, que data desde os primórdios[11], veio a ser ampliado, ao longo da História, em termos exponenciais[12]. Como foi dito, ela terá surgido como instituto pronto a operar em relações bilaterais. Todavia, as suas potencialidades cedo foram reveladas em contextos mais complexos. Inserida no cerne do Direito privado, a compensação pode ser manuseada e ampliada por contrato: teremos, assim, o contrato de compensação ou compensação convencional[13]. A partir daí, as potencialidades da compensação tornam-se praticamente ilimitadas.

III. A compensação tem um papel nuclear em institutos como a velha *Skontration*, próxima de uma compensação-transferência, a conta-corrente, o desconto bancário em geral, o *clearing*, as câmaras de compensação e o *netting*.

Nos primórdios temos a acção do banqueiro (*argentarius*), necessariamente acompanhada da hipótese de compensação (*cum compensationem*), mesmo nos juízos de direito estrito[14], num antecipação da conta-corrente, em que só o saldo é exigível.

---

[10] Cf., quanto à problemática penal que pode estar envolvida, HANS REICHEL, *Aufrechnung und Betrug*, AcP 125 (1925), 178-192 (179 ss.).

[11] ERNST STAMPE, *Das Compensationsverfahren im Vorjustinianischen stricti juris judicium* (1886), 12 ss..

[12] Cf. HEINRICH SINN, *Die Aufrechnung/eine rechtsvergleichende Darstellung unter Berücksichtigung des deutschen, österreichischen und schweizerischen Rechts* (1933), 1 e NICOLE-CLAIRE NDOKO, *Les mystères de la compensation*, RTDCiv 90 (1991), 661-694 (661): a compensação desenvolve-se com o progresso económico.

[13] Desde já referimos a importante e maciça monografia de PETER KLAUS BERGER, *Der Aufrechnungsvertrag/Aufrechnung durch Vertrag/Vertrag über Aufrechnung* (1996), com XXX + 516 pp..

[14] GAIUS, *Institutiones* [150 d.C.; utilizamos a edição de M. DAVID, *Gai institutiones secundum codicis veronensis aprographum studemundianum et reliquias in Aegypto repertas*, Leiden (1964)], 4, 64, abaixo examinado.

Na origem das câmaras de compensação temos a *Skontration*, documentada em França[15], na região de Champagne e na Borgonha[16]. Tratava-se de feiras periódicas em que os créditos e débitos de produtores, intermediários e adquirentes eram postos em conjunto e compensados, de tal modo que houvesse um mínimo de efectiva deslocação material de fundos.

Apesar de aparentemente vetusta, a compensação mantém um poder explicativo e regulativo imprescindível, no tocante aos mais nucleares institutos da banca e do comércio em geral. Constitui um interessantíssimo elo de ligação, entre as raízes profundas do nosso ordenamento jurídico e as áreas sócio-económicas de ponta, que animam os mercados neste início de milénio.

IV. No Direito português, o interesse prático e jurídico-científico é, se possível fosse, acrescido. Como veremos, a compensação continental desdobra-se em dois grandes sistemas: o francês e o alemão. O Direito português aceitou o primeiro, no Código Civil de SEABRA (1867), optando pelo segundo, no Código Civil vigente (1966). Temos um interessante caso de migração sistemática: os estudiosos portugueses estão numa posição de charneira para bem apreciar os esquemas que repartem a velha Europa continental.

3. Objecto do presente estudo e sequência

I. O presente escrito propõe-se estudar a compensação no Direito civil e no Direito bancário. Não visa esgotar o tema: antes irá tocar em aspectos relevantes e representativos do sector. Particularmente visada será a articulação da compensação com a abertura de conta e com as operações dela decorrentes.

---

[15] Cf. EMIL TESCHEMACHER, *Ein Beitrag zur rechtlichen Betrachtung des Anrechnungsverkehrs bei den Abrechnungsstellen der Reichbank*, ZHR 67 (1910), 401-432 (408 ss.).

[16] ANSCHÜTZ, *Das Institut der Zahlwoche auf den französischen Messen im Anfange des XIII Jahrhunderts*, ZHR 17 (1872), 108-109 e GOLDSCHMIDT, *Die Geschäftsoperationen auf den Messen der Champagne (Les devisions des foires de Champagne)*, ZHR 40 (1892), 1-32.

Quanto ao sentido material da pesquisa e antecipando: iremos constatar que, na forma como na substância, os grandes valores românicos mantêm uma actualidade indiscutível. Apenas haverá que os confrontar com o actual estádio da Ciência do Direito.

II. Na sequência, iremos trabalhar em duas partes: a compensação geral ou civil e a compensação bancária, respectivamente. A compensação civil vai levar-nos desde o Direito romano à actual aplicação do Código Civil. A compensação bancária permitirá percorrer os meandros da abertura de conta e do depósito bancário, explicitando, depois, o seu funcionamento.

I
A COMPENSAÇÃO CIVIL

CAPÍTULO I
A COMPENSAÇÃO NO DIREITO ROMANO

§ 2.º AS TRÊS SITUAÇÕES CLÁSSICAS

4. Generalidades

I. O Direito romano assentava em acções. A pessoa a quem o *ius* reconhecesse uma posição favorável e tutelada, tipificada na lei, podia dirigir-se ao magistrado; este, verificada a recondução dos factos invocados à fórmula própria de alguma das acções admitidas, concedia a *actio*. O demandante dirigir-se-ia, então, ao juiz que, na base da fórmula, condenaria se se provassem os factos invocados.

No sistema mais antigo – o das *legis actiones* – as acções disponíveis eram estritas: não dariam cobertura a múltiplas situações relevantes, mas apenas às que se encontrassem expressamente previstas na Lei das XII Tábuas[17]. Não havia, neste esquema, espaço para qualquer compensação.

Pela sua rigidez, as *legis actiones in odium venerunt*[18]. E assim, a *Lex Aebutia* (130 a.C.) veio oficializar o processo formulário, mais flexível[19].

O processo formulário processava-se em dois tempos: o primeiro, perante o pretor que, apurando os termos do litígio, concedia a fórmula; o segundo, perante o juiz, respeitava à produção de prova, permitindo concretizar a fórmula, quando se comprovasse a versão do autor[20].

---

[17] Cf. A. SANTOS JUSTO, *Direito romano – I / Parte geral (Introdução. Relação Jurídica. Defesa dos direitos)* (2000), 286-287. Outros elementos podem ser confrontados em MENEZES CORDEIRO, *Da boa fé no Direito civil* (1984, 2ª reimpr., 2001), 71.

[18] GAIUS, *Institutiones* cit., 4.30.

[19] Cf. GIOVANNI PUGLIESE, *Il processo civile romano II – Il processo formulare I* (1963), 19 ss. e MAX KASER, *Das römische Zivilprozessrecht* (1966), 240.

[20] Cf. MENEZES CORDEIRO, *Da boa fé* cit., 72, com indicações; entre nós, SANTOS JUSTO, *Direito romano* I cit., 305 ss..

Na fórmula tínhamos a *intentio* ou base jurídica da decisão a encontrar e a *condemnatio* ou ordem dada ao juiz para condenar ou absolver, consoante o que se apurasse no plano dos factos.

As fórmulas disponíveis foram-se desenvolvendo. Surgiu uma bipartição: por um lado, as fórmulas de Direito civil, base das *actiones in ius conceptae*, com uma *intentio* assente no *ius civile*, normalmente uma *lex*; por outro, as fórmulas honorárias, baseada apenas no *imperium* do pretor[21].

Quanto às *actiones in ius conceptae*: normalmente e como foi dito, elas basear-se-iam numa *lex*[22]. Mas nem sempre: o pretor veio a concedê--las apenas com base na *bona fides*: eram os *bonae fidei iudicia*[23]. À sua sombra surgiram os principais contratos ainda hoje conhecidos: compra e venda, locação, sociedade e mandato, entre outros.

O Direito romano conheceu, desta forma, toda uma caminhada no sentido da diferenciação: tratou, com mais cuidado e de modo diferenciado, as situações efectivamente diferentes.

II. Neste ambiente haverá que inserir a compensação. Na definição de MODESTINUS[24]:

Compensatio est debiti et crediti inter se contributio[25].

Justamente: na lógica do Direito romano, tal operação seria impossível. A cada situação juridicamente relevante corresponderia uma acção. O credor demandado pelo seu devedor teria de tomar a iniciativa de, contra este, lançar uma acção autónoma[26]. Esta regra não conheceria desvios, nem mesmo nos *bonae fidae iudicia*.

---

[21] Cabia distinguir: *actiones in factum conceptae* quando não fizessem qualquer recurso ao *ius civilis*, *utilis*, quando se apoiassem no *ius civile* mas fossem, pelo pretor, usadas em situações diversas das inicialmente previstas e *ficticiae* quando se agisse, no respeito formal do *ius civile*, fora dos objectivos por ele visados.

[22] Por isso os compiladores lhes chamariam *actiones stricti iuris*; cf. MAX KASER, *Oportere und ius civile*, SZRom 83 (1966), 1-46 (27).

[23] Quanto à sua origem, com indicações, cf. MENEZES CORDEIRO, *Da boa fé* cit., 53 ss..

[24] D. 1.16.2. Temos em conta o Direito romano "comum"; no Egipto romanizado (sec. I a IV a.C.), o esquema era mais restritivo; cf. STEPHAN BRASSLOFF, *Zur Geschichte des römischen Compensationsrechtes*, SZRom 21 (1900), 362-384.

[25] Que APPLETON, *Histoire de la compensation* cit., 56, traduz por "compensação é a neutralização recíproca de um crédito e de um débito".

[26] Trata-se do "princípio da análise", na nomenclatura de APPLETON, *Histoire* cit., 11.

III. Vieram a admitir-se, todavia, três excepções[27], excepções essas que estão na origem da actual compensação:

– nos *bonae fidei iudicia*, perante obrigações derivadas do mesmo contrato;
– no caso de créditos do banqueiro (*argentarius*), por dívidas do seu cliente;
– em situações de aquisição de bens do falido (*bonorum emptor*).

Além disso, no Direito clássico, a compensação não operava *ipso iure*, mas *ope exceptionis*: manifestava-se no plano processual e por iniciativa do interessado em, dela, beneficiar[28].

A precisão de análise e o sentido de equilíbrio das soluções romanas é impressionante. Constitui um património que a civilística nacional não pode continuar a dissipar: dogmática e história estão ontologicamente interligadas[29]

5. A compensação nos *bonae fidei iudicia*

I. O texto básico em matéria de compensação é o das *Institutiones*, de GAIUS[30-31]. A matéria começa por ser apresentada com alguma generalidade[32]:

> *continetur, ut habita ratione eius, quod inuicem actorem ex eadem causa praestare oporteret, in reliquum eum, cum quo actum est, condemnare.*

---

[27] Cf., com indicações, GUIDO ASTUTI, *Compensazione (storia)*, ED VIII (1961), 1-17 (1 ss.).
[28] ASTUTI, *Compensazione* cit., 1/II.
[29] Vide o importante escrito de EDUARD PICKER, *Rechtsdogmatik und Rechtsgeschichte*, AcP 201 (2001), 763-859.
[30] Cf., na edição de M. DAVID cit., 136 ss..
[31] Quanto a GAIUS, cf. SEBASTIÃO CRUZ, *Direito romano*, 1.° vol., 4ª ed. (1984), 393 ss. e SANTOS JUSTO, *Direito romano*, 1.° vol. cit., 88, nota 352.
[32] GAIUS, 4, 61.

Posto isso, GAIUS recorda quais são os juízos de boa fé[33]: enumera[34] a compra e venda, a locação, a gestão de negócios, o mandato, o depósito, a fidúcia, a sociedade, a tutela e a *res uxoria*[35]. Pois bem: nos *bonae fidei iudicia*[36],

> *liberum est tamen iudici nullam omnimo inuicem compensationis rationem habere; nec enim aperte formulae uerbis praecipitur; sed quia id bonae fidei iudicio conueniens uidetur, ideo officio eius contineri creditur.*

II. Ao contrário do que poderia resultar de uma leitura apressada de GAIUS, o juiz não era totalmente livre de compensar, fosse qual fosse a fonte dos débitos contrapostos em presença: a *compensatio* operava quando o crédito e o contracrédito proviessem do mesmo contrato. Numa primeira fase, autores como APPLETON explicavam o fenómeno através de ideias exógenas da boa fé ou da equidade[37]. Doutrina ulterior veio a, no fenómeno, encontrar uma aplicação prática alargada da reciprocidade das fórmulas[38].

III. Mau grado a apontada limitação, os *bonae fidei iudicia* desenvolveram, em conjunto com a ideia de elasticidade, a eles inerente, a da praticabilidade da compensação. Esta, primeiro vocabularmente e, depois, em moldes substantivos, ficou associada à boa fé e aos valores por ela comportados[39].

---

[33] O elenco dos *bonae fidei iudicia* veio a alargar-se, ao longo da História do Direito romano, desde QUINTUS MUCIUS SCAEVOLA – cf. CÍCERO, *De officiis*, 3.17.70 = *M. Tulli Ciceronis, De officiis Libri tres*, publ. H. A. HOLDEN (1899, reimpr., 1966), 120 – até GAIUS e, depois, até IUSTINIANUS.

[34] Cf. MENEZES CORDEIRO, *Da boa fé* cit., 73 ss., com indicações; *vide* GAIUS, *Institutiones* cit., 4, 62.

[35] A *actio rei uxoriae* destinava-se a recuperar o dote da mulher, em caso de dissolução do casamento.

[36] GAIUS, *Institutiones* cit., 4, 63.

[37] APPLETON, *Histoire de la compensation* cit., 62 e 64.

[38] BIONDO BIONDI, *La compensazione nel diritto romano* (1927), 19 e GIUSEPPE PROVERA, *Iudicium contrarium*, NssDI 9 (1963), 341-343. Cf. ASTUTI, *Compensazione (storia)* cit., 1/II ss. e SIRO SOLAZZI, *La compensazione nel diritto romano*, 2ª ed. (1950), 5 ss..

[39] Cf. MENEZES CORDEIRO, *Da boa fé* cit., 81 ss. (88 ss.).

6. A compensação do banqueiro (*argentarius*)

I. Roma foi um grande centro militar, político e administrativo. Mas foi ainda um grande centro económico e financeiro. Operações de tipo diverso eram conduzidas pelos *argentarii*[40]. Numerosos e bem organizados, os *argentarii* asseguravam financiamentos complexos e transferências de vulto, com ramificações em todo o Império: uma teia financeira que só seria realcançada no século XIX.

No Direito romano teria faltado um Direito comercial, similar ao que viria a florescer no Continente europeu. A afirmação, que não é inquestionada[41], poderá ter a seguinte explicação: todo o Direito romano do processo formulário, particularmente o dos *bonae fidei iudicia*, desenvolveu-se em torno das necessidades do comércio. Roma não teria, assim, um específico Direito comercial pela mais simples e definitiva das razões: todo o Direito civil era comercial!

Isto posto, passamos a considerar a compensação do banqueiro.

II. Segundo o texto de GAIUS[42]:

> *Alia causa est illius actionis, qua argentarius experitur: nam is cogitur cum compensatione agere, et ea compensatio uerbis formulae exprimitur, adeo quidem, ut [itaque] ab initio compensatione facta minus intendat sibi dari oportere, ecce enim si sestercium x milia debeat Titio, atque ei xx debeantur, sic intendit:* SI PARET TITIUM SIBI X MILIA DARE OPORTERE AMPLIUS QUAM IPSE TITIO DEBET[43].

---

[40] Cf. CARLOS FADDA, *Istituti commerciali del diritto romano/Introduzione* (1903, reimpr., 1987, com notas de LUCIO BOVE), 104 e ALFONS BÜRGE, *Fiktion und Wirklichkeit: Soziale und rechtliche Strukturen des römischen Bankwesens*, SZRom 104 (1987), 465-558.

[41] Cf. MENEZES CORDEIRO, *Manual de Direito comercial*, 1.º vol. (2001), 25 ss..

[42] GAIUS, *Institutiones* cit., 4.64.

[43] O troço transcrito poderá ser traduzido nos termos seguintes:

> Diferente [da dos juízos de boa fé] é a acção de que se serve o banqueiro, uma vez que ele deve agir *cum compensatione* e esta compensação é expressamente indicada pela fórmula, de tal modo que, desde o início do processo, ele pede menos do que aquilo que lhe é devido, tendo operado ele próprio a compensação. Se, por exemplo, ele deve dez mil sestércios a Titius e se Titius lhe deve vinte mil, a *intentio* do *argentarius* seria assim concebida: se se mostrar que Titius me deve dez mil a mais do que eu próprio lhe devo.

De facto, na Antiga Roma como hoje, o banqueiro lidava com numerosos clientes e tinha uma especial facilidade em mover-se no campo forense[44]. Poderia, assim, intentar acções por qualquer um dos créditos de que fosse titular e isso independentemente dos direitos que pudessem assistir ao seu cliente.

III. Na sequência de uma inovação pretoriana, o banqueiro era obrigado a agir, contra o seu cliente, *cum compensatione*. Esta não era um *plus* inerente à acção, como sucedia nos *bonae fidei iudicia*: antes se tratava de uma delimitação negativa da própria fórmula[45], operando *ipso iure*[46].

Em termos actualistas, poderíamos explicar a compensação do *argentarius* dizendo que, por criação pretoriana e dados os valores em presença, o banqueiro, perante um fluxo de negócios com determinado cliente, apenas poderia demandar este pelo saldo[47]: uma solução a reter.

7. A compensação do adquirente da massa falida (*bonorum emptor*)

I. Seguindo a enumeração de GAIUS, temos o terceiro caso de compensação: o do adquirente da massa falida (em linguagem actual) ou, mais precisamente: o do *bonorum emptor*.

Cabe recordar alguns aspectos do sistema romano da execução por dívidas e da sua evolução.

Numa fase inicial, tudo seria entregue à justiça privada. Um primeiro progresso adveio da Lei das XII Tábuas, que procurou pôr cobro ao desforço pessoal, regulando as consequências do incumprimento.

Como ponto de partida, a dívida devia ser confessada ou devia verificar-se a condenação judicial do devedor no seu cumprimento; prevenia-se, deste modo, qualquer arbítrio no domínio da existência da própria posição a defender. De seguida, havia que esperar trinta dias, durante os quais o

---

[44] *Vide* o grande clássico de HEINRICH DERNBURG, *Geschichte und Theorie der Compensation nach römischem und neuerem Rechte mit besonderer Rücksicht auf die preussische und französische Gesetzgebung*, 2ª ed. (1868), XXVIII + 612 pp.. Cf., aí, 22 ss..

[45] Cf. APPLETON, *Histoire de la compensation* cit., 93 ss. e SOLAZZI, *La compensazione nel diritto romano* cit., 31 ss..

[46] ASTUTI, *Compensazione* cit., 4/II.

[47] BIONDO BIONDI, *Compensazione (Diritto romano)*, NssDI III (1959), 719-722 (720/II). Anteriormente: J. KOHLER, *Kompensation und Prozess*, ZZP 20 (1894), 1-74 (3).

devedor tentaria ainda arranjar meios para cumprir. Decorridos os trinta dias, dava-se a *manus iniectio indirecta:* o devedor era preso pelo tribunal (se fosse pelo próprio credor, ela seria *directa*) e, não pagando, era entregue ao credor que o levava para sua casa, em cárcere privado; aí podia ser amarrado, mas devia ser alimentado, conservando-se vivo. Durante sessenta dias ficava o devedor assim preso, nas mãos do credor, que o levaria consecutivamente a três feiras, com grande publicidade, para que alguém o resgatasse, pagando a dívida; nesse período, ele poderia pactuar com o credor o que ambos entendessem ou praticar o *se nexum dare*, entregando-se nas suas mãos como escravo. Se passado esse tempo nada se resolvesse, o credor podia tornar o devedor seu escravo, vendê-lo fora da cidade (*trans Tiberim*) ou matá-lo, *partes secanto* (esquartejando-o); havendo vários credores, as *partes* deviam ser proporcionais à dívida; mas se alguém cortasse mais do que o devido, a lei não previa especial punição.

Toda esta minúcia – que chegava ao ponto de fixar o peso máximo das grilhetas com que podia ser preso o devedor e de determinar o mínimo de alimentos que lhe deviam ser dados, enquanto estivesse no cárcere privado – traduzia já, ao contrário do que possa parecer, um progresso importante na caminhada tendente a tutelar a personalidade humana.

Novos passos foram dados, ainda no Direito romano. A *Lex Poetelia Papiria de nexis*, de 326 a. C., reagindo a graves questões sociais entretanto suscitadas[48], veio proibir o *se nexum dare* e evitar a morte e a escravatura do devedor.

Depois, admitiu-se que, quando o devedor tivesse meios para pagar, a ordem do magistrado se dirigisse à apreensão desses meios e não à prisão do devedor: pela *missio in possessionem* os bens eram retirados e vendidos, com isso se ressarcindo o credor.

A *Lex Julia* veio admitir que o próprio devedor tomasse a iniciativa de entregar os seus bens aos credores – *cessio bonorum* – evitando a intromissão infamante do tribunal.

II. Seja pela *missio in possessionem*, seja pela *cessio bonorum*, a execução do devedor inadimplente assumia uma feição patrimonial. Com

---

[48] As peripécias que terão levado à aprovação desta lei podem ser seguidas em TITUS LIVIUS, *Ab urbe condita* 2.23 = FOSTER, *Livy in fourteen volumes*, ed. bilingue (1967), 1.º vol., 291-293 e *passim*; cf. JEAN IMBERT, *"Fides" et "nexum"*, St. Arangio--Ruiz (1953), 339-363 (342, 343 e 355) e SEBASTIÃO CRUZ, *Da "solutio"/terminologia, conceito e características, e análise de vários institutos afins*, I – *Épocas arcaica e clássica* (1962), 37, nota 58.

determinados formalismos[49]. No termo, operava a venda do património do insolvente: a *bonorum venditio*.

O adquirente – o *bonorum emptor* – comprava em bloco o património falimentar e ficava obrigado a pagar todos os débitos do falido, na proporção do preço por ele oferecido na hasta pública[50]. Pela compra, o *bonorum emptor* ficava sub-rogado nos direitos e obrigações que o falido tivesse contra terceiros. Dispunha de duas vias para actuar esses direitos, ou para ser convencido nas obrigações correspondentes, na base de duas *actiones utiles*: a *serviana*, pela qual o *bonorum emptor* era equiparado a um herdeiro, e a *rutiliana*, que operava uma transposição de nomes, na fórmula respectiva[51].

III. Justamente neste ponto havia que intercalar a compensação[52]. Quando o *bonorum emptor* fosse, ele próprio, credor da massa, poderia fazer-se pagar por inteiro. Mas caso o terceiro credor da massa pretendesse ser pago, apenas receberia a depauperada parcela que o *emptor* tivesse acordado, aquando da compra. Perante isso, pareceu ao pretor que seria injusto que, por via serviana ou rutiliana, o *emptor* pudesse cobrar, por inteiro, o que o terceiro devesse à massa, pagando-lhe, apenas em parte, o que o mesmo terceiro dela tivesse a haver. A tal propósito, diz GAIUS[53]

> Item [de] bonorum emptor cum deductione agere iubetur, id est ut in hoc solum adversarius eius condemmetur, quod superest deducto eo, quod inuicem ei bonorum emptor defraudatoris nomine debet[54].

---

[49] Cf., em especial, GIOVANNI ELIO LONGO, *Esecuzione forzata (diritto romano)*, NssDI VI (1960), 713-722 (717 ss.), com indicações.

[50] De acordo com os exemplos das fontes, o preço costumava ficar abaixo do valor real do património, o qual já era insuficiente, em regra, para pagar as dívidas; daí que os credores do falido recebessem, apenas, uma pequena percentagem dos seus créditos.

[51] Cf. LONGO, *Esecuzione forzata (diritto romano)* cit., 719/II.

[52] SOLAZZI, *La compensazione nel diritto romano* cit., 65 ss..

[53] GAIUS, *Institutiones* cit., 4, 65.

[54] Cuja tradução aproximada, confrontada com APPLETON, *Histoire de la compensation* cit., 158, é a seguinte:

> Da mesma forma, o *bonorum emptor* é obrigado a agir *cum dedutione*, isto é, de modo que o seu adversário só seja condenado após a dedução do que o *bonorum emptor* lhe deve em nome do falido.

GAIUS explicitou o seu pensamento deixando clara a diferença entre a compensação do *emptor* e a do *argentarius*. Diz ele[55]:

> *Inter compensationem autem, quae argentario opponitur, et deductionem, quae obicitur bonorum emptori, illa differentia est, quod in compensationem hoc solum vocatur, quod eiusdem generis et naturae est: ueluti pecunia cum pecunia compensatur, triticum cum tritico, uinum cum uino, adeo ut quibusdam placeat non omni modo uinum cum uino aut triticum cum tritico conpensandum, sed ita si eiusdem naturae qualitatisque sit. in deductionem autem uocatur et quod non est eiusdem generis; itaque si [uero] pecuniam petat bonorum emptor et inuicem frumentum aut uinum is debeat, deducto quanti id erit, in reliquum experitur*[56].

IV. A precisão do texto de GAIUS é tão elevada, que poderíamos, em termos actualistas, perguntar se a *deductio* do *bonorum emptor* seria uma verdadeira compensação, ou se não estaríamos perante uma mera operação matemática, de tipo "encontro de contas", que não exigisse operações jurídicas autónomas. Como veremos e no Direito actual, pode fazer-se uma distinção entre a compensação (*Aufrechnung*) e o levar à conta (*Anrechnung*): a primeira é potestativa, enquanto a segunda corresponde a um encontro automático de valores[57].

Todavia, os próprios jurisconsultos romanos, a propósito do *argentarius* e do *bonorum emptor*, falavam em *compensatio*. E incluíam essas figuras num naipe com outras, tudo em conjunto. Trata-se, assim, histórica e culturalmente e à luz do Direito da sua época, de compensação.

---

[55] GAIUS, *Institutiones* cit., 4, 66.
[56] *Idem*, tradução aproximada:

> Entre a compensação que é oposta ao *argentarius* e a *deductio* que detém o *bonorum emptor*, a diferença está em que na compensação apenas pode ser invocado o que tenha o mesmo género e natureza: o dinheiro é compensado com dinheiro, o trigo com o trigo, o vinho com o vinho; e não um trigo com um trigo, o vinho com um vinho quaisquer, mas apenas se tiverem a mesma qualidade. Na *deductio* opera-se, porém, com o que não seja do mesmo género; portanto, se o *bonorum emptor* reclama dinheiro, sendo credor de cereais ou de vinho, é feita a dedução do valor deste crédito: ele obterá a condenação quanto ao resto (*in reliquum*).

[57] Sobre o tema: CHRISTIAN VIERRATH, *Anrechnung und Aufrechnung* (2000), 3 ss. e *passim*.

§ 3.º A EVOLUÇÃO PÓS-CLÁSSICA

8. O rescrito de MARCO AURÉLIO

I. A compensação clássica, limitada às três descritas hipóteses, seria alterada pela subsequente evolução do Direito romano. Os traços dessa evolução ficaram consignados nas *Institutiones* de IUSTINIANUS, em termos que levantam especiais dúvidas.

Diz-nos o texto em causa[58]:

> *In bonae fidei autem iudiciis libera potestas permitti videtur iudici ex bono et aequo aestimandi, quantum actori restitui debeat, in quo et illud continetur, ut, si quid invicem actorem praestare oporteat, eo compensato in reliquum is cum quo actum est condemnari debeat. sed et in strictis iudiciis ex rescripto divi Marci opposita doli mali exceptione compensatio inducebatur*[59].

II. A interpretação deste troço suscitou as maiores dificuldades, ao longo da História[60]. A sua efectivação exigiria, desde logo, um aprofun-

---

[58] I. 4.6.30; usamos a versão bilingue latim/alemão de OKKO BEHRENDS/ROLF KNÜTEL/BERTHOLD KUPISCH/HANS HERMANN SEILER, *Corpus Iuris Civilis/Die Institutionen* (1993); cf., aí, 228-229.

[59] A tradução aproximada, em língua portuguesa, será:

> Nas acções de boa fé faculta-se ao juiz o poder de determinar, *ex bono et aequo*, quanto deve ser restituído ao autor. Por isso fica também incluído que o réu, quando o autor, pelo seu lado, também esteja obrigado a prestar algo, seja condenado, após a competente compensação, a pagar apenas o resto. Mas também nas acções de direito estrito, através de um rescrito do Imperador Marco Aurélio, sendo oposta a excepção de *dolus malus*, a compensação era actuada.

[60] Cf. APPLETON, *Histoire de la Compensation* cit., 265 ss. e 318 ss., referindo diversos "sistemas" destinados a explicar o rescrito em causa. Vide, ainda, HEINRICH SIBER, *Compensation und Aufrechnung* (1899), 6, J. KOHLER, *Kompensation und Prozess* cit., 7, KRETSCHMAR, *Über die Entwicklung der Kompensation im römischen Rechte* cit., 3

damento da natureza e do papel dos rescritos, fora do âmbito do presente estudo. Procuraremos, todavia, reunir algumas reflexões úteis para os propósitos desta pesquisa.

Os especialistas hesitam em, ao rescrito de MARCO AURÉLIO, dar uma interpretação que alargue a compensação a todos os juízos, a coberto da *exceptio doli*. Vamos ver, no essencial, porquê.

III. O Direito romano, na base de GAIUS[61] e com desenvolvimento no Direito comum, reconhecia um papel duplo à *exceptio doli*[62]. Nuns casos, o réu invocava a prática, pelo autor, de dolo no momento em que a situação levada a juízo se formara: era a *exceptio doli praeteriti* ou *specialis*[63], cujos rastos nos aparecem, hoje, na figura do dolo na conclusão do negócio – artigos 253.º e 254.º do Código Civil português vigente. Noutros casos, o réu defendia-se invocando estar o autor incurso em dolo, no momento da discussão da causa: era a *exceptio doli praesentis* ou *generalis*[64]. A *exceptio doli (generalis)* teve, depois, uma larga evolução, tendo contribuído para figuras como a retenção e a compensação. Ela estará em causa no desenvolvimento subsequente.

IV. Uma das manifestações de bom equilíbrio jurídico, depois reconduzidas a uma ideia envolvente de *exceptio doli* corresponde à fórmula de PAULUS[65]:

dolo facit qui petit quod statim redditurus est[66].

---

ss. (7), STAMPE, *Das Compensationsverfahren im Vorjustinianischen stricti juris judicium* cit., 46 ss., UPMEYER, *Ipso iure compensari/Ein Beitrag zur Lehre von der erfüllungssichernden Rechtsverhältnissen* (1914), 32 ss., BIONDI, *Compensazione (diritto romano)* cit., 720/II e SIRO SOLAZZI, *La compensazione nel diritto romano* cit., 97 ss..

[61] GAIUS, *Institutiones* cit., 4, 116 e 117; cf. FILIPPO MILONE, *La exceptio doli (generalis)/Studio di diritto romano* (1882, reimpr., 1970), 59.

[62] Cumpre recordar a monografia maciça e clássica de OTTO WENDT, *Die exceptio doli generalis im heutigen Recht oder Treu und Glauben im Recht der Schuldverhältnisse*, AcP 100 (1906), 1-417 (8 ss.) e, precisamente no Direito comercial, RÖMER, *Die exceptio doli insbesondere im Wechselrecht*, ZHR 20 (1874), 48-83 (48).

[63] Cf. WILHELM GADOW, *Die Einrede der Arglist*, JhJb 84 (1934), 174-203 (175).

[64] GADOW, *Die Einrede der Arglist* cit., 176.

[65] WENDT, *Die exceptio doli generalis* cit., 63 ss..

[66] Ou seja: comete dolo aquele que pede o que deva restituir logo de seguida.

Justamente aqui poderia estar uma específica demonstração da *exceptio doli*, consubstanciada na compensação: mesmo nos juízos do Direito estrito, não seria possível, na interpretação proclamada vinculativa pelo rescrito de MARCO AURÉLIO, exigir o que, de seguida, tivesse de ser restituído, sob pena de *dolus praesens*.
Haveria que actuar a compensação.

9. Ipso iure compensari (533 d.C.)

I. O passo definitivo no sentido da generalização da compensação foi dado por JUSTINIANO, ficando consignado no *Corpus Iuris Civilis*.

A reforma era parcialmente necessária pelas facilidades concedidas por MARCO AURÉLIO e que, articuladas com o anterior esquema formulário, deviam ocasionar um sistema de difícil apreensão e controlo. A evolução é-nos relatada pelas *Institutiones*, originando infindáveis dúvidas de interpretação e de reconstrução histórica.

II. Após referenciar o rescrito de MARCO AURÉLIO, dizem as *Institutiones*[67-68]:

> Sed nostra constitutio eas compensationes, quae iure aperto nituntur, latius introduxit, ut actiones ipso iure minuant sive in rem sive personales sive alias quascumque, excepta sola depositi actione, (...)[69]

Fica-nos, assim, uma imagem de progressivo alargamento, às quais JUSTINIANO intentou dar uma feição normativa.

III. Efectivamente, as facilidades concedidas, no Baixo Império, à compensação, levantaram múltiplas dúvidas. Pretendendo solucioná-las, JUSTINIANO promulgou uma constituição cujo exacto sentido seria discutido durante os quinze séculos subsequentes[70]:

---

[67] I 4.6.30, 2ª parte = ed. cit., 228-229.
[68] A *constitutio* referida no texto consta de C. 4.31.14, abaixo transcrito.
[69] Cuja tradução aproximada diz:

> Mas a nossa constituição introduziu a compensação em termos mais amplos, de tal modo que as acções se limitam a si próprias só por força do Direito [*ipso iure*] sejam elas reais ou pessoais ou quaisquer outras; apenas se exceptuam as do depósito (...)

[70] C. 4.31.14 = ed. KRÜGER, 171/II.

Compensationes ex omnibus actionibus ipso iure fieri sancimus nulla differentia in rem vel personalibus actionibus inter se observanda. Ita tamem compensationes obici iubemos, si causa ex qua compensatur liquida sit et non multis ambagibus innodata, sed possit iudici facilem exitum sui praestare. (...)[71]

No essencial, a reforma cifrava-se nas proposições seguintes:

– a compensação era alargada, assumindo uma feição estrutural; recordamos que a contraposição entre as acções *in personam* e *in rem* era tradicional: não correspondia à estrutura dos vínculos em presença;
– a compensação só operava com recurso a uma *causa liquida*, isto é: perante obrigações nítidas e incontestáveis[72];
– a compensação passou a operar *ipso iure*, numa das mais discutidas proposições jurídicas de todos os tempos[73-74].

IV. Vamos reter, pela sua simplicidade, a explicação dada por BIONDI: compensação *ipso iure* é, simplesmente, a compensação legal; contrapunha-se ao esquema anterior pelo qual ela advinha do juiz, sendo "judicial"[75].

---

[71] Cuja tradução aproximada será:

Pretendemos que as compensações sejam feitas de pleno direito (*ipso iure*) em todas as acções, sem qualquer distinção entre as acções reais e as pessoais. Contudo, determinamos que as compensações não operem a não ser que a causa dela seja líquida e não inundada de muitas dificuldades, mas antes possa o juiz facilmente sair delas. (...)
Cf. APPLETON, *Histoire de la compensation* cit., 412-413.

[72] *Liquida* tem sido traduzida por clara; trata-se de uma noção mais ampla do que a nossa liquidez; cf. APPLETON, *Histoire de la compensation* cit., 422 ss..

[73] Cf. APPLETON, *Histoire de la compensation* cit., 428 ss.. Vide DERNBURG, *Geschichte der Compensation* cit., 281 ss., BIONDI, *La compensazione nel diritto romano* cit., 127 ss. (*Il concetto di compensatio secondo il diritto giustinianeu è tuttora avvolto nel più fitto mistero*).

[74] Cf., entre muitos, KRETSCHMAR, *Über die Entwicklung der Kompensation* cit., 65 ss., HERMANN SCHWANERT, *Die Compensation nach Römischen Recht* (1870), 6, *passim*, SIRO SOLAZZI, *La compensazione nel diritto romano* cit., 147 ss., UPMEYER, *Ipso iure compensari* cit., 41 ss. e ASTUTI, *Compensazione* cit., 9 ss..

[75] BIONDI, *La compensazione* cit., 130-131.

§ 3.º A evolução pós-clássica

Pelo esquema anterior, a compensação ocorreria no processo; operando *ipso iure*, o juiz teria uma mera função declarativa[76].

V. Decisivo para a evolução subsequente, com reflexos directos no Direito alemão, no Direito italiano e no actual Direito português é a explicação dada por DERNBURG, ao *ipso iure*[77]. Afirma este Autor que tal locução:

– não pode querer dizer que ela derivaria de uma fórmula ordinária, sem introdução de uma excepção;
– não pode significar que ela operaria sem invocação das partes (*sine facto hominis*).

Considerando a evolução histórica, DERNBURG explica que funcionar *ipso iure* significa aqui operar de acordo com as regras de Direito, por oposição a uma anterior discricionariedade que podia enformar a conduta do magistrado[78]. Não se trataria de nenhuma reforma processual levada a cabo por JUSTINIANO: antes teria um claro cerne material[79].

A explicação de DERNBURG, à luz do *Direito romano actual*[80], não fica muito distante da solução histórica de BIONDI, acima referida.

---

[76] APPLETON, *Histoire de la compensation* cit., 483 ss., retomando uma ideia de autores que o antecederam, sustenta que *ipso iure* deriva de uma instrução dada pelo Imperador JUSTINIANO aos compiladores, para remover todas as antigas consagrações parcelares da compensação, unificando-a; todavia, foi mal entendido, pelo que o *ipso iure* se veio a somar às tais consagrações parcelares.
[77] H. DERNBURG, *Geschichte und Theorie der Kompensation*, 2ª ed. cit., 309.
[78] *Idem*, 311-312.
[79] *Idem*, 313.
[80] E portanto: guiada por preocupações de harmonia e de sistematização dogmáticas, mais do que por uma ideia de estrita reconstituição histórica.

CAPÍTULO II
A COMPENSAÇÃO NA HISTÓRIA E NO DIREITO COMPARADO

§ 4.º DIREITO INTERMÉDIO

10. Período intermédio e pré-codificação

I. A compensação adveio-nos, do Direito romano, com toda uma evolução complexa e em textos de interpretação não unívoca. A essa luz, compreende-se que tenha suscitado diversas correntes e modos de concretização.

Como consequência das divergências interpretativas ocorridas ao longo da História, acabariam por surgir dois distintos sistemas que compartilham, hoje, o espaço continental: o francês e o alemão. As géneses de um e de outro são curiosas, sendo certo que o posicionamento do Direito português, nesse campo, se mostra fundamental para o seu entendimento.

II. O problema da compensação prendeu a atenção dos glosadores, praticamente desde IRNÉRIO[81]. O grande tema em discussão era o *ipso iure* de JUSTINIANO.

MARTINUS, discípulo de IRNÉRIO[82], entendia que:

---

[81] As datas exactas do nascimento e da morte do primeiro grande glosador de Bolonha não são conhecidas: sabe-se que nasceu antes de 1100 e que faleceu depois de 1125; cf., com indicações, GERD KLEWHEYER/JAN SCHRÖDER (publ.), *Deutsche und Europäische Juristen aus neun Jahrhunderten/Eine biographische Einführung in die Geschichte der Rechtswissenschaft*, 4ª ed. (1996), 211-215.

[82] MARTINUS GOSIA, nascido à roda de 1100 e notabilizado pelas suas glosas; cf. FRIEDRICH KARL VON SAVIGNY, *Geschichte des römischen Rechts im Mittelalter*, IV vol., *Das 12. Jahrhundert*, 2ª ed. (1850, reimpr. 1986), 124-140 e 481-493 e HERMAN LANGE, *Römisches Recht im Mittelalter*, Band I – *Die Glossatoren* (1997), 170 ss..

ipso iure fit compensatio, etsi opponatur ab homine[83].

Contra, dizia-se:

eam fieri tunc demum, cum ab homine opposita fuerit[84].

Esta última opção, que apenas em casos excepcionais admitia a compensação sem uma intervenção do interessado, viria a colher sufrágios importantes, entre os quais o de ACÚRSIO (1185-1263)[85].

Contudo, autores houve que, embora minoritários, ao longo de todo o período intermédio sustentaram a natureza automática da compensação[86]. Curiosamente, é frequente ler-se, em livros de doutrina, a afirmação inversa: a de que prevaleceria, no Direito comum, a ideia do automatismo da compensação: seria esse o sentido de *ipso iure*[87].

III. A glosa de ACÚRSIO optou, pois, pela natureza não-automática da compensação. Todavia, na base da fórmula de JUSTINIANO, ela continuaria a operar *ipso iure* e não *officio iudiciis*, com uma consequência prática da maior importância: uma vez actuada, ela jogaria em termos retroactivos[88].

IV. O Direito – particularmente o Direito civil – e um tanto à semelhança do que sucede com a própria História, vive, todavia, muito de acasos culturais.

CUJACIUS[89] retomaria as posições de MARTINUS, ainda que sem realizar propriamente um estudo histórico. Diz ele nos seus *Commentaria*, depois de breve alusão à evolução do instituto[90]:

---

[83] *Apud* ASTUTI, *Compensazione (storia)* cit., 14-15 (portanto: *a compensação ocorre* ipso iure, *mesmo que não seja oposta por uma pessoa*).

[84] G. BASSIANO, *apud* ASTUTI, ob. cit., 15/I (portanto: *ela* [a compensação] *será feita então apenas quando seja oposta por uma pessoa*).

[85] ASTUTI, ob. e loc. cit..

[86] Trata-se da opinião de ASTUTI, ob. e loc. cit..

[87] Por exemplo, GERD BRÜGGEMEIER, *AK-BGB*, §§ 387-389 (1981), 489; cf. HELMUT COING, *Europäisches Privatrecht 1500 bis 1800* – Band I – *Alteres Gemeines Recht* (1985), 432 e *idem*, *1800 bis 1914*, Band II – *19. Jahrhundert* (1989), 459-460.

[88] ASTUTI, *Compensazione (storia)* cit., 10/I.

[89] JACOBUS CUIACIUS (JACOB CUJAS, 1522-1590); CUIACIUS cita, em abono, ALCIATUS (1492-1550). Cf., quanto à evolução francesa e com algumas indicações, JEAN CARBONNIER, *Droit civil/4* – *Les obligations*, 22ª ed. (2000), 598.

[90] *IACOBI CVIACII Opera*, tomus IV (ed. de 1777), col. 69.

§ 4.º *Direito intermédio* 35

Jure nostro, id est, Romanorum, compensatio in omnibus judiciis fit ipso iure.

Passa, depois, a retirar diversas consequências dogmáticas dessa asserção, as quais apontam para um verdadeiro automatismo do *ipso iure*.

V. A convicção de CUJACIUS reflectir-se-ia, de modo directo e no período decisivo da pré-codificação francesa, em dois nomes-chave – JEAN DOMAT (1625-1696) e ROBERT-JOSEPH POTHIER (1699-1772). Ambos esses autores defenderam, com efeito, a natureza automática da compensação[91-92].

Cumpre transcrever o texto de POTHIER, na saborosa tradução portuguesa de CORRÊA TELLES (1780-1849)[93]:

> Quando se diz que a compensação se faz *ipso jure* isto quer dizer que ella se faz por virtude da Lei sómente, sem que seja julgado pelo Juiz, ou sem que seja opposta por alguma das partes.
> Logo que aquelle que era credor de huma pessoa, vem a ser seu devedor de huma somma ou quantidade susceptivel de compensação com aquella de que elle he credor; e *vice versa*, logo que aquelle que era devedor de huma pessoa, vem a ser seu credor de somma susceptivel de compensação com aquella de que elle era devedor, a compensação se faz, e as dividas respectivas se extinguem em concorrente quantia, por virtude da Lei da compensação por si só.
> (...)
> O nosso principio que a compensação extingue as dividas respectivas *ipso juris potestate*, sem que tenha sido opposta nem julgada, he establecido não só pelas palavras *ipso jure*, de que se servem as Leis, mas também pelos effeitos que os textos de direito dão á compensação.
> (...)

---

[91] Assim, JEAN DOMAT, *Les loix civiles dans leur ordre naturel: le droit public et legum delectur* (1767), 243 ss. e R.-J. POTHIER, *Traité des Obligations*, *Oeuvres*, II (1848; o original é de meados do séc. XVIII), 345 ss..

[92] Sobre toda a evolução subjacente cf. TORQUATO CUTURI, *Trattato delle compensazioni nel diritto privato italiano* (1909), 171 ss..

[93] JOSÉ HOMEM CORRÊA TELLES, *Tratado das obrigações pessoaes e reciprocas nos pactos, contractos, convenções, & c. que se fazem a respeito de fazendas ou dinheiro, segundo as regras do foro da consciencia, e do foro externo, por Mr. POTHIER*, tomo II, Lisboa (1835), 122 ss..

§ 5.º O SISTEMA NAPOLEÓNICO

11. O Código Napoleão

I. Na sequência da feição assumida pela pré-codificação francesa, o Código Napoleão (1804), ainda em vigor, veio dispor, numa secção relativa à compensação[94]:

1289. Lorsque deux personnes se trouvent débitrices l'une envers l'autre, il s'opère entre elles une compensation qui éteint les deux dettes, de la manière et dans les cas ci-après exprimés.

1290. La compensation s'opère de plein droit par la seule force de la loi, même a l'insu des débiteurs; les deux dettes s'éteignent réciproquement, à l'instant où elles se trouvent exister à-la-fois, jusqu'à concurrence de leurs quotités respectives.

1291. La compensation n'a lieu qu'entre deux dettes qui ont également pour objet une somme d'argent, ou une certaine quantité de choses fungibles de la même espèce et qui sont également liquides et exigibles.

Les prestations en grains ou denrées, non contestées, et dont le prix est réglé par les mercuriales, peuvent se compenser avec des sommes liquides et exigibles.

1292. Le terme de grâce n'est point un obstacle à la compensation.

1293. La compensation a lieu, quelles que soient les causes de l'une ou l'autre des dettes, excepté dans le cas,

    1.º. De la demande en restitution d'une chose dont le propriétaire a été injustement dépouillé;

    2.º. De la demande en restitution d'un dépôt et du prêt à usage;

    3.º. D'une dette qui a pour cause des alimens déclarés insaisissables.

---

[94] Utiliza-se uma das primeiras edições do *Code: Les cinq codes, Napoléon, de Procédure Civile, de Commerce, d'Instruction Criminelle, et Pénal*, T.D. (1811), 146; tratando-se da língua francesa, dispensamos a tradução em vernáculo.

1294. La caution peut opposer la compensation de ce que le créancier doit au débiteur principal.

Mais le débiteur principal ne peut opposer la compensation de ce que le créancier doit à la caution.

Le débiteur solidaire ne peut pareillement opposer la compensation de ce que le créancier doit à son codébiteur.

1295. Le débiteur qui a accepté purement et simplement la cession qu'un créancier a faite de ses droits à un tiers, ne peut plus opposer au cessionnaire la compensation qu'il eût pu, avant l'acceptation, opposer au cédant.

A l'égard de la cession qui n'a point été acceptée par le débiteur, mais qui lui a été signifiée, elle n'empêche que la compensation des créances postérieures à cette notification.

1296. Lorsque les deux dettes ne sont pas payables au même lieu, on n'en peut opposer la compensation qu'en faisant raison des frais de la remise.

1297. Lorsqu'il y a plusieurs dettes compensables dues par la même personne, on suit, pour la compensation, les règles établies pour l'imputation par l'article 1256.

1298. La compensation n'a pas lieu au préjudice des droits acquits a un tiers. Ainsi celui qui, étant débiteur, est devenu créancier depuis la saisie-arrêt faite par un tiers entre ses mains, ne peut, au préjudice du saisissant, opposer la compensation.

1299. Celui qui a payé une dette qui était de droit éteinte par la compensation, ne peut plus, en exerçant la créance dont il n'a point opposé la compensation, se prévaloir, au préjudice des tiers, des priviléges ou hypothèques qui y étaient attachés, à moins qu'il n'ait eu une juste cause d'ignorer la créance qui devait compenser sa dette.

II. A doutrina francesa subsequente não teve quaisquer dúvidas na interpretação e na aplicação do dispositivo napoleónico[95]: a compensação funciona automaticamente, embora haja que levar, ao conhecimento do juiz, a existência da dívida activa ou compensatória.

---

[95] Assim, MARCEL PLANIOL, *Traité Elémentaire de Droit civil*, 2.° vol., 3ª ed. (1903), n.° 586 (193).

12. Aspectos gerais do regime

I. No actual Direito francês, a compensação é considerada um mecanismo legal. Subsidiariamente, surgem as compensações convencional e judiciária[96].

A compensação legal depende da presença, nos débitos implicados, de determinadas características ou qualidades; além disso, não poderá haver impedimentos legais à sua verificação.

Quanto às qualidades das obrigações compensáveis, temos:

- a reciprocidade: as obrigações devem ser inversas, de tal modo que os dois intervenientes sejam, em simultâneo, credor e devedor um do outro;
- a fungibilidade: as duas obrigações devem recair sobre coisas fungíveis; na prática: dinheiro;
- a liquidez: *an*, quanto à sua existência e *quantum*, quanto ao seu montante;
- a exigibilidade: excluem-se as obrigações não vencidas, condicionais ou a termo.

II. A lei coloca obstáculos à compensação, em certas situações. Assim:

- no interesse de alguma das partes: tal sucede com créditos de alimentos e com créditos impenhoráveis, com relevo para os laborais;
- no interesse de terceiros: o caso de haver um crédito já penhorado, como exemplo.

III. Na falta de algum ou alguns destes requisitos, são possíveis compensações convencionais ou judiciais.

Na primeira hipótese, as partes podem acordar, por exemplo, numa compensação que implique débitos ilíquidos ou não exigíveis. A compensação convencional só produz efeitos após o acordo: não no momento da mera coexistência das dívidas.

---

[96] Cf. as exposições de JEAN CARBONNIER, *Droit civil/4 – Les obligations*, 22ª ed. cit., 594 ss. e de FRANÇOIS TERRÉ/PHILIPPE SIMLER/YVES LEQUETTE, *Droit civil/Les obligations*, 7ª ed. (1999), 1156 ss., estes últimos com mais pormenores. Num prisma comparatístico cabe referir o clássico de GERHARD KEGEL, *Probleme der Aufrechnung: Gegenseitigkeit und Liquidität/rechtsvergleichend dargestellt* (1938), 8 ss.

Na segunda, verifica-se também uma falta de qualidades necessárias para a compensação legal. Todavia, o demandado pode, por via reconvencional, invocar um contracrédito, altura em que o tribunal, dentro de certas margens, decidirá a compensação[97].

13. A natureza automática; apreciação

I. De acordo com o artigo 1290 do Código Napoleão, a compensação produz efeitos assim que se mostrem reunidos os seus requisitos. E portanto: automaticamente, mesmo sem o conhecimento dos devedores. Trata-se de uma regra que remonta, como vimos, aos equívocos históricos tecidos em torno do *ipso iure compensare* e à leitura inexacta dele feita por Martinus[98].

Fala-se, por isso, em "pagamento forçado"[99]. Seria dispensado qualquer acto de vontade dos envolvidos: a compensação operaria sempre, mesmo contra a sua vontade, podendo contemplar incapazes não representados.

II. Esta orientação suscitou dúvidas quanto à sua bondade[100]. De facto, no coração do Direito privado, não se entenderia por que impôr às pessoas uma solução que, não sendo de ordem pública, lhes não conviesse.

E assim, a jurisprudência veio isolar determinados correctivos à natureza forçada da compensação. A saber:

– o devedor deve invocar a compensação, não podendo o tribunal aplicá-la *ex officio*[101];

---

[97] Tal o caso de o demandado deter, contra o demandante, um crédito não líquido; o tribunal, quando não entenda que a situação acarrete um excessivo atraso no processo, pode optar pela compensação.

[98] Henri e Léon Mazeaud/Jean Mazeaud/François Chabas, *Leçons de Droit civil*/tomo II, vol. 1.º – *Obligations/théorie générale*, 9ª ed. (1998), 1192.

[99] *Idem*, 1193.

[100] Cf. as prevenções de Marcel Planiol/Georges Ripert, colab. Paul Esmein/ /Jean Radouant/Gabriel Gabolde, *Traité pratique de Droit civil français*, tomo VII – *Les obligations*, II parte (1931), 622-624.

[101] CssFr 15-Jan.-1973, D. 1973.473-474, anot. J. Guestin, 475-477 (476). Cf. Terré/Simler/Lequette, *Droit civil/Les obligations*, 7ª ed. cit., 1170.

– a compensação só interrompe a prescrição se for invocada[102];
– as partes podem renunciar à compensação, seja antecipadamente, seja depois de ela se verificar[103].

III. Finalmente, o artigo 1294/3 do Código NAPOLEÃO, segundo o qual o co-devedor solidário não pode prevalecer-se da compensação produzida nas relações entre o credor e outro co-devedor, contende, de certa forma, com uma compensação puramente automática[104].

IV. O sistema napoleónico da compensação automática tem merecido críticas diversas[105].

Particularmente no confronto com o alemão, que exige muito claramente uma declaração da vontade de compensar, o sistema francês surgiria menos nítido. Além disso, censura-se-lhe o pecado de origem: o erro histórico que estaria na origem da própria ideia do automatismo.

As críticas têm sido superadas, com duas considerações:

– por um lado, a evolução jurisprudencial consigna, na prática, um sistema que acaba por não dispensar a manifestação de vontade do interessado: o juiz não pode compensar de ofício;
– por outro lado, o sistema alemão[106], vindo reconhecer uma eficácia retroactiva à declaração compensatória, acaba, afinal, por se aproximar do sistema francês.

Em suma: podemos concluir que os sortilégios histórico-culturais do Direito privado nunca ignoram as realidades subjacentes a que se aplicam. Há, desta forma, como que uma convergência dos sistemas[107].

---

[102] CssFr 21-Mar.-1934, S 1934.1.361-366, anot. FRANÇOIS GÉNY.

[103] Com 21-Mar.-1995, RTDCiv 95 (1996), 163 (o sumário); PHILIPPE DRAKIDIS, *Des effets à l'égard des tiers de la renonciation à la compensation acquise*, RTDCiv 53 (1955), 238-253. Outros desenvolvimentos ligados a este ponto: a renúncia poria termo, retroactivamente, à compensação: CssFr 11-Mai.-1880, S 1881, 1, 107-108; além disso, ela pode ser tácita: CssFr 6-Jul.-1926, S 1926, 1, 358-359.

[104] H. e L. MAZEAUD/J. MAZEAUD/CHABAS, *Obligations*, 9ª ed. cit., 1193-1194.

[105] Cf. RAYMOND SALEILLES, *Étude sur la théorie générale de l'obligation/d'après le premier projet de Code Civil pour l'Empire Allemand* (1914), 43 ss..

[106] Cf. *infra*, § 6.º.

[107] CARBONNIER, *Les obligations*, 22ª ed. cit., 599. Elementos comparatísticos podem ser confrontados em ZIMMERMANN, *Die Aufrechnung* cit., 718 ss..

14. A experiência italiana

I. O Direito civil italiano do século XIX, um tanto ao arrepio das suas raízes romanas, veio a aproximar-se do modelo napoleónico. No tocante à compensação, essa orientação foi seguida – e mesmo agravada – pelos códigos pré-unitários[108].

Dispõe, como exemplo, o Código Civil Sardo[109], de 1837, no seu artigo 1381:

> La compensazione si fa di pien diritto in virtù della legge, ed anche senza saputa dei debitori; nel momento stesso in cui i due debiti esistono contemporaneamente, questi reciprocamente si estinguono, sino alla concorrenza delle loro rispettive quantità.

II. Um preceito muito similar seria acolhido no Código Civil italiano de 1865[110]: artigo 1286. Perante isso, a doutrina explicava que, verificados os requisitos legais, a compensação operava sem necessidade de qualquer manifestação de vontade das partes[111].

Os requisitos legais, por seu turno, eram fixados: a certeza dos créditos recíprocos, a reciprocidade, a liquidez e a exigibilidade[112].

O sistema do Código Civil italiano de 1865 levantou dúvidas e suscitou algumas críticas. Em especial, verificava-se que[113]:

– não se dispunha quanto ao modo por que a compensação funcionava no processo;
– não se previa uma solução para a falta de alguns dos pressupostos e, em especial, o da liquidez;
– não se articulava sobre os poderes negociais das partes.

---

[108] Cf. CUTURI, *Trattato delle compensazioni* cit., 185-186.

[109] ANGELO BORON, *Codice civile per gli stati di S. M. il Re di Sardegna* (1842), 216; julgamos dispensáveis traduções de trechos escritos em língua italiana, com excepção do *codice civile* vigente, abaixo transcrito em português.

[110] T. BRUNO, *Codice civile del Regno d'Italia*, 6ª ed. (1901), 353.

[111] CUTURI, *Trattato delle compensazioni* cit., 290.

[112] CUTURI, *Trattato delle compensazioni* cit., 204 ss., 212 ss., 254 ss. e 273 ss.. Cf. LODOVICO BARASSI, *La teoria generale delle obbligazioni*, vol. III, *L'attuazione*, 2ª ed., reimp. (1964), 156 ss..

[113] MARIANO D'AMELIO/ENRICO FINZI, *Codice Civile/Libro delle obbligazioni/ /Commentario*, vol. I (1948), 144.

III. O Código Civil italiano de 1942 procurou responder a estes problemas. Na forma, ele manteve a ideia de uma compensação automática. Mas ela dependeria sempre da iniciativa das partes. Assim, segundo o artigo 1242 do Código em causa,

La compensazione estingue i due debiti dal giorno della loro coesistenza. Il giudice non può rilevarla d'ufficio.
La prescrizione non impedisca la compensazione, se non era conjunta quando si è verificata la coesistenza dei due debiti.

Já no âmbito do Código antigo se concluira pela necessidade de uma qualquer iniciativa das partes[114]. Desta feita consegue-se, de modo manifesto, uma aproximação ao esquema alemão.

IV. O Código italiano de 1942 dispensa, depois, um tratamento mais completo à compensação. Trata-se de um sistema que apresenta diversos desvios em relação ao esquema português – e isso mau grado a grande influência que o Código em questão teve na nossa codificação de 1966. Vamos dar conta do texto da secção dedicada à compensação:

Artigo 1241
(Extinção por compensação)

Quando duas pessoas estejam obrigadas uma para com a outra, os dois débitos extinguem-se pela quantidade correspondente, segundo as normas dos artigos seguintes.

Artigo 1242
(Efeitos da compensação)

A compensação extingue os dois débitos a partir do dia da sua coexistência. O juiz não pode relevá-la de ofício.

A prescrição não impede a compensação, se não estava completa quando se verificou a coexistência dos dois débitos.

Artigo 1243
(Compensação legal e judicial)

A compensação verifica-se só entre dois débitos que tenham por objecto uma soma em dinheiro ou uma quantidade de coisas fungíveis do mesmo género e que sejam igualmente líquidas e exigíveis.

---

[114] D'AMELIO/FINZI, *Commentario* cit., 147. Cf. BARASSI, *La teoria generale delle obbligazioni* cit., 166.

Se o débito oposto em compensação não for líquido mas for de fácil e pronta liquidação, o juiz pode declarar a compensação pela parte do débito que reconheça existir, e pode ainda suspender a condenação pelo crédito líquido até à liquidação do crédito oposto em compensação.

Artigo 1244
(Dilacção)

A dilacção concedida gratuitamente pelo credor não é obstáculo à compensação.

Artigo 1245
(Débitos não pagáveis no mesmo local)

Quando os dois débitos não sejam pagáveis no mesmo local, devem computar-se as despesas de transporte para o lugar do pagamento.

Artigo 1246
(Casos nos quais não se verifica a compensação)

A compensação verifica-se qualquer que seja o título de um ou de outro débito, excepto nos casos:

1) de crédito pela restituição de coisas de que o proprietário tenha sido injustamente espoliado;
2) de crédito pela restituição de coisas depositadas ou dadas em comodato;
3) de créditos declarados impenhoráveis;
4) de renúncia à compensação feita previamente pelo devedor;
5) de proibição estabelecida pela lei.

Artigo 1247
(Compensação oposta por terceiros garantes)

O fiador pode opor em compensação o débito que o credor tenha para com o devedor principal.

O mesmo direito assiste ao terceiro que tenha constituído uma hipoteca ou um penhor.

Artigo 1248
(Inoponibilidade da compensação)

O devedor, se tiver aceitado pura e simplesmente a cessão que o credor tenha feito dos seus direitos a um terceiro, não pode opor ao cessionário a compensação que teria podido opôr ao cedente.

A cessão não aceite pelo devedor mas a este notificada, impede a compensação dos créditos surgidos posteriormente à notificação.

Artigo 1249
(Compensação de vários débitos)

Quando uma pessoa tenha para com a outra vários débitos compensáveis, observam-se para a compensação as disposições da segunda parte do artigo 1193[115].

Artigo 1250
(Compensação com relação a terceiros)

A compensação não se verifica em prejuízo dos terceiros que tenham adquirido direitos de usufruto ou de penhor sobre um dos créditos.

Artigo 1251
(Garantias anexas ao crédito)

Aquele que tenha pago um débito podendo invocar a compensação não pode mais valer-se, em prejuízo de terceiros, dos privilégios e garantias a favor do seu crédito, salvo se havia ignorado a sua existência por justo motivo.

Artigo 1252
(Compensação voluntária)

Por vontade das partes pode haver lugar a compensações ainda que não ocorram as condições previstas nos artigos precedentes.

As partes podem ainda estabelecer preventivamente as condições de tais compensações.

V. O regime italiano da compensação é considerado bastante satisfatório: não tem dado lugar a especiais dúvidas de aplicação[116].

---

[115] O artigo 1193 do Código Civil italiano diz respeito à imputação do pagamento correspondendo *grosso modo* ao artigo 784.º do nosso Código Civil.
[116] Cf. PIETRO RESCIGNO (org.), *Codice civile*, 3ª ed. (1997), 1326 ss..

§ 6.º O SISTEMA ALEMÃO

15. A elaboração pandectística

I. A solução napoleónica da compensação automática correspondia, de certa forma, à do Direito comum: ela operava automaticamente (*ipso iure*), sem necessidade de iniciativas especiais por parte dos intervenientes[117].

O estudo aprofundado a que o Direito romano foi submetido, durante o século XIX e no espaço alemão, conduziu a uma revisão do problema[118]. Deve-se a DERNBURG a divulgação de uma leitura mais adequada do *ipso iure* justinianeu[119]. No fundamental, vem entender-se que a compensação, embora eficaz pela sua própria juridicidade (*ipso iure*), produz os seus efeitos através de uma declaração, feita pelo beneficiário, de querer compensar[120].

II. A construção "potestativa"[121] da compensação obteve um reconhecimento genérico na pandectística tardia, com relevo, para além do

---

[117] LISELOTTE BUNGE, *Die Aufrechnung im englischen Recht unter besonderer Berücksichtigung der Aufrechnung im Konkurse* (1933), 3.

[118] Não se tratava, como é sabido, de uma preocupação de reconstrução histórica rigorosa do Direito romano (de resto: impossível, enquanto tal, uma vez que o Direito romano evoluiu durante mais de dez séculos!) mas, antes, da fixação de um "Direito romano actual" que desse corpo a um sistema harmónico. O próprio Direito antigo, pelas suas preocupações de equilíbrio e de equidade, tinha, em si, os motores de uma evolução; cf. THEO MAYER-MALY, *Juristische Reflexionen über ius*, SZRom 117 (2000), 1-29.

[119] HEINRICH DERNBURG, *Geschichte und Theorie der Compensation*, 2ª ed. cit., 309 ss..

[120] Cf. VALERIA DE LORENZI, *Compensazione* cit., 67/I e KEGEL, *Probleme der Aufrechnung* cit., 3 ss..

[121] As aspas traduzem a natureza meramente descritiva do adjectivo "potestativo"; adiante veremos como enquadrar, perante directrizes científicas, a natureza da compensação.

próprio DERNBURG[122], de nomes importantes como os de ARNDTS[123], de GOLDSCHMIDT[124] e de WINDSCHEID[125].

III. Parece importante sublinhar que a vitalidade deste sistema teve, na origem, não – ou não apenas – meras preocupações de aperfeiçoamento universitário e científico: antes correspondeu a necessidades de ordem prática. Em todo o período da pré-codificação alemã, multiplicaram-se os casos atinentes à compensação, permitido revelar as diversas facetas do instituto, particularmente no Direito comercial.

Como exemplos, confrontámos, na antiga jurisprudência comercial: ROHG 11-Jun.-1873, perante a massa falida[126]; ROHG 28-Fev.-1874, quanto à invocação da compensação na réplica[127]; ROHG 10-Abr.-1875, no tocante à massa falida, em sociedade anónima[128]; ROHG 27-Nov.-1875, onde são tocados problemas quanto à compensação no processo[129].

Já sob o *Reichsgericht*, cumpre recordar: RG 28-Mar.-1881, reportando-se ao ALR[130]; RG 11-Out.-1881, valorando uma compensação contratual[131]; RG 19-Mai.-1882, sobre compensação parcial[132]; RG 11-Out.--1883, referente à compensação a operar por uma sociedade em nome colectivo com o débito de um sócio[133].

IV. O projecto do que seria o Código Civil alemão, na sequência da elaboração doutrinária acima apontada, acabaria, efectivamente, por optar[134]: a compensação deveria ser actuada através de uma declaração.

---

[122] DERNBURG/SOKOLOWSKI, *System des Römischen Rechts/Die Pandekten*, 2.º vol., 8ª ed. (1912), 680 ss..

[123] ARNDTS R. v. ARNESBERG, *Lehrbuch der Pandekten*, 13ª ed. (1886), 531 ss. (535).

[124] LUDWIG GOLDSCHMIDT, *Die Rückwirkung des Kompensationsaktes/Ein Gutachten über den § 283 des Entwurfs eines Bürgerlichen Gesetzbuchs für das Deutsche Reich, dem Deutschen Juristentage* (1890), 7 ss..

[125] BERNHARD WINDSCHEID/THEODOR KIPP, *Lehrbuch des Pandektenrechts*, 2.º vol., 9ª ed. (1906, reimpr., 1984), § 349 (463).

[126] ROHG 11-Jun.-1873, ROHGE 10 (1874), 165-169.

[127] ROHG 28-Fev.-1874, ROHGE 12 (1874), 287-289.

[128] ROHG 10-Abr.-1875, ROHGE 16 (1875), 353-358.

[129] ROHG 27-Nov.-1875, ROHGE 19 (1876), 76-77.

[130] RG 28-Mar.-1881, RGZ 4 (1881), 330-334 (331-332).

[131] RG 11-Out.-1881, RGZ 6 (1882), 253-255.

[132] RG 19-Mai.-1882, RGZ 7 (1882), 243-249.

[133] RG 11-Out.-1883, RGZ 11 (1884), 114-123.

[134] Cf. LIPPMANN, *Zur Lehre von der Compensation nach dem Entwurfe des bür-*

Esta orientação passaria ao texto definitivo[135], em termos que abaixo melhor explicitaremos.

16. O Código Civil alemão

I. O acesso mais directo ao sistema alemão poderá fazer-se através dos competentes textos do BGB. Passamos, assim, a traduzir o teor dos §§ relativos à compensação. Eles constam do terceiro título da secção referente à extinção das relações obrigacionais, após o cumprimento e a consignação em depósito.

§ 387 (Pressupostos)[136]

Quando duas pessoas se devam mutuamente prestações que, segundo o seu objecto, sejam do mesmo tipo, pode cada uma das partes compensar o seu crédito contra o crédito da outra, desde que ela lhe possa exigir a prestação em débito e lhe possa efectivar a prestação devida.

§ 388 (Declaração de compensação)

A compensação efectiva-se através de declaração perante a outra parte. A declaração é ineficaz quando seja emitida sob condição ou a termo.

§ 389 (Eficácia da compensação)

A compensação leva a que os créditos, na medida em que mutuamente se cubram, se tenham como extintos desde o momento em que se tenham contraposto de modo adequado para a compensação.

§ 390 (Não há compensação com um crédito excepcionável)[137]

Não pode ser compensado o crédito contra o qual haja uma excepção.

---

gerlichen Gesetzbuchs, Gruchot XXXII (1893), 157-261 e o já cit. GOLDSCHMIDT, *Die Rückwirkung des Kompensationsaktes*.

[135] Entre outros, vide J. KOHLER, *Die Aufrechnung nach dem Bürgerliche Gesetzbuche*, ZZP 24 (1898), 1-49 (1 ss.), JAKOB WEISMANN, *Die Aufrechnung nach dem Bürgerlichen Gesetzbuche*, ZZP 26 (1899), 1-42 (17 ss.) e HEINRICH SIBER, *Compensation und Aufrechnung* (1899), 82 ss..

[136] As epígrafes foram introduzidas pela *Lei de Modernização do Direito das Obrigações*, de 26-Nov.-2001; no BGB original, os §§ não eram epigrafados.

[137] Redacção dada pelo *Gesetz zur Modernisierung des Schuldrechts* de 26-Nov.-

§ 391 (Compensação perante a diversidade de locais de prestação)

(1) A compensação não é excluída caso haja diversos lugares para a prestação ou para a entrega. Todavia, a parte que invoque a compensação deve indemnizar os danos, suportados pela outra parte, por, em consequência da compensação, não poder obter ou realizar a prestação no local determinado.

(2) Quando tenha sido acordado que a prestação deve ser efectivada num determinado momento ou num local determinado, deve aceitar-se, na dúvida, que a compensação de um crédito, para o qual exista outro local de prestação, deve ser excluída.

§ 392 (Compensação contra um crédito penhorado)

Ocorrendo a penhora de um crédito, a compensação de um crédito do devedor contra o credor só fica excluída quando o devedor tenha adquirido o seu crédito depois da penhora ou quando o seu crédito só se tenha tornado exigível depois da penhora e desde que isso tenha ocorrido depois da exigibilidade do crédito penhorado.

§ 393 (Exclusão perante créditos de actos ilícitos)

Não é admissível a compensação contra um crédito proveniente de um acto ilícito dolosamente praticado.

§ 394 (Exclusão perante créditos impenhoráveis)

Na medida em que um crédito não seja penhorável, a compensação não opera contra ele. No entanto, as prestações a haver de caixas de auxílios ou de falecimento, em especial de caixas corpos de mineiros ou de uniões de mineiros podem ser compensadas com cotizações em dívida.

§ 395 (Compensação entre créditos de Direito público)

Contra um crédito do *Reich* ou de um *Estado da União* assim como contra um crédito de uma comuna ou de uma outra associação comunal, só é admissível a compensação quando a prestação deva ser feita à mesma caixa da qual o crédito do compensante provenha.

§ 396 (Pluralidade de créditos)

(1) Quando alguma das partes disponha de diversos créditos aptos

---

-2001, já referido; a alteração cifrou-se em retirar a compensabilidade dos débitos prescritos ... a qual passou para o capítulo sobre a prescrição.

§ 6.º O sistema alemão

para a compensação, pode a parte compensante determinar os créditos que, mutuamente, se compensam. Se a compensação for declarada sem que essa indicação ou se a outra parte imediatamente se opuser, têm aplicação as disposições do § 366/2[138].

(2) Se a parte que compensa deve à outra parte, além da prestação principal, juros e custos, têm aplicação as regras do § 367.

II. Os requisitos da compensação têm vindo a ser determinados, em termos confluentes, pela doutrina mais antiga[139], pela intermédia[140] e pela actual[141].

Assim, temos:

– a reciprocidade: o devedor de uma prestação deve ser credor do seu credor[142];
– a homogeneidade: os créditos devem ser do mesmo tipo[143];
– a exigibilidade do crédito activo: o crédito com o qual se pretende compensar deve ser líquido e exigível[144]; não pode haver excepções, salvo a da prescrição;
– a exequibilidade do crédito passivo: o devedor que invoca a compensação deve ter legitimidade para o cumprimento.

Podemos considerar, perante este quadro, que existe confluência com o sistema francês.

---

[138] O § 366 respeita à imputação do cumprimento, contendo o seu n.º 2 as regras supletivas; equivale ao artigo 784.º do Código Civil.

[139] Assim, ERNST WEIGELIN, *Das Recht zur Aufrechnung als Pfandrecht an der Eigenen Schuld/Ein Beitrag zur Lehre von der Aufrechnung nach deutschem Reichsrechte* (1904), 50 ss. e HELMUT DELBRÜCK, *Anfechtung und Aufrechnung als Prozesshandlungen mit Zivilrechtswirkung* (1915), 86 ss..

[140] P. ex., GERD BRÜGGEMEIER, *AK-BGB* §§ 387-389 cit., 490 ss. e KARL LARENZ, *Lehrbuch des Schuldrechts I – Allgemeiner Teil*, 14ª ed. (1987), 256 ss..

[141] P. ex., JOACHIM GERNHUBER, *Die Erfüllung und ihre Surrogate/sowie das Erlöschen der Schuldverhältnisse aus anderen Gründen*, 2ª ed. (1994), 225 ss.. WOLFGANG FIKENTSCHER, *Schuldrecht*, 9ª ed. (1997), 201 ss. e DIETER MEDICUS, *Schuldrecht I/Allgemeiner Teil*, 13ª ed. (2002), 131 ss..

[142] BGH 26-Mar.-1981, BGHZ 80 (1981), 222-228 (225), apesar de não ter total aplicação no caso, onde estava presente uma sociedade civil sob forma civil; cf. GERNHUBER, *Die Erfüllung*, 2ª ed. cit., 233 ss..

[143] BGH 1-Jun.-1978, BGHZ 71 (1978), 380-386 (382-383).

[144] Cf., quanto à liquidez, KEGEL, *Probleme der Aufrechnung* cit., 158 ss..

17. A eficácia retroactiva

I. À primeira vista, a grande diferença entre o sistema alemão da compensação e o francês residiria na natureza potestativa do primeiro, contra a automática do segundo. Todavia, os sistemas vieram a aproximar-se, também neste ponto, mercê do tipo de eficácia que foi reconhecida à compensação germânica: uma eficácia retroactiva.

II. O momento de eficácia da compensação deu lugar, na pandectística tardia e na primeira civilística do BGB, a controvérsias hoje clássicas[145]. Assim, temos a considerar:

– a teoria da retracção ou da retroactividade: a compensabilidade, só por si, não produz efeitos; actuada validamente, a compensação retroage, operando a partir do momento em que surgiram os seus requisitos: tal a opção de PUCHTA[146], de ARNDTS[147], de VANGEROW[148] e de ENNECCERUS/LEHMANN[149];

– a teoria de afectação: com a compensabilidade, ambos os créditos são atingidos por excepções; todavia, tais excepções operam a partir do momento em que surgiram as condições objectivas para ser actuada: é a escolha de DERNBURG[150], de BRINZ[151] e de WINDSCHEID[152];

---

[145] ERNST WEIGELIN, *Das Recht zur Aufrechnung* cit., 6-7.
[146] PUCHTA/RUDORF, *Cursus der Institutionen*, 3.º vol. (1847), 134.
[147] L. ARNDTS R. v. ARNESBERG, *Lehrbuch der Pandekten*, cit., § 265 (536).
[148] KARL ADOLPH VON VANGEROW, *Leitfaden für Pandekten-Vorlesungen*, 3.º vol. (1847) 353.
[149] LUDWIG ENNECCERUS/HEINRICH LEHMANN, *Recht der Schuldverhältnisse/ /Ein Lehrbuch*, 15ª ed. (1958), 287.
[150] HEINRICH DERNBURG, *Geschichte und Theorie der Kompensation*, 2ª ed. cit., § 70, 594 ss. e DERNBURG/SOKOLOWSKI, *System des Römischen Rechts/Die Pandekten*, 2.º vol., 8ª ed. cit., 686.
[151] ALOIS VON BRINZ, *Lehrbuch der Pandekten*, 2ª ed. (1876), 1, 643.
[152] BERNHARD WINDSCHEID/THEODOR KIPP, *Lehrbuch der Pandekten*, 2, 9ª ed. cit., 427 ss.; na 3ª ed. (1870), 289 ss..

– a teoria da pendência ou da suspensão: a compensabilidade desencadeia a compensação na condição de, mais tarde, a compensação ser actuada: este o voto, entre outros, de OERTMANN[153];
– a teoria negativista: a compensabilidade, só por si, não produziria quaisquer efeitos; estes surgiriam com a sua actuação, extinguindo créditos até então intocados.

---

[153] PAUL OERTMANN, *Die Aufrechnung im Deutschen Zivilprozessrecht* (1916), 3.

§ 7.º O COMMON LAW

18. O set off

I. No Direito inglês, a compensação é desconhecida enquanto instituto substantivo próprio das obrigações. Opera, antes, um esquema processual, que assegura, na prática, a sua função: o do *set off* ou *set-off*[154-155].

Trata-se de um esquema que foi introduzido pela *equity*, um tanto à semelhança do rescrito de MARCO AURÉLIO[156].

Retemos a definição clássica de THOMAS W. WATERMANN:

> Set-off signifies the subtraction or taking away of one demand from another opposite or cross demand, so as to distinguish the smaller demand and reduce the greater by the amount of the less; or, if the opposite demands are equal, to extinguish both. It was also, formerly, sometimes called stoppage, because the amount sought to be sett-off was *stopped* or deducted from the cross demand[157].

II. A compensação no Direito inglês desenvolveu-se lentamente[158-159]. Apenas na primeira metade do século XVIII, duas leis vieram introduzir o equivalente a essa figura: o *Insolvent Debtors Relief Act*, de 1729 e o *Debtor Relief Amendment Act*, de 1735.

---

[154] Surgem ambas as grafias; também ocorre *setoff*.

[155] Comparatisticamente: KEGEL, *Probleme der Aufrechnung* cit., 11 ss..

[156] LISELOTTE BUNGE, *Die Aufrechnung im englischen Recht* cit., 5.

[157] THOMAS W. WATERMANN, *A Treatise on the Law of Set-Off, Recoupment, and Counter Claim* (1869, reimpr., 1998), § 1, 1; julgamos dispensáveis traduções da língua inglesa. O texto transcrito consta, também, do *Black's Law Dictionary*, 7ª ed. (1999), 1376/II.

[158] Cf. ROY GOODE, *Legal Problems of Credit and Security*, 2ª ed. (1988), 133 ss., RORY DERHAM, *Set-Off*, 2ª ed. (1996), 7 ss. e SHEELAG MCCRACKEN, *The Banker's Remedy of Set-Off*, 2ª ed. (1998), 43 ss..

[159] No tocante ao Direito norte-americano, cf. THOMAS W. WATERMAN, *A Treatise on the Law of Set-Off* cit., 10 ss., com várias indicações.

Segundo o *Insolvent Debtors Relief Act* de 1729, confirmado e completado pelo *Amendment Act*[160],

one debt may be set against the other.

Tratava-se, segundo a jurisprudência aplicativa, de prevenir as *circuity of action and multiplicity of suits*[161]: uma solução équa e razoável, que veio a ser aplicada, através de um conjunto de regras, pela *Court of Chancery*, fora do estrito campo estatutário primeiro previsto[162]. Chega-se, assim, à *equitable set-off*[163], mais lata do que a *statutory set-off*[164]. Com a fusão, em 1873, dos tribunais de *common law* e de *equity*, a contraposição tornou-se irrelevante, em termos de judicatura. Conserva-se, todavia, no plano conceitual.

19. Requisitos

O *sett-off* clássico pressupunha uns quantos requisitos mais estritos do que os da congénere compensação continental. Assim[165]:

– os pedidos devem ser lícitos;
– os pedidos não devem originar um novo pleito, no sentido de não serem líquidos;

---

[160] As dívidas podiam conduzir à prisão do devedor, donde o interesse especial da figura.

[161] As transcrições completas podem ser vistas em MCCRACKEN, *The Banker's Remedy of Set-Off*, 2ª ed. cit., 50 ss..

[162] DERHAM, *Set-Off*, 2ª ed. cit., 38 ss..

[163] O *sett-off* começou por ser admitido, em juízos de *equity*, quando fosse aparente que as partes, em negociações, tinham a intenção mútua de compensar; cf. THOMAS W. WATERMAN, *A Treatise on the Law of Set-Off* cit., 18.

[164] MCCRACKEN, *The Banker's Remedy of Set-Off*, 2ª ed. cit., 53 ss. e WATERMAN, *A Treatise on the Law of Set-Off* cit., 19.

Segundo a proposição muito citada de LORD MANSFIELD,

Natural equity says, that cross-demands should compensate each other, by deducting the less sum from the greater; and that the difference is the only sum which can be justly due.

[165] Na sequência de THOMAS W. WATERMAN, *A Treatise on the Law of Sett-Off* cit., 26 ss..

– os pedidos devem conter-se dentro da jurisdição do tribunal considerado.

Surgem, depois, diversas delimitações negativas.

20. Aspectos gerais; natureza processual?

I. O Direito inglês dá um relevo especial à compensação contratual ou *set-off agreement*. A inerente cláusula é frequente, no comércio bancário, permitindo o funcionamento da compensação para lá do que permitiriam os *law and equity*[166].

II. No tocante à compensação legal, a doutrina distingue[167]:

– o *sett-off at law* opera quando haja débitos mútuos entre as partes, ambos dando azo a acções de *common law*;
– o *sett-off in equity* é possibilitado quando ambas as acções se reportem a dinheiro, sejam recíprocas e homogéneas e estejam tão conectadas que a contra-acção do demandado detenha a queixa do demandante.

III. Põe-se, depois, o tema da sua natureza meramente processual. Esta, historicamente comprovada, a dar-se, teria o seguinte efeito prático: a compensação apenas produziria efeitos a partir do momento em que fosse invocada e decretada pelo tribunal. A pessoa que, alegando uma compensação. não cumprisse um contrato, estaria a quebrá-lo, com todas as legais consequências[168].

Todavia, os autores mais recentes vêm admitindo a substancialização do *set-off*[169], numa confluência interessante com o Direito continental[170]. O levantamento dos requisitos do *set-off*, apesar da especificidade das fontes e da linguagem, revela uma figura próxima da da compensação continental.

---

[166] Cf. ROY GOODE, *Commercial Law*, 2ª ed. (1995), 657.
[167] ROY GOODE, *Commercial Law*, 2ª ed. cit., 671.
[168] ROY GOODE, *Commercial Law*, 2ª ed. cit., 671, nota 152.
[169] Especialmente MCCRACKEN, *The Banker's Remedy of Set-Off*, 2ª ed. cit., 138 ss. e DERHAM, *Set-Off*, 2ª ed. cit., 56 ss..
[170] Cf. ZIMMERMANN, *Die Aufrechnung* cit., 715 ss..

CAPÍTULO III
A EVOLUÇÃO DA COMPENSAÇÃO NO DIREITO PORTUGUÊS

§ 8.º DAS ORDENAÇÕES À PRÉ-CODIFICAÇÃO

21. As Ordenações Afonsinas

I. A matéria da compensação, embora tratada no *Corpus Iuris Civilis*, na glosa e nos comentadores, em termos que operavam como Direito vigente, mereceu, desde cedo, a atenção dos Reis.

As Ordenações Afonsinas (século XV) dedicavam todo o Título LXXII do seu Livro IV – *Das Compensaçoões, como, e quando se podem fazer d' huã divida aa outra*[171] à matéria aqui em estudo, em termos que mereceriam não ter caído no esquecimento.

II. O referido Título LXXII do Livro IV das Ordenações Afonsinas apresenta, no seu proémio, uma curiosa definição de compensação, acompanhada da sua justificação:

> Compensaçom quer tanto dizer, como desconto d'huã divida aa outra. E foi introduzida per direito com justa razom e igualdade, porque mais razoada cousa he nom pagar homem o que nom deve, se lhe outro tanto he devudo, ca pagallo, e despois repetillo, como cousa nom devuda.

---

[171] *Ordenaçoens do Senhor Rey D. Affonso V, Livro III*, reprodução "fac-simile" da ed. de 1792, *Collecçaõ da Legislaçaõ Antiga e Moderna do Reino de Portugal*, Parte I – *Da Legislaçaõ Antiga*, ed. Fundação C. Gulbenkian, *Ordenações Afonsinas*, Livro IV (1984), 253 ss..

III. A compensação tinha, depois, um âmbito lato, que faz lembrar, de modo directo, o rescrito de MARCO AURÉLIO, vertido no *Codex*[172]. Eis o § 1.º do título *Das Compensaçoões*, na agradável linguagem afonsina[173]:

> E disserom os Sabedores, que fezerom e compilarom as Leix Imperiaaes, que a compensaçom ha lugar asii na auçom real, como na pessoal, com tanto que se allegue de quantidade a quantidade, que quer tanto dizer, como cousa, que stá em conto, assi como he o dinheiro, &c. ou peso, assi como e cera, e sevo, &c. ou medida, assi como he vinho, azeite, mel, &c. E por tanto dizemos, que se hum homem me he devedor em certa quantidade de dinheiro, ou vinho, azeite, mel, cera, &c. e eu lhe fora devedor em outro tanto, mais ou menos, &c. justa cousa he que se desconte huã divida por outra, em quanto ambas concorrerem, e em na maioria fique salva a divida daquelle, a que mais for devudo.

IV. Fixada a *Ley geeral*, as Ordenações vieram estabelecer as *fallencias* ou situações nas quais a compensação era afastada. Isso sucedia:

- *na guarda e condecilho*, isto é: no depósito, com que o depositário não podia invocar a compensação para se eximir ao dever de restituir[174];
- *em todo o caso de força, roubo, furto, ou outro qualquer caso semelhante*: as Ordenações admitiam, todavia, que se ambas as partes fossem obrigadas *per semelhante modo de força, roubo, furto, &c.*, a compensação poderia operar nesse âmbito[175];

---

[172] C. 4.31.14, já examinado.
[173] *Ord. Aff.* cit., IV, 254.
[174] *Ord. Aff.* cit., Livro IV, Tit. LXXII, § 2.º:
E PERO que esta Ley seja geeral, recebe porem em si muitas fallencias. A primeira he na guarda e condecilho: assi como se te eu em teu poder posesse em guarda e condecilho alguã certa quantidade, e demandando-ta eu, dissesses tu que eu te devia outra tanta per algum outro titulo, que nom fosse semelhante, em tal caso nom haverá lugar a compensaçom, mas serás tu obrigado de me entregar todo aquello, que eu em teu poder assi puse em guarda, e ficará a ti salvo todo teu direito sobre aqueilo, que te eu devesse de qualquer outra parte; porque a guarda e condesilho he de tal qualidade e natura, que nom recebe em si compensaçom nenhuã em nenhuu caso, que nom seja privilegiado assi como elle.
[175] *Ord. Aff.*, Livro IV, Tit. LXXII, § 3.º:
A SEGUNDA fallencia he em todo o caso de força, roubo, furto, ou outro qualquer caso semelhante, per que alguã minha quantidade fosse a teu poder per alguã arte ou engano; ca em tal caso se te eu demandasse essa quantidade, nom me pode-

– *quando a algum he devudo algum mantimento*, ou seja: perante obrigações de alimentos[176];
– *quando aquella divida, de que se faz compensaçom, he incerta*: fórmula extensa, que poderia abrigar hipóteses de dificuldades de prova, de iliquidez e de inexigibilidade[177];
– *quando alguã divida de quantidade for devuda a Nós, ou a alguã Cidade, ou Villa, que se chama em Direito divida de Repruvica*: trata-se da tradicional exclusão perante débitos ao Estado[178];

Estas situações de exclusão desapareciam perante ocorrências que, igualmente, fossem de exclusão. Trata-se de uma curiosa solução afonsina que deveria ser investigada. Eis o texto[179]:

E DIZEMOS, que se em cada hum dos ditos casos espiciaaes fosse allegada compensaçom d'alguu outro caso espicial, deve-se fazer compensa-

rias tu allegar compensaçom d'alguã outra cousa, em que te eu seja obrigado, per qualquer titulo que seja: salvo se te eu fosse obrigado per semelhante modo de força, roubo, furto, &c.; ca entom se faria compensaçom d'huã quantidade aa outra, em quanto ambas concorressem.
[176] *Ord. Aff.*, Livro IV, Tit. LXXII, § 4.°:
A TERCEIRA fallencia he, quando a algum he devudo algum mantimento, ainda que seja de quantidade, quer seja devudo per contrauto, quer per algum testamento, ou per outro qualquer modo; porque a divida do mantimento he per direito taõ favoravel, que o seu favor nom padece seer-lhe oposta alguã compensaçom d'alguã outra divida, que seja de quantidade.
[177] *Ord. Aff.*, Livro IV, Tit. LXXII, § 5.°:
A QUARTA fallencia he, quando aquella divida, de que se faz compensaçom, he incerta, e a divida principalmente demandada he certa, e clara per confissom da parte, ou per alguã outra prova a ella dada; ca em tal caso, ainda que geeralmente se deva de fazer compensaçom de quantidade a quantidade, nom se deve fazer daquella que he incerta, a aquella que he certa: salvo se aquelle, que allegar tal compensaçom, se obrigasse a provalla ataa dez dias perentoriamente, e em outra guisa nom deve seer recebido a tal compensaçom: nem parece seer cousa justa, que a divida liquida e clara seja embargada per aquella que he incerta e duvidosa.
[178] *Ord. Aff.*, Livro IV, Tit. LXXII, § 6.°:
A QUINTA fallencia he, quando alguã divida de quantidade for devuda a Nós, ou a alguã Cidade, ou Villa, que se chama em Direito divida de Repruvica, honde estabelecerom os Direitos, que nom hajam lugar compensaçoões: pero esto nom embargando, por quanto esses Direitos disserom, que em alguns casos se possa fazer compensaçom aa divida da Repruvica onde estabeleceram, e em outros nom, Mandamos que ácerca desto se guarde aquello, que for achado per direito.
[179] *Ord. Aff.*, Livro IV, Tit. LXXII, § 7.°.

çom d'huu caso a outro; assi como se fosse demandada alguã quantidade posta em guarda e condesilho, que he caso privilegiado, e fosse allegada compensaçom d'alguã outra quantidade roubada, ou forçada, &c.; ca nom sem razom se deveria fazer compensaçom de huã quantidade aa outra, e bem assi dos outros casos semelhantes privilegiados, &c.

V. As Ordenações Afonsinas concluem a matéria expondo, com pormenor, o requisito de homogeneidade das dívidas em presença[180]:

> E NON embargante que ajamos dito, que a compensaçom soomente ha lugar de quantidade a quantidade, e nom d'huã especia aa outra, a qual he toda cousa, que se nom custuma a dar per conto, peso, ou medida, assi como he huu homem servo, ou huu livro, &c. pero se huu homem devesse a outro geeralmente huu servo, ou huu cavallo, non declarando mais hum que outro, honde seria obrigado de lhe pagar huu cavallo, ou huu servo, que fosse comunal, que nom fosse muito vil, nem muito avantejado, ou a sua verdadeira estimaçom, acordando-se as partes a seer pagada a dita estimaçom, ou seendo assi julgado, em tal caso bem se poderá a ella fazer compensaçom d'outra quantidade, nom embargante que principalmente parecesse seer devuda a dita especia, como dito he; pois que ja he convertida em quantidade, quando a estimaçom della foi escolhida pelas partes, ou feita della condapnaçom, como dito he. E bem assi se poderá dizer, quando certa especia fosse devuda d'huã parte a outra, assi como huu certo cavallo, ou servo, ou livro, &c., e ella nom podesse seer achada, honde seria devuda a verdadeira estimaçom della, segundo fosse extimada per juramento do Autor; e feita assi a dita estimaçom, licitamente se poderá fazer a ella compensaçom d'outra tanta quantidade, maior ou mais pequena, em quanto huã concorresse com outra, segundo já suso dito avemos.

22. As Ordenações Manuelinas

I. Nas Ordenações Manuelinas (princípios do século XVI), a matéria da compensação mantém-se no Livro IV, transitando, embora, para o Título LVI[181].

---

[180] *Ord. Aff.*, Livro IV, Tit. LXXII, § 8.º.
[181] *Ordenaçoens do Senhor Rey D. Manuel. Livro III*, reproduzidas em "fac-simile" da ed. de 1792, *Collecçaõ da Legislaçaõ Antiga e Moderna do Reino de Portugal*, Parte I. *Da Legislaçaõ Antiga*, ed. Fundação C. Gulbenkian, *Ordenações Manuelinas*, Livro IV (1984), 135-138.

§ 8.º Das Ordenações à pré-codificação

O cotejo com as Ordenações Afonsinas revela a manutenção do mesmo esquema de fundo. A linguagem é menos arcaica e surge um pouco mais sintética.

II. Pelo interesse especial em preservar a cepa tradicional do Direito português, passamos a consignar o teor do aludido título.

COMPENSAÇAM quer tanto dizer como desconto de hua diuida a outra, e foi introduzida com justa razam, e equidade, porque mais razoada cousa he nom paguar homem o que nom deue, se lhe outro tanto he deuido, que pagualo, e despois repetilo como cousa que nom era deuida. E a compensaçam ha luguar assi na auçam real, como na pessoal, com tanto que se alegue de quantidade a quantidade; e quantidade quer dizer, cousa que consiste em conto, assi como he o dinheiro; ou peso, assi como feuo, cera; ou medida, assi como vinho, azeite, e mel, e outros semelhantes: e por tanto se huu homem he obriguado e deuedor a outro em certa quantidade de dinheiro, vinho, azeite, ou cera, ou d'outras semelhantes cousas, o qual lhe he deuedor em outro tanto, ou mais ou menos, desconte-se hua diuida pola outra, em quanto ambas concorrerem, e em a maioria fique falua a diuida a aquelle a que mais for deuido.

1. E ESTO nom auerá luguar na guarda, e condisilho, assi como se alguu demandasse certa quantidade que teuesse dada em guarda, e condisilho, e o outro dissesse, que elle lhe deuia outra tanta por outro alguu titulo que nam fosse semelhante, em tal caso nom auerá luguar a compensaçam, mas elle será obriguado a lhe entreguar todo aquello que lhe deu em guarda, e ficar-lhe-ha faluo todo seu dereito acerca daquello, que he elle deuesse de qualquer outra obriguaçam; por que o contracto da guarda e condesilho he de tal natura, que nom recebe em si compensaçam algua de ninhuu caso, que nom seja priuilegiado como elle.

2. NEM auerá luguar em todo caso de força, roubo, furto, ou qualquer outro semelhante, por que algua quantidade alhea fosse a seu poder per algua arte de enguano; porque em tal caso se lhe seu dono demandasse essa quantidade, nom lhe poderia opoer compensaçam de qualquer outra, em que elle fosse obriguado per qualquer titulo que seja, faluo se elle fosse obriguado por semelhante modo de força, roubo, ou furto; porque entam se faria compensaçam de hua quantidade aa outra, em quanto ambos concorressem.

3. NEM auerá luguar quando a algua pessoa he deuido alguu mantimento, posto que consista em quantidade, quer lhe seja deuido per contracto, quer por testamento, ou por outro qualquer modo; porque a diuida do

mantimento he tam fauorauel, que o seu fauor nom padece ser-lhe oposta algua compensaçam de algua outra diuida, inda que seja de quantidade.

4. NEM auerá luguar, quando a diuida de que se faz compensaçam he incerta, e a diuida principalmente demandada he liquida, certa, e clara por confissam da parte, ou por algua outra proua a ella dada; porque em tal caso nom se deue fazer compensaçam da diuida da quantidade que he incerta e nom liquida a aquella que he certa; faluo se aquelle que aleguar tal compensaçam se obriguasse proua-la atee noue dias perentoriamente, e em outra maneira nom lhe será recebida tal compensaçam.

5. NEM auerá luguar quando algua diuida de quantidade for deuida a Nós, ou a algua Cidade, ou Villa; faluo se em alguus casos se achar por Dereito que se póde poer compensaçam aa diuida que he deuida a algua Cidade, ou Villa.

6. E SE em cada huu dos ditos casos especiaes, em que se nom recebe compensaçam, for oposta compensaçam de alguu outro caso especial, far-se-ha compensaçam de huu caso a outro; assi como se fosse demandada algua quantidade posta em guarda e condisilho, que he caso priuilegiado, e fosse aleguada compensaçam de algua outra quantidade roubada, ou forçada, deue-se fazer compensaçam de hua a outra; e bem assi em outros semelhantes casos priuilegiados.

7. E POSTO QUE a compensaçam aja soomente luguar de quantidade a quantidade como dito he, e nam de hua especie a outra. E especie he toda a cousa que se nom custuma dar por conto, peso, ou medida, assi como he huu caualo, ou huu homem seruo, ou huu liuro, e outras semelhantes. Peró se huu homem deuesse geeralmente a outro huu seruo, ou huu caualo, nom declarandi mais huu que ouro, em o qual caso seria obriguado de lhe paguar huu seruo, ou huu caualo que fosse comunal, que nam fosse muito vil, nem auantejado, ou sua verdadeira extomaçam, concertando-se as partes de se paguar a dita extimaçam, ou sendo assi julguado por sentença, em tal caso bem se poderá a ella opoer e fazer compensaçam d'outra quantidade, sem ambarguo que pareça principalmente seer deuida a dita especie; por quanto sendo a extimaçam della escolhida por as partes, ou feita a condenaçam della como dito he, já a dita especie he conuertida em quantidade.

8. E BEM ASSI se fará, quando certa especie fosse deuida de hua parte a outra, assi como huu certo e nomeado seruo, ou caualo, ou liuro, e a dita certa especie nam podesse seer auida pelo qual he deuida a verdadeira extimaçam della, e feita assi a dita extimaçam licitamente se podera a ella opoer, e fazer compensaçam doutra tanta quantidade, ou maior, ou mais pequena, em quanto hua concorrer com a outra como emcima dito Auemos.

23. As Ordenações Filipinas

I. Nas *Ordenações Filipinas* (princípios do século XVII), a matéria da compensação passa ao Título LXXVIII do Livro IV[182]. Mantém uma redacção muito próxima da das Ordenações Manuelinas, o que permite concluir: até meados do século XIX, a compensação continuou a reger-se, no essencial, por um texto que nos adveio do século XV.

II. Também aqui cumpre consignar o texto do citado Título LXXVIII:

Das compensações

Compensação quer dizer desconto de huma divida a outra; e foi introduzida com rasão e equidade, porque mais rasão he, não pagar algum o que deve, se lhe outro tanto he devido, que paga-lo, e depois repeti-lo, como cousa, que não era devida.

E a compensação ha lugar assi na acção real, como na pessoal, com tanto que se allegue de quantidade a quantidade.

E quantidade quer dizer, cousa que consiste em conto, assi como he o dinheiro, ou em peso, assi como cera, ou em medida, assi como azeite, e outros semelhantes.

E por tanto, se hum homem he obrigado e devedor a outro em certa quantidade de dinheiro, cera, azeite, ou de outras semelhantes cousas, o qual lhe he devedor em outro tanto, mais, ou menos, desconte-se huma divida pela outra, em quanto ambas concorrerem, e em a maioria fique salva a divida a aquelle, a que mais fôr devido.

1. E se algum demandar certa quantidade, que tenha dada em guarda, e deposito, e o outro disser, que o outro lhe deve outra tanta por outro algum titulo, que não fôr semelhante, não haverá lugar a compensação; mas elle será obrigado a lhe entregar tudo aquillo, que lhe deu em guarda, e ficar--lhe-ha salvo todo o seu direito, acerca do que lhe elle dever de qualquer outra obrigação. Porque o contracto da guarda e deposito he de tal natureza, que não admite compensação alguma de caso, que não seja privilegiado como elle.

2. Em todo caso de força, roubo, furto, ou qualquer outro semelhante, porque alguma quantidade alhea fosse a poder de algum per alguma arte de

---

[182] *Quarto Livro das Ordenações*, ed. "fac-simile" da edição de CANDIDO MENDES DE ALMEIDA, Rio de Janeiro, 1870, da Fundação Calouste Gulbenkian, *Ordenações Filipinas*, Livros IV e V (1985), 893-896.

engano, não haverá lugar a compensação. E se o dono demandar essa quantidade, não se lhe poderá oppôr compensação de qualquer outra, em que elle seja obrigado por qualquer titulo, salvo, se elle fôr obrigado por semelhante modo de força, roubo, ou furto, porque então se fará compensação de huma quantidade a outra em quanto ambas concorrerem.

3. Nem haverá lugar, quando a alguma pessoa forem devidos alimentos, posto que consistão em quantidade, quer por contracto, quer por testamento, ou por outro qualquer modo, porque a divida dos alimentos he tão favoravel, que não soffre ser-lhe opposta compensação de oura divida, ainda que seja de quantidade.

4. Outrosi, não haverá lugar quando a divida de que se faz compensação he incerta, e a divida principalmente demandada he liquida, certa, e clara, por confissão da parte, ou por outra alguma prova a ella dada. Porque neste caso não se deve fazer compensação da divida da quantidade incerta, e não liquida, á que he certa: salvo, se o que allegar a compensação, se obrigar prova-la até nove dias peremptoriamente. E em outra maneira não lhe será recebida a tal compensação.

5. E bem assi, quando alguma divida de quantidade fôr devida a Nós, ou á alguma Cidade, ou Villa, não haverá lugar a compensação, salvo nos casos, que se acharem per Direito, que se póde pôr compensação á divida, que he devida a alguma Cidade, ou Villa.

6. E se em cada hum dos ditos casos speciaes, em que se não recebe compensação, fôr opposta compensação de lagum outro caso special, far-se-ha de hum caso a outro, assi como se fosse demandada quantidade posta em guarda e deposito, que he caso privilegiado, e fosse allegada compensação de outra quantidade roubada, ou forçada; porque então deve-se fazer compensação de huma a outra. E o mesmo sera em outros semelhantes casos privilegiados.

7. Postoque a compensação haja somente lugar de quantidade a quantidade, e não de huma specie a outra (a qual specie he a cousa, que se não costuma dar per conta, peso e medida, como he hum cavallo, hum scravo, hum livro, e outras cousas semelhantes, se hum homem devesse geralmente a outro hum scravo, ou hum cavallo, não declarando mais hum que outro, em o qual caso seria obrigado pagar-lhe hum scravo, ou hum cavallo communal, que não fosse muito vil, nem avantajado, ou sua verdadeira estimação, concertando-se as partes de se pagar a dita estimação, ou sendo assi julgado per sentença, bem se poderá a ella oppôr, e fazer compensação de outra quantidade, sem embargo que pareça ser principalmente devida a dita specie; por quanto sendo a estimação della escolhida pelas partes, ou feita condenação della, já a specie he convertida em quantidade.

8. E assi se fará, quando certa specie fosse devida de huma parte á outra, assi como hum scravo certo e nomeado, cavallo, ou livro, e a dita certa specie não podesse ser havida, pelo que he devida a verdadeira estimação della. E feita a estimação, licitamente se poderá a ella oppôr e fazer compensação de outra tanta quantidade, ou maior, ou mais pequena, em quanto huma concorrer com a outra.

24. A doutrina da pré-codificação

I. Na pré-codificação portuguesa avulta, desde logo, PASCOAL JOSÉ DE MELO FREIRE (1738-1798)[183]. Este Autor inclui a compensação no título relativo aos *pagamentos e liberações*[184]. A seu propósito, limita-se a dizer:

(...) por *compensação*, modo este de extinção da obrigação baseada na máxima equidade, pois age com dolo que pede aquilo que deve restituir imediatamente; no entanto, de ambos os lados a dívida deve ser líquida e do mesmo género; há, portanto, lugar à compensação nas coisas fungíveis, nas quais não cai o preço da afeição, visto em regra terem uma estimação sempre certa (...)[185]

Retemos: a justificação na base de dolo; a exigência de liquidez e de homogeneidade; por fim: a aproximação às coisas fungíveis[186].

É ainda interessante notar que não encontramos, no Direito português e até este momento, qualquer referência à natureza automática da compensação.

II. CORREIA TELLES (1780-1849) dedicou à compensação um desenvolvimento sintético, mas bastante alargado. No seu clássico *Digesto Portuguez*[187], CORREIA TELLES insere a compensação numa secção II perten-

---

[183] Temos particularmente em vista as *Institutiones Juris Civilis Lusitani*, 4 tomos, 3ª ed., reimpr., 1842; a 1ª edição foi publicada a partir de 1789.

[184] Na tradução em português de MIGUEL PINTO DE MENESES, cf. o BMJ 168 (1967), 99 ss..

[185] Liv. IV, tit. V, § V, 9) = trad. PINTO DE MENESES cit., 102-103.

[186] No mais, FREIRE remete para as Ordenações. HEINECCIUS, muito usado pela doutrina portuguesa da pré-codificação, vai um pouco mais longe, explicitando os casos de exclusão da compensação; cf. D. JO. PETRI WALDECK, *Institutiones Juris Civilis Heineccianae*, ed. de Coimbra 1814, ed. 1837, §§ 717-719 (337-338).

[187] J. H. CORRÊA TELLES, *Digesto Portuguez ou Tratado dos direitos e obrigações*

cente ao título XVI – *Dos modos de fazer cessar os direitos e obrigações*. Introduz ao tema[188]:

1164. Eis que o crédor venha a dever ao seu devedor uma quantia semelhante á que este lhe devia, a obrigação do devedor é extinta em concorrente quantia.

De seguida, TELLES coloca os sucessivos requisitos dos débitos compensáveis: homogeneidade, exigibilidade e liquidez[189]. Como especial novidade, ocorre a natureza automática da compensação:

1169. A compensação opéra os seus effeitos *ipso jure*; ainda que o devedor ignorasse a dívida que o seu crédor lhe devia.

Remete, a tal propósito, para o *Codex* e para o artigo 1290 do Código Civil francês[190].
As garantias extinguem-se com a compensação, podendo o fiador demandado opor a compensação que assistiria ao devedor principal[191]. CORREIA TELLES enumerava, depois, diversas situações nas quais a compensação era afastada.

III. Segue-se COELHO DA ROCHA (1793-1850), que versa a compensação em termos sintéticos[192]. Ela é apresentada como:

(...) o desconto que reciprocamente se faz nas dividas de duas pessoas que devem uma á outra. Contém extincção de obrigação; pois seria dureza

---

civis accomodado ás leis e costumes da Nação Portuguesa para servir de subsidio ao "Novo Codigo Civil", nova edição revista (1909, correspondente à 3ª ed., de 1845).
[188] CORRÊA TELLES, *Digesto Portuguez* cit., I, 150-151.
[189] *Idem*, artigos 1165, 1166 e 1167.
[190] *Idem*, 151, nota 6.
[191] *Idem*, artigos 1170 e 1172; continua TELLES:
1172. Porém, o devedor principal quando é demandado não póde oppôr a compensação de divida que o crédor dava ao fiador.
1173. Nem tambem de divida que lhe deve um socio do crédor, se este não fôr co-réu devedor.
[192] M. A. COELHO DA ROCHA, *Instituições de Direito Civil Portuguez*, 8ª edição (1917, correspondente à 2ª, de 1848), §§ 164-167; cf. F. MACKELDEY, *Manuel de Droit Romain*, 3ª ed. (1846), trad. fr. de J. BEVING, § 536 (250-251); trata-se de obra cuja sistematização está, sabidamente, na origem da de ROCHA.

e um rodeio inutil, obrigar uma pessoa a pagar a outra aquillo mesmo que tem de direito a pedir-lhe[193].

COELHO DA ROCHA aponta seis requisitos para a compensação[194]:

1.º Dívidas certas e líquidas;
2.º De coisas fungíveis;
3.º Vencidas;
4.º Que a dívida oposta em compensação pertença à mesma pessoa que a opõe;
5.º Que a compensação não seja em prejuízo de terceiro;
6.º Na penhora do crédito por terceiro, o devedor não pode opôr em prejuízo deste a compensação de dívidas do seu credor, contraídas depois da penhora.

As exclusões de compensação são apontadas[195].
Muito importante foi a assunção da solução napoleónica, quanto aos efeitos da compensação[196]:

> A compensação extingue *ipso iure* a divida, ou toda, se as dividas são eguaes, ou na concorrente quantia, desde o momento, em que começou a divida reciproca, ainda que o devedor o ignorasse.

---
[193] *Instituições* cit., § 164 (1, 97).
[194] *Idem*, § 165.
[195] *Idem*, § 166.
[196] *Idem*, § 167.

§ 9.º O CÓDIGO CIVIL DE SEABRA

25. O texto de 1867

I. O Código de SEABRA acolheu os diversos elementos que o antecederam e, designadamente: a tradição comum ínsita nas Ordenações e as influências napoleónicas, vertidas nas obras dos pré-codificadores.

A crescente dificuldade em localizar códigos de SEABRA leva-nos a consignar o texto de 1867, equivalente, de resto, ao do projecto do próprio VISCONDE:

SECÇÃO VIII
Da compensação

Art. 765.º O devedor póde desobrigar-se da sua divida por meio de compensação com outra que o credor lhe deva, nos termos seguintes:

1.º Se uma e outra divida forem liquidas;
2.º Se uma e outra forem egualmente exigiveis;
3.º Se as dividas consistirem em sommas de dinheiro, ou em cousas fungiveis, da mesma especie e qualidade, ou se umas forem sommas de dinheiro e outras forem cousas cujo valor posso liquidar-se, conforme o disposto na ultima parte do § 1.º do presente artigo.

§ 1.º Divida líquida diz-se aquella cuja importancia se acha determinada, ou póde determinar-se dentro do praso de nove dias.

§ 2.º Diz-se divida exigivel aquella cujo pagamento póde ser pedido em juizo.

Art. 766.º Se as dividas não forem de egual somma, poderá dar-se a compensação na parte correspondente.

Art. 767.º A compensação não póde dar-se:

1.º Quando alguma das partes houver renunciado de antemão ao direito de compensação;
2.º Quando a divida consistir em cousa de que o proprietario tenha sido esbulhado;

3.º Quando a divida for de alimentos, ou de outra cousa, que não possa ser penhorada, ou seja por disposição da lei, ou seja pelo titulo de que procede, salvo se ambas as dividas forem da mesma natureza;
4.º Quando a divida proceder de deposito;
5.º Quando as dividas forem do estado ou municipaes, salvo nos casos e que a lei o permitir.

Art. 768.º A compensação opéra de direito os seus efeitos, e extingue ambas as dividas com todas as obrigações correlativas, desde o momento em que se realisar.

Art. 769.º O que paga uma divida susceptivel de compensação não póde, quando exigir o credito que podia ser compensado, valer-se, com prejuízo de terceiro, do privilegios e hypothecas que asseguravam esse credito, salvo provando ignorancia da existencia do credito que a extinguia.

Art. 770.º Se forem várias as dividas compensaveis, seguir-se-ha, na falta de declaração, a ordem indicada no artigo 729.º.

Art. 771.º O direito de compensação póde ser renunciado, não só expressamente, mas também por factos de que se deduza necessariamente a renuncia.

Art. 772.º O fiador não póde fazer compensação do seu credito com a divida do principal devedor, nem o devedor solidario póde pedir compensação com a divida do credor ao seu comdevedor.

Art. 773.º O devedor que consentiu na cessão feita pelo credor em favor de terceiro não póde oppor ao cessionario a compensação que poderia oppor ao cedente.

Art. 774.º Se, porém, o credor lhe der conhecimento da cessão, e o devedor não consentir nella, poderá este oppor ao cessionario a compensação dos creditos que tiver contra o cedente e que foram anteriores á cessão.

Art. 775.º A compensação não póde admittir-se com prejuízo de direito de terceiro.

Art. 776.º Não obsta á compensação o serem as dividas pagaveis em diversos logares, comtantoque se paguem as despesas de mais que se hajam de fazer para ella se realisar.

Art. 777.º Se a cessão se fizer, sem que disso se haja dado noticia ao devedor, poderá este oppor ao cessionario a compensação dos creditos que tiver contra o cedente, quer anteriores, quer posteriores á cessão.

II. Os anotadores subsequentes explicavam os diversos preceitos, com remissões para o Direito anterior[197]. O delicado artigo 768.°, pelo qual a "... a compensação opéra de direito os seus efeitos ..." não suscitava particular interesse. O Código não chegava a acrescentar "... mesmo que dela não haja conhecimento ...".
O sistema português da compensação pareceria, assim, ligado ao esquema napoleónico. Desde cedo, todavia, surgiram dificuldades com a ideia de que a compensação pudesse operar em moldes verdadeiramente automáticos e, portanto: dispensando a iniciativa do beneficiário[198].

26. A transposição de GUILHERME MOREIRA

I. Ainda no domínio do Código de SEABRA, o sistema português da compensação evoluiu rapidamente no sentido da solução alemã: tal o papel de GUILHERME MOREIRA.

GUILHERME MOREIRA (1861-1922) foi o grande responsável pela transposição do sistema jurídico português, da órbita napoleónica para a pandectística ou germânica[199]. Trata-se de um fenómeno que se revela em quatro pontos:

– a adopção, desde a pré-edição das Instituições[200], do esquema germânico da ordenação das disciplinas civis[201];
– a introdução de referências crescentes a autores alemães traduzidos ou a italianos de inspiração alemã[202];

---

[197] JOSÉ DIAS FERREIRA, Codigo Civil Portuguez Annotado, vol. II, 2ª ed. (1895), 88 ss.. Cf. ALEXANDRE DE SEABRA, O codigo civil na pratica do foro. A compensação, O Direito 1 (1869), 338-340.
[198] Assim, ALEXANDRE DE SEABRA, A compensação cit., 339/II.
[199] Cf. o nosso Teoria geral do Direito civil/Relatório (1988), 131 ss., com indicações, bem como o nosso Tratado de Direito civil, I, 1.° tomo, 2ª ed. (2000), 87 e passim.
[200] A pré-edição das Instituições, de GUILHERME MOREIRA, datará de 1902-1903: trata-se de um conjunto de volumes impressos, em uso na Faculdade de Direito (então só em Coimbra), sem indicação de autoria mas que, pelo teor, pertencem, de facto, a MOREIRA.
[201] Anteriormente, a matéria era leccionada seguindo a ordem dos artigos do Código de SEABRA.
[202] Cf. o nosso Teoria geral/Relatório cit., 133 ss..

– a adopção de institutos doutrinários pandectísticos, sem base legal: a *culpa in contrahendo*, como exemplo;
– a interpretação de preceitos de SEABRA à luz de valorações pandectísticas, de modo a operar uma transposição final.

II. No tocante à compensação e na pré-edição de 1903, GUILHERME MOREIRA explica o sentido dos diversos preceitos do Código[203]. A compensação era classificada em legal e voluntária: a primeira por disposição da lei e a segunda por vontade das partes. Diz MOREIRA, quanto à compensação legal:

> Para que haja a compensação legal, é necessário que se dêem as condições exigidas por lei. Não basta, porém, que se verifiquem essas condições para que a compensação produza os seus efeitos; para isso é também necessário que a compensação seja opposta pelo devedor[204].

Desaparece assim a ideia de uma compensação puramente automática, acolhida na pré-codificação e, quiçá, no próprio Código.

Quanto à voluntária: depende dos termos do contrato,

> (...) por força da qual pode verificar-se (...) em dividas que della não eram legalmente susceptíveis.

III. Na edição oficial das *Instituições*[205], a matéria ganha desenvolvimento e profundidade[206].

Na parte fundamental da eficácia da compensação, GUILHERME MOREIRA alude à evolução histórica e menciona a regra romana da compensação *ipso iure*. E afirma:

> Das opiniões que foram admitidas acerca da significação destas palavras, notaremos a que considerava a compensação como produzindo legalmente a extinção das dívidas, desde que estas reunissem as condições que a lei exigia para esse effeito, independentemente da vontade do devedor ou do credor. Foi esta a interpretação que o codigo civil francês sancio-

---

[203] *Instituições do Direito civil português* – Livro II – *Das obrigações* (s/d mas 1903), § 75 (82 ss.).
[204] *Instituições* cit., 82.
[205] Portanto: GUILHERME ALVES MOREIRA, *Instituições do Direito civil português*, vol. II, *Das obrigações* (1911), § 17 (255 ss.).
[206] Temos, aí, 22 pp. sobre a compensação, contra as 8 pp. da pré-edição.

nou, embora com alguma incoherencia, e a que foi seguida pelo nosso codigo, com as mesmas incoherencias[207].

(...)

E continua mais adiante:

> Esta doutrina, que é consequencia logica da theoria da compensação legal, não representa todavia a verdade no systema sanccionado no nosso codigo (...) Se um devedor que tem um credito pelo qual a sua divida se extinguiu, paga esta não oppondo a compensação, renuncia ao direito que por esta havia adquirido (...)[208]

(...)

Rematando:

> Outro e mais harmónico com as normas relativas ao pagamento é o systema que, representando a doutrina germanica acerca do direito romano, foi admittido pelo codigo civil allemão (artt. 387.° e 388.°) e que já estava sanccionado no codigo federal suiço das obrigações (art. 138.°). Por este sistema não se dá *ipso iure* a extincção dos creditos reciprocos, não se effectuando o pagamento, sem que o devedor exprima a sua vontade. (...) a declaração de vontade tem efeito retroactivo[209].

IV. Quanto às condições da compensação, GUILHERME MOREIRA apontava[210]:

– a reciprocidade;
– a liquidez;
– a fungibilidade;
– a exigibilidade dos créditos.

Os diversos outros aspectos em presença eram examinados.

V. A partir de GUILHERME MOREIRA, podemos considerar que o sistema nacional da compensação se aproximou, pela simples interpretação,

---
[207] GUILHERME MOREIRA, *Instituições*, II vol. cit., 256.
[208] *Idem*, 257.
[209] *Idem*, 258.
[210] *Idem*, 259 ss..

do alemão. Conhecendo e contrapondo os dois sistemas em presença, MOREIRA foi levado a optar pelo segundo, tecnicamente mais avançado. Não o fez, todavia, pelo gosto da novidade ou do esoterismo. A sucessão das duas versões das *Instituições* mostra que ele esteve, antes do mais, preocupado com o regime aplicável e com a verdadeira apreensão legislativa, entendida como um todo coerente, harmónico e operacional.

Tudo isto explica como a recepção do esquema alemão – numa constatação válida para outros institutos – acaba por ocorrer como um processo de evolução e não como um enxerto de matéria estranha.

27. Aspectos do seu funcionamento

I. Nos seus quase cem anos de vigência, o Código de SEABRA deu boa conta de si, na compensação como em diversos outros campos. Iremos referenciar, apenas, alguns aspectos mais marcantes.

No tocante à prática do instituto, a compensação foi louvada pela sua equidade intrínseca e pelas perspectivas económico-financeiras que encerra. Trata-se, na verdade, de um elemento nuclear da conta-corrente comercial, como se infere do artigo 346.°, n.° 3, do Código Comercial de 1888[211]. Passa, daí, à conta-corrente bancária e ao contrato de abertura de conta, pedra angular de todo o Direito bancário.

A compensação está ainda no núcleo das câmaras de compensação ou *clearing*, base dos pagamentos bancários. Criadas pelo Decreto-Lei n.° 12:852, de 20 de Dezembro de 1926, as Câmaras de Compensação de Lisboa e do Porto vieram possibilitar o alargamento do comércio bancário.

II. No domínio da construção dogmática, a referência aos sistemas francês e alemão passaram a ser um lugar-comum na doutrina subsequente a GUILHERME MOREIRA[212]. No entanto, os nossos autores não deixaram de chamar a atenção para a confluência dos sistemas: enquanto o alemão, embora assente na necessidade de uma declaração, actua retroactivamente,

---

[211] Cf. CUNHA GONÇALVES, *Comentário ao Código Comercial Português*, 2.° vol. (1916), 349-350; como veremos, a compensação própria da conta-corrente apresenta diversos desvios em relação ao sistema comum.

[212] ADRIANO VAZ SERRA, *Compensação (Estudo de política legislativa)*, separata do BMJ n.° 31 (1952), 7, refere-a, praticamente logo a abrir o seu escrito, base do Código Civil vigente.

o francês, mau grado o automatismo, não funciona *ex officio*: exige uma comunicação das partes.

III. Importante ainda, quer num prisma teórico, quer no prático, foi a definitiva consignação, ao lado da compensação legal e apesar do silêncio do Código, da compensação judicial e da compensação voluntária[213]. Esta última, inteiramente ao dispor das partes, permite um tratamento alargado das mais diversas situações.

IV. Finalmente, procedeu-se ao cinzelamento dos diversos aspectos envolvidos na compensação. Requisitos como a reciprocidade, a liquidez, a mútua exigibilidade, a fungibilidade e os casos de exclusão foram sofrendo um aprofundamento doutrinário e jurisprudencial[214].

A renúncia à compensação, a compensação entre débitos com diferentes lugares de pagamento e outros temas vieram completar a dimensão do velho instituto romano.

---

[213] Já referidas em GUILHERME MOREIRA.
[214] Cf. LUIZ DA CUNHA GONÇALVES, *Tratado de Direito Civil*, vol. 5.º (1932), 12 ss..

§ 10.º A PREPARAÇÃO DO CÓDIGO CIVIL VIGENTE

28. Os estudos de VAZ SERRA

I. No âmbito da preparação do Código Civil vigente[215], coube a VAZ SERRA estudar a compensação. Nesse âmbito, o *Boletim do Ministério da Justiça* publicou, em 1952, o estudo *Compensação*, justamente de VAZ SERRA. Com cerca de duzentas páginas trata-se, ainda hoje, do mais extenso estudo nacional sobre o tema[216].

II. No seu estilo peculiar[217], VAZ SERRA procede a uma análise dos diversos problemas suscitados pela compensação, à luz do Direito comparado. O confronto opera, sobretudo, perante os Direitos alemão, francês, italiano e suíço, embora surjam, por vezes, menções a outros ordenamentos.

À medida que preenche as várias rubricas, VAZ SERRA propõe articulados, que reúne no final[218]. Chega a um conjunto de 20 artigos, alguns de assinalável extensão.

III. De entre as opções a assinalar, conta-se a escolha do sistema germânico[219]. Diz VAZ SERRA:

> Inclinar-nos-íamos, portanto, para abandonar a doutrina de uma compensação legal, verificando-se *ipso iure*, logo que os créditos se tornem compensáveis. Exigir-se-ia uma declaração de compensação à outra parte; mas esta declaração teria efeito retroactivo.

---
[215] Cf., com elementos, o nosso *Tratado de Direito civil português*, I, 1.º, 2ª ed. (2000), 101 ss..

[216] ADRIANO PAES DA SILVA VAZ SERRA, *Compensação*, BMJ 31 (1952), 13-210; há separata, já citada, sob o título *Compensação (Estudo de política legislativa)* (1952), 201 pp..

[217] Sendo curioso notar que o escrito *Compensação* foi, justamente, dos primeiros publicados por VAZ SERRA, com vista à preparação do Código Civil.

[218] VAZ SERRA, *Compensação* cit., 184-201.

[219] VAZ SERRA, *Compensação* cit., 9 ss. e 194-195.

No fundo, trata-se de concluir a evolução já encetada por GUILHERME MOREIRA.

Adiante referiremos, a propósito de cada preceito, os preparatórios que os antecederam.

29. O anteprojecto

I. O anteprojecto de VAZ SERRA surgiu em dois articulados distintos, relativos ao Direito das obrigações: uma versão reduzida[220] e uma versão extensa[221].

Quanto à compensação: a versão reduzida abrangia os artigos 470.º a 479.º[222]; a extensa, os artigos 650.º a 669.º[223]. Foi, assim, removida muita matéria relevante, ora por se considerar desnecessária, ora por ser remetida para outras sedes.

II. O interesse histórico e dogmático da matéria leva-nos a consignar os textos relevantes. Assim, quanto à versão reduzida[224]:

CAPÍTULO IV
COMPENSAÇÃO

Artigo 470.º
Requisitos

1. O devedor pode desobrigar-se da sua dívida, por meio da compensação com outra, que o credor lhe deva, nos termos seguintes:

1.º – Se o seu crédito for exigível em juízo e não estiver afectado por excepção peremptória ou dilatória, de direito material;
2.º – Se o seu crédito estiver vencido e puder pagar o da outra parte;

---

[220] *Direito das obrigações*, BMJ 98 (1960), 13-128, 99 (1960), 27-265, 100 (1960), 17-159 e 101 (1960), 15-161; a versão "reduzida" soma 784 artigos. Existe separata.

[221] *Direito das obrigações*, BMJ 98 (1960), 129-316, 99 (1960), 267-526, 100 (1960), 161-413 e 101 (1960), 163-408; a versão "extensa" alcança os 1212 artigos, sendo de sublinhar que, tal como a anterior, não abrange os contratos em especial.

[222] BMJ 100 (1960), 54-62.
[223] BMJ 100 (1960), 202-218.
[224] Mantemos as notas de VAZ SERRA com a numeração original.

3.º – Se os dois créditos tiverem objecto da mesma espécie, podendo o de um dos créditos ser substituído pelo do outro.

2. O crédito prescrito pode servir para a compensação, se a prescrição se não tinha ainda verificado quando os dois créditos se tornaram compensáveis[214].

3. Se o crédito utilizado para a compensação se vencer por diminuição de seguranças existentes em proveito do credor, pode este declarar a compensação para a hipótese de judicialmente se considerar exigível o dito crédito; mas, fazendo assim, a declaração torna-se ineficaz, se o declarante não intentar ou não fizer prosseguir a acção destinada a esta apreciação, nos termos da lei processual sobre caducidade dos processos preventivos e conservatórios.

4. Não obsta à compensação o prazo concedido gratuitamente ao devedor, ainda que consagrado pelo uso geral. Não impede também a compensação o prazo concedido ao devedor, se este exigir o pagamento de uma dívida, em que o credor não pensara ao concedê-lo, e a equidade aconselhar que ela seja autorizada[215].

5. Sendo coisas genéricas o objecto das duas prestações, a compensação só pode dar-se quando se trate de prestações exactamente iguais ou com diferença insusceptível de prejudicar a outra parte.

Artigo 471.º
Reciprocidade dos créditos

1. Salvo o disposto no art. 426.º, com a compensação, apenas pode extinguir-se a dívida do compensante, e não a de um terceiro, mesmo que aquele possa pagar a dívida deste.

2. O devedor só pode utilizar para a compensação créditos seus e não créditos alheios, ainda que o titular deles dê o seu consentimento, e só pode utilizar para tal efeito créditos seus contra o seu credor.

Artigo 472.º
Diversidade de lugares

1. O facto de as duas dívidas serem pagáveis em lugares diferentes não obsta à compensação, salvo quando a determinação do lugar signifique a vontade de a excluir.

---

[214] Os §§ 2.º, primeira parte, 3.º e seguintes do art. 4.º do articulado sobre a compensação (Boletim, n.º 31) parecem dispensáveis,

[215] O § 2.º do art. 5.º do citado articulado parece dispensável.

2. Mas, quando as duas dívidas não forem pagáveis no mesmo lugar e se der a compensação, deve o que compensa reparar o dano sofrido pela outra parte em virtude de não receber o pagamento ou não poder extinguir a sua dívida no lugar determinado.

Artigo 473.º
Exclusão da compensação

1. Não há lugar a compensação quando o devedor tenha renunciado de antemão ao direito de compensação.

2. Não pode extinguir-se por compensação, contra a vontade do credor, o crédito resultante de facto ilícito doloso, mesmo que se pretenda utilizar para ela um crédito derivado também de facto ilícito doloso, salvo se a gravidade deste facto for idêntica ou superior. Não são válidas as convenções, anteriores ao facto ilícito doloso, pelas quais se admitisse a compensação.

3. Não podem extinguir-se por compensação, contra a vontade do credor, os créditos impenhoráveis, excepto se ambos os créditos forem da mesma natureza. Todavia, se uma entidade dever alguma quantia a título de aposentação, reforma, doença, auxílio, invalidez, montepio, seguro, indemnização por acidente, renda vitalícia ou outro semelhante, pode, contra o seu crédito de quotas, embora declarado impenhorável, compensar-se com o crédito daquelas quantias [216].

4. Não podem extinguir-se por compensação, contra a vontade do credor, os créditos fiscais do Estado ou das demais corporações de direito público, excepto nos casos em que a lei fiscal o autorizar; mas bem pode o Estado ou a corporação de direito público compensar contra um crédito de direito privado com o seu crédito fiscal. Ao crédito de multas, devidas à falta de cumprimento de leis fiscais, não é aplicável a doutrina deste parágrafo. A compensação não pode ser utilizada contra um crédito do Estado ou de outra corporação de direito público, se as duas prestações deverem ser feitas em caixas diferentes, com administração independente.

5. A compensação é inadmissível nos outros casos em que a lei a excluir.

---

[216] O que consta do § 3.º do art. 10.º do articulado da compensação (Boletim, n.º 31) parece dispensável, pois pode resultar do princípio da boa fé e do art. 9.º do mesmo articulado.

Artigo 474.°
Terceiros com direito de usufruto ou de penhor

Se sobre um dos créditos se tiver constituído um direito de usufruto ou de penhor, observam-se, quanto à compensação, nas relações entre o usufrutuário ou o credor pignoratício e o devedor, o que se dispõe, no caso de cessão de créditos, acerca das relações entre o devedor e o cessionário.

Artigo 475.°
Arresto ou penhora

1. A compensação não se admite, em prejuízo dos credores protegidos com o arresto ou a penhora, contra o crédito arrestado ou penhorado, se o devedor adquiriu o crédito contrário depois daqueles actos ou se, tendo-o adquirido antes, ele se vencer depois dos ditos actos e do crédito arrestado ou penhorado.

2. O facto de não serem ainda fungíveis os créditos na data do arresto ou da penhora não impede a compensação, se o devedor podia contar com que se tornassem tais de modo a poder compensar.

Artigo 476.°
Como se realiza a compensação

1. A compensação realiza-se mediante declaração de uma das partes à outra, pela qual aquela dê a conhecer a esta, de modo suficientemente claro, a sua vontade de compensar[217].

2. A declaração de compensação é ineficaz, se feita sob condição ou a prazo, a não ser que a condição ou o prazo não dêem lugar a uma insegurança na situação jurídica da outra parte que prejudique os legítimos interesses desta ou que ela aceite a dita condição ou o dito prazo.

3. A declaração de compensação, logo que produza os seus efeitos, torna-se irrevogável.

Artigo 477.°
Efeitos da compensação

1. Feita a declaração de compensação, os créditos consideram-se extintos desde o momento em que se tornaram compensáveis[218].

---

[217] O que consta do § 2.° do art. 16.° do articulado da compensação (Boletim, n.° 31) parece dispensável.

[218] O que consta do § 4.° do art. 17.° do articulado da compensação parece dispensável.

2. Se um contrato bilateral for resolvido em virtude do não cumprimento das obrigações da outra parte, a resolução torna-se ineficaz quando esta podia libertar-se mediante compensação e a declara logo que isso lhe é possível depois da resolução. Mas, no caso de mora, se se fixou ao moroso um prazo para cumprir, nos termos do art. 92.º, não pode declarar-se mais tarde a compensação, se podia ter sido declarada naquele prazo.

3. Quando uma das partes pagar a dívida, por desconhecer, devido a erro desculpável, o direito de a compensar, pode, com esse fundamento, repetir o que pagou, restabelecendo a situação, que tornava possível a compensação.

4. Se a compensação se tornar ineficaz por uma causa devida a acto do credor, as garantias prestadas por terceiros não renascem, salvo provando-se que esses terceiros sabiam, na data em que tomaram conhecimento da compensação, do vício que a tornava inoperante, ou que o credor não podia, quando se fez a compensação, conhecer tal vício. As outras garantias revivem, se o crédito renascer, mas sem prejuízo das regras acerca da conservação das mesmas garantias[219].

Artigo 478.º
Pluralidade de créditos

1. Quando o declarante ou a outra parte tiver vários créditos compensáveis, o que declara a compensação pode designar o crédito seu ou o da outra parte que se compensa, mas esta designação não vale, se a outra parte, tendo também o direito de compensar, se lhe opõe sem demora culposa, quanto ao seu crédito ou quanto ao do declarante, com fundamento na existência de vários créditos compensáveis.

2. Não se fazendo a designação, prevista no parágrafo antecedente, de algum dos créditos, observa-se o disposto no art. 435.º. Dando-se a oposição, de que no mesmo parágrafo se faz menção, e não se opondo o primeiro declarante, sem demora culposa, à declaração da outra parte quanto ao crédito, que deseja ver compensado, vale esta outra declaração; se se opuser, segue-se a ordem prescrita no artigo referido na primeira parte deste parágrafo, a não ser que se não tenha querido a compensação para a hipótese de oposição da parte contrária, não aceite pelo declarante, pois então é a declaração de compensação havida como não feita.

3. Se o devedor com direito a compensar um crédito da outra parte tornado compensável mais cedo do que outros da mesma parte designar esse

---

[219] Ver estudo sobre a remissão (Boletim, n.º 43), n.º 5.

crédito, quando declarar a compensação ou quando se opuser, sem demora culposa, com esse fundamento, à declaração de compensação feita pela outra parte com designação de crédito tornado compensável mais tarde ou sem designação alguma, prevalecerá aquele primeiro crédito, para o efeito de se ter por compensado.

4. No caso de o que declara a compensação dever juros ou despesas, além do capital, observa-se o disposto no art. 436.°. Se designar, para a imputação, a dívida do capital, antes de extintas as de juros e despesas, o credor pode recusar, sem demora culposa, a designação, seguindo-se a ordem de imputação fixada naquele artigo, salvo se o declarante não quis a compensação para a hipótese de tal recusa, caso em que se considera a declaração de compensação como não feita.

5. O compensante deve, ao fazer a declaração de compensação, tornar clara a vontade prevista nas partes finais dos §§ 2.° e 4.° do presente artigo. Se o não fizer, não é tida em atenção essa vontade para os efeitos aí referidos, salvo ignorando ele, sem culpa, a existência de outros créditos compensáveis ou de créditos de juros ou despesas.

Artigo 479.°
Compensação em juízo. Compensação eventual

1. Se o crédito oposto em compensação não for líquido, o juiz pode julgar a compensação em relação à parte do crédito que considerar já existente.

2. O juiz, quando a apreciação do crédito oposto em compensação seja demorada, de modo a prejudicar o autor e não haja conexão jurídica entre os dois créditos, pode resolver sobre o crédito do autor, logo que esteja em termos de ser decidido, sob reserva do que se julgar acerca da compensação.

3. Quando a compensação for oposta com o simples e manifesto propósito de protrair a realização do crédito do autor, a apreciação e a realização deste não ficam dependentes da compensação[220].

4. Pode uma das partes declarar, em juízo ou fora dele, a compensação para o caso de existir o crédito da outra parte ou de não serem procedentes as excepções invocadas contra ele. Em tal caso, julgado não existente

---

[220] O que consta do § 5.° do art. 18.° do articulado da compensação parece dispensável. O art. 20.° do mesmo articulado parece também dispensável.

aquele crédito ou julgadas procedentes as excepções, o pedido é rejeitado e o réu conserva o seu crédito; julgando-se em contrário, aprecia-se a validade da compensação([221]).

III. Por seu turno, a versão extensa tem a seguinte compleixão[225]:

Capítulo IV
COMPENSAÇÃO

Artigo 651.º
Requisitos

Se duas pessoas são recìprocamente devedoras, as dívidas podem extinguir-se, na medida em que coincidam, nos termos dos artigos seguintes.

Artigo 651.º
Reciprocidade dos créditos

Dispensável.

1. Se o crédito contra o qual se declara a compensação não existe ou não pode ser extinto por compensação, esta não é eficaz, não se extinguindo, portanto, o crédito utilizado para ela, nem, na segunda hipótese, o outro crédito.

Ver nota (395), pág. 193 do Bol. 31.
Dispensável a parte relativa à obrigação com faculdade alternativa.

2. Com a compensação apenas pode extinguir-se a dívida do compensante, e não a de um terceiro, mesmo que aquele possa pagar a dívida deste. Mas o dono de coisa hipotecada ou dada em penhor para uma divida alheia pode libertar essa coisa mediante compensação, bem como o devedor que gozar de faculdade alternativa pode, utilizando a faculdade de fazer a outra prestação em vez da prestação devida, compensar com um crédito que lhe pertença contra o credor.

3. O devedor só pode utilizar para a compensação créditos seus, e não créditos alheios, ainda que o titular deles dê o seu consentimento.

([221]) No diploma sobre aplicação do Código ou noutro, ter-se-ia em atenção o artigo que consta do Boletim, n.º 31, a págs. 207.

---

[225] Mantemos as anotações com a apresentação gráfica que resulta do original.

4. O fiador pode recusar o pagamento ao credor enquanto este pode satisfazer-se por compensação com um crédito do devedor principal ou enquanto o devedor principal pode valer-se da compensação com uma dívida do credor. O devedor principal não pode recusar o pagamento ao credor com fundamento análogo no que respeita às relações entre o credor e o fiador. Dispensável (art. 283.º, § 1.º).

5. O terceiro que constituiu uma hipoteca ou um penhor goza do mesmo direito que ao fiador é reconhecido no parágrafo antecedente. O devedor não pode recusar o pagamento ao credor com fundamento análogo no que respeita às relações entre o credor e aquele terceiro (ver nota 59). Dispensável (art. 338.º, § 2.º, 412.º, § 4.º).

6. O devedor solidário não pode compensar com o crédito de algum dos seus condevedores contra o credor. Para a parte das obrigações solidárias.

7. O devedor de um crédito sobre que recai um usufruto pode compensar contra o usufrutuário com um crédito que tenha contra ele, nem o usufrutuário pode utilizar para a compensação, o crédito usufruído. Ver nota (397), pág. 194 do Bol. 31.

8. O credor pignoratício, se tiver o direito de cobrar o crédito, dado em penhor e de se satisfazer com ele, pode satisfazer-se também mediante compensação. O devedor desse crédito pode, naquele caso, compensar contra o credor pignoratício com um crédito seu contra este. Dispensável (art. 403.º, § 4.º).

9. Aquele que assumiu uma dívida de outrem não pode compensar com um crédito do primitivo devedor, mas pode invocar compensação declarada por este antes da transmissão da dívida, a não ser que tenha assumido a obrigação com a vontade de se obrigar, apesar de tal compensação. Ver nota (397), pág. 194 do Bol. 31.
Dispensável (ver parte da assunção da dívida).

Artigo 652.º
Reciprocidade dos créditos (Cont.)

1. O devedor só pode utilizar para a compensação créditos seus contra o seu credor.

2. Havendo contrato em benefício de terceiro, o devedor não pode compensar a sua dívida para com o terceiro com um crédito que lhe pertença contra o promissário, derivado de causa diferente do contrato donde o terceiro tira o seu direito. Para a parte do contrato a favor de terceiro.

3. O devedor não pode compensar contra um dos credores solidários com um crédito que tenha contra outro credor; mas Ver nota (398), pág. 195 do Bol. 31.

Ver parte das obrigações solidárias.
pode liberar-se da dívida declarando a este a compensação, ainda que aquele lhe exija extrajudicialmente o pagamento, bem como pode algum dos credores solidários, se outro não exigir judicialmente o pagamento, liberar o devedor, declarando-lhe a compensação com uma dívida sua para com esse devedor. Não se depreendendo outra coisa do acordo das partes, pode o devedor, no caso de um dos credores lhe ter exigido judicialmente a prestação, compensar contra outro credor, com o que fica diminuído o crédito na medida da quota deste último; mas, se a solidariedade estiver estabelecida em benefício do devedor, pode este, declarando a compensação a outro dos credores, extinguir os créditos de todos, com excepção do demandante judicial, que conserva o direito à sua quota contra o devedor.

Artigo 653.º
Exigibilidade e inexistência de excepção

1. Para a compensação só pode servir um crédito que seja exigível em prejuízo e que não esteja paralisado por excepção, peremptória ou dilatória, de direito material.

2. No caso da segunda parte do parágrafo anterior, a compensação torna-se ineficaz desde que a parte contrária, fazendo valer a excepção, impugne a compensação; mas os créditos prescritos podem servir para a compensação, se a prescrição se não tinha ainda verificado quando os dois créditos se tornaram compensáveis.

Ver nota (399), pág. 195 do Bol. 31.

3. É excepção, para os efeitos dos parágrafos anteriores, o direito da parte contrária a impedir, mediante a sua oposição, o exercício de um direito dirigido contra ela.

4. Os créditos impugnáveis podem ser compensados, mas a compensação torna-se ineficaz, se o crédito é eficazmente impugnado.

Dispensável

5. O facto de os créditos impugnáveis serem compensados por aquele que podia impugná-los, e com conhecimento desta possibilidade, importa, não se deduzindo o contrário, a confirmação do negócio em que o crédito se funda, tornando-se ele insusceptível de impugnação; e o facto de a parte contrária, quando se utilizar para a compensação um crédito susceptível de ser paralisado mediante excepção, importa, não se deduzindo o contrário, a renúncia à excepção, se esta puder ser renunciada por tal meio.

6. O crédito contra o qual se compensa não carece de satisfazer aos requisitos do § 1.º deste artigo. Tratando-se de créditos impugnáveis ou paralisáveis mediante excepção, aplica-se a doutrina do parágrafo antecedente, com as necessárias adaptações.

Dispensável a 2ª parte.

7. Se ao crédito contra o qual se compensa pode ser oposta uma excepção peremptória, mas a compensação se declara, o que a declarou pode exigir o restabelecimento do seu crédito, de acordo com as regras aplicáveis à repetição do indevido.

Ver nota (400), pág. 196 do Bol. 31.

Dispensável.

Artigo 654.º
Vencimento do crédito e possibilidade de pagamento

1. Só pode utilizar-se para a compensação um crédito vencido. Quanto ao crédito da outra parte, é preciso que o devedor possa pagá-lo.

2. Não pode declarar-se a compensação enquanto um dos créditos estiver dependente de condição suspensiva. Se algum dos créditos depender de condição resolutiva, a compensação declarada fica sem efeito, caso a condição se verifique.

3. Se o crédito utilizado para a compensação se vencer por diminuição de seguranças existentes em proveito do credor, pode este declarar a compensação para a hipótese de judicialmente se considerar exigível o dito crédito; mas, fazendo assim, a declaração torna-se ineficaz, se o declarante não intentar ou não fizer prosseguir a acção destinada a esta apreciação, nos termos da lei processual sobre caducidade dos processos preventivos e conservatórios.

4. Não obsta à compensação o prazo concedido gratuitamente ao devedor, ainda que consagrado pelo uso geral.

5. Não impede também a compensação o prazo concedido ao devedor, se este exigir o pagamento de uma dívida, em que o credor não pensara ao concedê-lo, e a equidade aconselhar que ela seja autorizada.

Artigo 655.º
Diversidade de lugares

1. O facto de as duas dívidas serem pagáveis em lugares diferentes não obsta à compensação, salvo quando a determinação do lugar signifique a vontade de a excluir.

2. Mas, quando as duas dívidas não forem pagáveis no mesmo lugar e se der a compensação, deve o que compensa reparar o dano sofrido pela outra parte em virtude de não receber o pagamento ou não poder extinguir a sua dívida no lugar determinado.

Ver nota (401), pág. 197 do Bol. 31.

3. Se as duas dívidas forem pagáveis em países diferentes, observa-se o disposto nos parágrafos antecedentes.

Artigo 656.º
Fungibilidade dos créditos

1. A compensação supõe que os créditos têm objecto da mesma espécie, podendo o de um dos créditos ser substituído pelo do outro.

Ver nota (402), pág. 198 do Bol. 31.

2. Se os créditos não forem fungíveis, nos termos do parágrafo anterior, mas um dos devedores puder, em virtude de uma faculdade alternativa, efectuar uma prestação fungível em relação à da outra parte, pode, valendo-se dessa faculdade, compensar a sua dívida com a desta última.

3. Sendo coisas genéricas o objecto das duas prestações, a compensação só pode dar-se quando se trate de prestações exactamente iguais ou com diferença insusceptível de prejudicar a outra parte. Este critério é de aplicar também nos casos dos parágrafos seguintes.

Dispensável.

4. Se uma das dívidas é de coisa genérica e a outra de coisa específica, pode o devedor daquela declarar a compensação, se a prestação específica tiver todas as qualidades da prestação genérica e o direito de escolha não pertencer à outra parte; e o devedor da coisa específica não pode declarar a compensação, a não ser que lhe caiba o direito de escolha e que a coisa específica tenha as qualidades da coisa genérica.

Ver nota (403), pág. 198 do Bol. 31.
Dispensável.

5. O titular de um crédito alternativo, sendo uma das prestações fungível, relativamente à da obrigação da parte contrária, pode compensar logo que o seu crédito se concentre na prestação fungível; e o devedor de uma obrigação alternativa, sendo fungível uma das prestações relativamente à da obrigação da parte contrária, pode compensar logo que a sua obrigação se concentre na prestação fungível.

Artigo 657.º
Renúncia ao direito de compensasão
Não há lugar a compensação quando o devedor tenha renunciado de antemão ao direito de compensação.

Artigo 658.º
Créditos resultantes de facto ilícito doloso

1. Não podem extinguir-se por compensação, contra a vontade do credor, os créditos que têm por objecto a restituição de coisas subtraídas ou retidas, sem direito e dolosamente, ou do seu valor, ou a reparação do dano daí resultante.

2. A disposição do parágrafo anterior é aplicável mesmo que se pretenda utilizar para a compensação um crédito derivado de alguma daquelas causas, a não ser que a gravidade dos actos seja idêntica ou menor do que a do acto daquele que declara a compensação.

3. Não são válidas as convenções, anteriores ao facto ilícito doloso, pelas quais se admitisse a compensação.

Ou, antes:

1. Não pode extinguir-se por compensação, contra a vontade do credor, o crédito resultante de facto ilícito doloso, mesmo que se pretenda utilizar para ela um crédito derivado também de facto ilícito doloso, salvo se a gravidade deste facto for idêntica ou superior.

2. Não são válidas as convenções, anteriores ao facto ilícito doloso, pelas quais se admitisse a compensação.

Artigo 659.º
Créditos impenhoráveis

1. Não podem extinguir-se por compensação, contra a vontade do credor, os créditos impenhoráveis, excepto se ambos os créditos forem da mesma natureza.

2. Todavia, se uma entidade dever alguma quantia a título de aposentação, reforma, doença, auxílio, invalidez, montepio, seguro, indemnização por acidente, renda vitalícia ou outro semelhante, pode, contra o seu crédito de quotas, embora declarado impenhorável, compensar-se com o crédito daquelas quantias.

3. A exclusão da compensação, de que o § 1.º deste artigo se ocupa, não tem lugar, se o crédito próprio utilizado para a compensação resulta de facto ilícito doloso do titular do crédito impenhorável, nos termos do artigo precedente.

Artigo 660.º
Créditos do Estado ou de outras corporações de direito público

1. Não podem extinguir-se por compensação, contra a vontade do credor, os créditos fiscais do Estado ou das demais corporações de direito público, excepto nos casos que a lei fiscal autorizar; mas bem pode o Estado ou a corporação de direito público compensar contra um crédito de direito privado com o seu crédito fiscal.

2. Ao crédito de multas, devidas à falta de cumprimento de leis fiscais, não é aplicável a doutrina do parágrafo antecedente.

3. A compensação não pode ser utilizada contra um crédito do Estado ou de outra corporação de direito público, se as duas prestações deverem ser feitas em caixas diferentes, com administração independente.

Artigo 661.º
Proibição legal

Ver nota (404), pág. 200 do Bol. 31.

A compensação é inadmissível nos outros casos em que a lei a excluir.

Artigo 662.º
Terceiros com direito de usufruto ou de penhora

Se sobre um dos créditos se tiver constituído um direito de usufruto ou de penhor, observam-se; quanto à compensação, nas relações entre o usufrutuário ou o credor pignoratício e o devedor, o que se dispõe, no caso de cessão de créditos, acerca das relações entre o devedor e o cessionário.

Artigo 663.º
Arresto ou penhora

Ver nota (405), pág. 201 do Bol. 31.

1. A compensação não se admite, em prejuízo dos credores protegidos com o arresto ou a penhora, contra o crédito

arrestado ou penhorado, se o devedor adquiriu o crédito contrário depois daqueles actos ou se, tendo-o adquirido antes, ele se vence depois dos ditos actos e do crédito arrestado ou penhorado.

2. O facto de não serem ainda fungíveis os créditos na data do arresto ou da penhora não impede a compensação, se o devedor podia contar com que se tornassem tais de modo a poder compensar.

Artigo 664.º
Falência ou insolvência civil

1. Os credores, no caso de falência ou de insolvência civil, não podem compensar as suas dívidas para com o falido, ou insolvente, anteriores à declaração de falência ou insolvência, com os créditos que tiverem contra ele, se os adquiriram depois da mesma declaração. Neste caso, a compensação não se admite, em prejuízo dos credores da falência ou insolvência, ainda que os créditos tenham sido constituídos, antes da declaração de falência ou insolvência, em proveito de outro credor. O disposto neste parágrafo não obsta a que se admita a compensação a favor de co-obrigados, fiadores ou devedores de regresso do falido ou insolvente, embora eles tenham efectuado o pagamento de que depende o exercício dos seus créditos contra o mesmo falido ou insolvente depois da declaração de falência ou insolvência, se o crédito contrário deste se vencia depois [67].

Este artigo está aqui deslocado pois diz respeito ao regime da insolvência.

[67] Ver estudo sobre os títulos de crédito (Boletim, n.ºs 60 e 61), n.º 26.

2. Não obsta à compensação o facto de, ao tempo da declaração de falência ou insolvência, os créditos estarem dependentes de condição ou não estarem ainda vencidos, salvo verificando-se a condição ou vencendo-se eles depois do crédito contrário do falido ou insolvente, ou o de não serem ainda fungíveis, se o credor podia contar com que se tornassem tais de modo a poder compensar. Para efeitos da compensação, vencem-se os créditos não vencidos, devendo aos créditos a prazo sem juro ser deduzido o *interusurium* correspondente ao tempo desde a declaração de falência ou insolvência até ao vencimento (adaptar a fórmula à que se adoptar noutro ou noutros lugares).

3. Quando, por serem conexas as dívidas, seja de admitir que uma das partes se obrigou a cumprir antes da outra porque

contava com o cumprimento desta, pode aquela valer-se da compensação, no caso de falência ou insolvência da parte contrária, mesmo que o seu crédito se vencesse depois do desta última.

4. Também, na hipótese de conexidade, a compensação pode dar-se, mesmo que os créditos não fossem fungíveis na data referida no § 2.º, se eles se constituíram em atenção um ao outro e da interpretação do facto donde resulta a conexidade se depreende que a compensação corresponde à vontade das partes. Reduzem-se então a dinheiro os créditos não pecuniários.

5. Se o que, antes da declaração de falência ou insolvência era devedor do falido ou insolvente adquiriu, antes dessa data, por acto entre vivos, um crédito contra ele, não pode dar-se compensação, provando-se que, na data da aquisição, conhecia a insolvência do seu devedor. Este conhecimento presume-se quando a aquisição teve lugar no ano anterior à data da sentença declaratória da falência ou insolvência.

6. Quando, na hipótese do parágrafo anterior, o aquirente estava obrigado a adquirir o crédito ou a satisfazer o credor, atende-se, para os efeitos aí declarados, à data em que contraiu a dita obrigação.

7. A compensação não se admite, em prejuízo dos credores da falência ou insolvência, se o credor adquiriu o seu crédito contra o falido ou insolvente antes ou depois da declaração de falência ou insolvência e depois dela se tornou devedor.

8. A doutrina deste artigo não se aplica ao caso de créditos e dívidas da própria massa falida ou insolvente, caso em que se observam as regras gerais da compensação.

Artigo 665.º
Como se realiza a compensação

1. A compensação realiza-se mediante declaração de uma das partes à outra, pela qual aquela dê a conhecer a esta, de modo suficientemente claro, a sua vontade de compensar.

2. Se a declaração de compensação depende do assentimento de terceiro, a outra parte pode exigir que se prove imediatamente esse assentimento, na falta do que a declaração é ineficaz.

3. A declaração de compensação é ineficaz, se feita sob condição ou a prazo, a não ser que a condição ou o prazo não dêem lugar a uma insegurança na situação jurídica da outra parte que prejudique os legítimos interesses desta ou que ela aceite a dita condição ou o dito prazo.

4. A declaração de compensação, logo que produza os seus efeitos, torna-se irrevogável.

5. A declaração de compensação é um negócio jurídico unilateral recipiendo e pressupõe, além da capacidade negocial, o poder de disposição em relação ao próprio crédito.

Ver nota (406), pág. 203 do Bol. 31.

Artigo 666.º
Efeitos da compensação

1. Feita a declaração de compensação, os créditos consideram-se extintos desde o momento em que se tornaram compensáveis.

2. Se um contrato bilateral for resolvido em virtude do não cumprimento das obrigações da outra parte, a resolução torna-se ineficaz quando esta podia libertar-se mediante compensação e a declara logo que isso lhe é possível depois da resolução. Mas, no caso de mora, se se fixou ao moroso um prazo para cumprir, nos termos do artigo ....., não pode declarar-se mais tarde a compensação, se podia ter sido declarada naquele prazo.

Ver nota (407), pág. 203 do Bol. 31.

3. Quando uma das partes paga a dívida, por desconhecer, devido a erro desculpável, o direito de a compensar, pode, com esse fundamento, repetir o que pagou, restabelecendo a situação, que tornava possível a compensação.

Ver nota (408), pág. 203 do Bol. 31.

4. Declarada a compensação por uma das partes, ficam extintos os créditos, na medida correspondente, e não pode já a outra parte fazer uma declaração de compensação incompatível com aquela. Mas, se o credor exigir, ainda que em juízo, apenas parte do seu crédito, a declaração de compensação feita pelo devedor não conduz à rejeição do pedido, naquilo em que o crédito invocado pelo credor exceder, na sua totalidade, e não já só na parte exigida, o montante até ao qual se dá a correspondência dos dois créditos.

Artigo 667.º
Pluralidade de créditos

1. Se uma das partes ou a outra tem vários créditos compensáveis, a que declara a compensação pode designar o crédito seu ou o da outra parte que se compensa, mas esta designação não vale, se a outra parte, tendo também o direito de compensar, se lhe opõe sem demora culposa, quanto ao seu crédito ou quanto ao do declarante, com fundamento na existência de vários créditos compensáveis.

2. Não se fazendo a designação, prevista no parágrafo antecedente, de algum dos créditos, observa-se o disposto no artigo ..... (imputação do pagamento na hipótese de vários créditos). Dando-se a oposição, de que no mesmo parágrafo se faz menção, e não se opondo o primeiro declarante, sem demora culposa; à declaração da outra parte quanto ao crédito, que desejava ver compensado, vale esta outra declaração; se se opuser, segue-se a ordem prescrita no artigo referido na primeira parte deste parágrafo, a não ser que se não tenha querido a compensação para a hipótese de oposição da parte contrária, não aceite pelo declarante, pois então é a declaração de compensação havida como não feita.

3. Se o devedor com direito a compensar um crédito da outra parte tornado compensável mais cedo do que outros da mesma parte designar esse crédito quando declarar a compensação ou quando se opuser, sem demora culposa, com esse fundamento, à declaração de compensação feita pela outra parte com designação de crédito tornado compensável mais tarde ou sem designação alguma, prevalecerá aquele primeiro crédito, para o efeito de se ter por compensado.

4. No caso de o que declara a compensação dever juros ou despesas, além do capital, observa-se o disposto no artigo ..... (imputação do pagamento em tal caso). Se designar, para a imputação, a dívida do capital, antes de extintas as de juros e despesas, o credor pode recusar, sem demora culposa, a designação, seguindo-se a ordem de imputação fixada naquele artigo, salvo se o declarante não quis a compensação para o hipótese de tal recusa, caso em que se considera a declaração de compensação como não feita.

5. O compensante deve, ao fazer a declaração de com-

pensação, tornar clara a vontade prevista nas partes finais dos §§ 2.º e 4.º do presente artigo. Se o não fizer, não é tida em atenção essa vontade para os efeitos aí referidos, salvo ignorando ele, sem culpa, a existência de outros créditos compensáveis ou dos créditos de juros ou despesas.

Artigo 668.º
Compensação em juízo. Compensação eventual

1. Se o crédito oposto em compensação não for líquido, o juiz pode julgar a compensação em relação à parte do crédito que considerar já existente.

2. O juiz, quando a apreciação do crédito oposto em compensação seja demorada, de modo a prejudicar o autor, e não haja conexão jurídica entre os dois créditos, pode resolver sobre o crédito do autor, logo que esteja em termos de ser decidido, sob reserva do que se julgar acerca da compensação. Ver nota (410), Bol. 31.

3. Quando a compensação for oposta com o simples e manifesto propósito de protrair a realização do crédito do autor, a apreciação e a realização deste não ficam dependentes da compensação.

4. Se a compensação for declarada em juízo, a sua eficácia, quando o pedido da outra parte for retirado ou for rejeitado por falta de requisitos processuais, determina-se conforme for mais ajustado à intenção do declarante.

5. Pode uma das partes declarar em juízo ou fora dele a compensação para o caso de existir o crédito da outra parte ou de não serem procedentes as excepções invocadas contra ele. Em tal caso, julgado não existente aquele crédito ou julgando-se procedentes as excepções, o pedido é rejeitado e o réu conserva o seu crédito; julgando-se em contrário, aprecia-se a validade da compensação[68].

[68] No diploma sobre aplicação do Código, ter-se-ia em atenção o artigo que consta do Boletim, n.º 31, a págs. 207.

Artigo 669.º
Compensação voluntária

1. A compensação pode dar-se, por vontade das partes, mesmo que se não verifiquem os requisitos dos artigos anteriores.

Dispensável.

2. Se um dos créditos não existe ou não pode extinguir-se, o outro não se extingue.

3. Na dúvida, é de admitir que as partes querem que os créditos se considerem extintos a partir do momento em que podiam compensar-se mediante declaração unilateral.

Ver nota (414), pág. 209 do Bol. 31.

Dispensável.

4. Pelo contrato de compensação podem as partes fixar as condições de que depende a compensação futura, dando-se esta, então, logo que tais condições se verifiquem. Havendo contrato de liquidação pelo qual as partes pretendam saldar entre si os seus activos recíprocos, a extinção por compensação, se coisa diversa não for de concluir da interpretação do contrato, só se dá quando a liquidação acaba pela compensação do total de uma das somas com o total da outra, na medida em que correspondam um ao outro, ficando depois um crédito do saldo de uma das partes contra a outra.

30. As revisões ministeriais

I. A compensação foi bastante alterada nas denominadas revisões ministeriais: sobretudo em aspectos formais, mas com relevância substantiva[226]. Dada a crescente dificuldade em aceder aos competentes textos, passamos a preservá-los. Assim, segundo a primeira revisão ministerial:

Artigo 826.º
(Requisitos)

1. O devedor pode desobrigar-se da sua dívida, por meio de compensação com outra que o credor lhe deva, nos termos seguintes:

a) Se o seu crédito for exigível e contra ele não proceder excepção, peremptória ou dilatória, de direito material;
b) Se um e outro crédito forem líquidos;
c) Se os dois créditos tiverem por objecto coisas fungíveis da mesma espécie e qualidade.

2. Se as dívidas não forem de igual montante, pode dar-se a compensação na parte correspondente.

---

[226] O confronto dos diversos textos com as redacções finais do Código Civil pode ser seguido em JACINTO RODRIGUES BASTOS, *Das obrigações em geral*, VI (1973), 206-234.

3. Não há lugar a compensação quando o devedor tiver renunciado a esse direito.

Artigo 827.º
(Exigibilidade dos créditos)

O crédito prescrito pode servir para compensação, se a prescrição não pudesse ser invocada na data em que os dois créditos se tornaram compensáveis.

Artigo 828.º
(Reciprocidade dos créditos)

1. Salvo o disposto no artigo 763.º, a compensação apenas pode abranger a dívida do compensante, e não a de terceiro, ainda que aquele possa pagar a dívida deste.
2. O devedor só pode utilizar para a compensação créditos seus, e não créditos alheios, ainda que o titular respectivo dê o seu consentimento; e só procedem para o efeito créditos seus contra o seu credor.

Artigo 829.º
(Diversidade de lugares)

O facto de as duas dívidas deverem ser pagas em lugares diferentes não obsta à compensação.

Artigo 830.º
(Exclusão da compensação)

1. Não se extinguem por compensação:
a) Os créditos provenientes de factos ilícitos dolosos;
b) Os créditos impenhoráveis, excepto se ambos forem da mesma natureza;
c) Os créditos fiscais do Estado ou das demais corporações de direito público, excepto nos casos em que a lei fiscal o autorize.

2. Não é igualmente admitida a compensação quando dela possam resultar prejuízos para terceiros.

Artigo 831.º
(Como se torna efectiva a compensação)

A compensação torna-se efectiva mediante declaração de uma das partes à outra. A declaração é ineficaz se for feita sob condição ou a prazo.

Artigo 832.º[227]
(Retroactividade)
Feita a declaração de compensação, os créditos consideram-se extintos desde o momento em que se tornaram compensáveis.

II. Na segunda revisão ministerial, o panorama era o seguinte:

Artigo 847.º
(Requisitos)

1. O devedor pode livrar-se da obrigação por meio de compensação com outra que o credor lhe deva, verificados os seguintes requisitos:

a) Ser o seu crédito exigível judicialmente e não proceder contra ele excepção, peremptória ou dilatória, de direito material;
b) Terem as duas obrigações por objecto coisas fungíveis da mesma espécie e qualidade.

2. Se as duas dívidas não forem de igual montante, pode dar-se a compensação na parte correspondente.
3. Não impede a compensação a iliquidez da dívida.

Artigo 848.º[228]
(Como se torna efectiva)

1. A compensação torna-se efectiva mediante declaração de uma das partes à outra.
2. A declaração é ineficaz, se for feita sob condição ou a termo.

Artigo 849.º
(Créditos prescritos)

O crédito prescrito não impede, igualmente, a compensação, se a prescrição não podia ser invocada na data em que os dois créditos se tornaram compensáveis.

Artigo 850.º
(Reciprocidade dos créditos)

1. A compensação apenas pode abranger a dívida do compensante, e não a de terceiro, ainda que aquele possa cumprir a obrigação deste, salvo

---

[227] Versão final.
[228] Versão final.

se o compensante estiver em risco de perder o que é seu em consequência de execução por dívida de terceiro.

2. O devedor só pode utilizar para a compensação créditos que sejam seus, e não créditos alheios, ainda que o titular respectivo dê o seu consentimento; e só procedem para o efeito créditos seus contra o seu credor.

Artigo 851.º
(Diversidade de lugares do cumprimento)

1. O facto de as duas obrigações deverem ser cumpridas em lugares diferentes não obsta à compensação, salvo estipulação em contrário.

2. O compensante é, todavia, obrigado a reparar os danos sofridos pela outra parte, em consequência de esta não receber o seu crédito ou não cumprir a sua obrigação no lugar determinado.

Artigo 852.º
(Exclusão da compensação)

1. Não podem extinguir-se por compensação:

a) Os créditos provenientes de factos ilícitos dolosos;
b) Os créditos impenhoráveis, excepto se ambos forem da mesma natureza;
c) Os créditos fiscais do Estado ou outras entidades públicas, excepto quando a lei o autorize.

2. Não é igualmente admitida a compensação, se houver prejuízo de direitos de terceiro, constituídos antes de os créditos se tornarem compensáveis, ou se o devedor a tiver renunciado.

Artigo 853.º[229]
(Como se torna efectiva)

1. A compensação torna-se efectiva mediante declaração de uma das partes à outra.

2. A declaração é ineficaz, se for feita sob condição ou a termo.

Artigo 854.º[230]
(Retroactividade)

Feita a declaração de compensação, os créditos consideram-se extintos desde o momento em que se tornaram compensáveis.

---

[229] Versão final.
[230] Versão final.

Artigo 855.º
(Pluralidade de créditos)

1. Se existirem, de uma ou outra parte, vários créditos compensáveis, a escolha dos que ficam extintos pertence ao declarante.
2. Na falta de escolha, é aplicável o disposto nos artigos 784.º e 785.º.

Artigo 856.º
(Nulidade ou anulabilidade da compensação)

Declarada nula ou anulada a compensação, subsistem as obrigações respectivas; mas, sendo a nulidade ou anulação imputável a alguma das partes, não renascem as garantias que em seu benefício foram prestadas por terceiro, salvo se este conhecia o vício quando foi feita a declaração de compensação.

31. Balanço geral

I. A preparação do Código Civil, na parte atinente à compensação, foi bastante conturbada. Dela resultaram dez artigos, com uma sistematização pouco clara:

– artigo 847.º (Requisitos)
– artigo 848.º (Como se torna efectiva)
– artigo 849.º (Prazo gratuito)
– artigo 850.º (Créditos prescritos)
– artigo 851.º (Reciprocidade de créditos)
– artigo 852.º (Diversidade de lugares no cumprimento)
– artigo 853.º (Exclusão da compensação)
– artigo 854.º (Retroactividade)
– artigo 855.º (Pluralidade de créditos)
– artigo 856.º (Nulidade e anulabilidade da compensação).

O artigo 847.º (requisitos) pode ser aproximado do 851.º (reciprocidade); os 848.º e 854.º (efectivação e retroactividade) jogam em conjunto, deles se abeirando o 852.º (diversidade de lugares); os 849.º, 850.º e 855.º (prazo gratuito, créditos prescritos e pluralidade) prendem-se com problemas privados que podem intervir na compensação; o 853.º (exclusão da compensação) tem o seu lugar próprio, sendo o 856.º (nulidade e anulabilidade) atinente a uma vicissitude final.

§ 10.º A preparação do Código Civil vigente   103

Verifica-se, ainda, que os artigos 849.º, 850.º, 852.º, 953.º e 855.º correspondem, respectivamente, aos artigos 1244, 1242/II, 1245, 1246, 1250 e 1249 do Código Civil italiano, com supressões nem sempre ideais. Não era esta a orientação inicial de VAZ SERRA; além disso, havia tradições nacionais sobejas que bem teriam dispensado tal servilismo.

Chegou-se a uma arrumação fraca, que deixou de fora alguns temas importantes, como a compensação convencional e a compensação em débitos solidários.

II. Quanto à substância dos preceitos: embora solidamente amparados em estudos de Direito comparado, verifica-se que o Código acabou apoiado no fascínio pelo Código italiano. A falta de consideração histórica – pecado dos preparatórios! – levou a que fossem alijadas, um tanto apressadamente, as tradições das Ordenações e do próprio Código de SEABRA.

Na verdade, o Código Civil italiano funcionou como um guião das revisões ministeriais.

III. Nas diversas versões preparatórias que se sucederam e de que acima demos conta, acabaram por predominar mais critérios de redacção e de oportunidade linguística do que propriamente dogmática.

De todo o modo, o texto definitivo manteve as virtualidades próprias de um sistema que soube evoluir de acordo com as coordenadas jurídico--científicas. Veremos as suas potencialidades doutrinárias e jurisprudenciais.

CAPÍTULO IV
A COMPENSAÇÃO
NO DIREITO CIVIL PORTUGUÊS

§ 11.º REQUISITOS

32. Generalidades

I. Detemos, neste momento, todo um acervo histórico-comparativo susceptível de proporcionar uma análise da compensação no Direito civil vigente. Iremos dar um relevo especial à jurisprudência, uma vez que ela traduz a efectiva concretização do instituto aqui em análise. De todo o modo, teremos presente a doutrina do âmbito do Código Civil.

II. Mau grado o interesse teórico e prático da figura, deve reconhecer-se que a compensação tem merecido escasso interesse aos estudiosos. A nossa literatura fica-se pelas referências, necessariamente pouco desenvolvidas, dos manuais: faltam monografias[231]. Todavia, o tema tem actualidade e constitui a base de desenvolvimentos bancários fundamentais, como veremos.

III. No Código Civil, a compensação surge no livro II – Direito das obrigações, título I – Das obrigações em geral, capítulo VIII – Causas de extinção das obrigações além do cumprimento: ocupa, aí, a secção III – Compensação, artigos 847.º a 856.º.

---

[231] Descontando a pequena mas interessante monografia de JOÃO DE CASTRO MENDES, com a colaboração de NUNO ESPINOSA GOMES DA SILVA e de LUÍS NOVAIS LINGNAU DA SILVEIRA, *Art. 852.º/Compensação de obrigações com lugares diferentes de pagamento* (1973), de âmbito limitado.

Além disso, a compensação ocorre em catorze outros preceitos da lei civil. Assim:

- *artigo 395.°*: a propósito da prova testemunhal, diversas regras são aplicáveis ao cumprimento, remissão, novação, compensação e, de um modo geral, aos contratos extintivos da relação obrigacional, mas não aos factos extintivos da obrigação, quando invocados por terceiro;
- *artigo 523.°*: no campo da solidariedade entre devedores, a satisfação do direito do credor, por cumprimento, dação em cumprimento, novação, consignação em depósito ou compensação, produz a extinção, relativamente a ele, das obrigações de todos os devedores;
- *artigo 532.°*: no da solidariedade entre credores, a satisfação do direito de um deles, por cumprimento, dação em cumprimento, novação, consignação em depósito ou compensação, produz a extinção, relativamente a todos os credores, da obrigação do devedor;
- *artigo 592.°/2*: a propósito da sub-rogação legal, ao cumprimento é equiparada a dação em cumprimento, a consignação em depósito, a compensação ou outra causa da satisfação do crédito compatível com a sub-rogação;
- *artigo 642.°/1*: ao fiador é lícito recusar o cumprimento enquanto o direito do credor poder ser satisfeito por compensação com um crédito do devedor ou este tiver a possibilidade de se valer da compensação com uma dívida do credor;
- *artigo 698.°/2*: no que tange à defesa do dono da coisa ou do titular do direito hipotecado: sempre que seja pessoa diferente do devedor, ele tem a faculdade de se opor à execução enquanto o devedor puder impugnar o negócio de onde provém a sua obrigação, ou o credor puder ser satisfeito por compensação com um crédito do devedor, ou este tiver a possibilidade de se valer da compensação com uma dívida do credor;
- *artigo 889.°*: na venda de uma pluralidade de coisas determinadas e homogéneas, quando se declare quantidade inferior quanto a alguma ou algumas delas e superior quanto a outra ou outras, far-se-á compensação entre as faltas e os excessos até ao limite da sua concorrência;
- *artigo 1000.°*: não é admitida compensação entre aquilo que um terceiro deve à sociedade e o crédito dele sobre algum dos sócios, nem entre o que a sociedade deve a terceiro e o crédito que sobre este tenha algum dos sócios;

– *artigo 1274.º*: no domínio da posse, a obrigação de indemnização por benfeitorias é susceptível de compensação com a responsabilidade do possuidor por deteriorações;
– *artigo 1697.º*: regula compensações devidas pelo pagamento de dívidas do casal;
– *artigo 1722.º/2*: define bens adquiridos por virtude de direito próprio anterior, sem prejuízo da compensação eventualmente devida ao património comum;
– *artigo 1727.º*: a parte adquirida em bens indivisos pelo cônjuge que deles for comproprietário fora da comunhão reverte igualmente para o seu património próprio, sem prejuízo da compensação devida ao património comum pelas somas prestadas para a respectiva aquisição;
– *artigo 1728.º/1*: consideram-se próprios os bens adquiridos por virtude da titularidade de bens próprios, que não possam considerar-se frutos destes, sem prejuízo da compensação eventualmente devida ao património comum;
– *artigo 2008.º/2*: o crédito de alimentos não é penhorável, e o obrigado não pode livrar-se por meio de compensação, ainda que se trate de prestações já vencidas.

Podemos apontar, ainda, a sua presença noutros diplomas de Direito privado. Como exemplos:

– *artigo 95.º/1 da LCT*: a entidade patronal não pode compensar a retribuição em dívida com créditos que tenha sobre o trabalhador;
– *artigo 346.º do Código Comercial*: são efeitos do contrato de conta corrente a compensação recíproca entre os contraentes até à concorrência dos respectivos crédito e débito.

A ideia básica da compensação é ainda uma presença constante noutros lugares normativos. Estes podem, por seu turno, auxiliar na determinação do núcleo central.

33. Enunciado legal dos requisitos

I. O Código Civil não dá uma noção de compensação: indica-lhe, de imediato, os requisitos – artigo 847.º. Se compararmos com outras "causas de extinção das obrigações além do cumprimento", verificamos que:

– quanto à dação em cumprimento, diz-se "quando é admitida" – 837.º;
– quanto à consignação em depósito, "quando tem lugar" – 841.º;
– quanto à novação, o que é a "novação objectiva" – 857.º;
– quanto à remissão, qual a sua natureza – 863.º;
– quanto à confusão, dá-se a sua "noção" – 868.º.

Domina mais uma preocupação literária do que dogmática. De todo o modo, parece claro que a compensação, firme nas suas raízes histórico--culturais, não carece de qualquer definição formal: os contornos do instituto são, há muito, conhecidos.

II. A compensação versada nos artigos 847.º a 856.º do Código Civil corresponde à chamada "compensação legal". O Código não menciona a compensação judicial nem a compensação convencional. A primeira poderia ocorrer no tocante à compensação com débitos não exigíveis. A segunda será genericamente possível ao abrigo da liberdade contratual, consignada no artigo 405.º/1, do Código Civil.

Em qualquer dos casos, a grande matriz histórica, cultural e científica da compensação é dada pela versão "legal". O corpo central que, no Código Civil, trata da compensação, surge, assim, como matriz de todas as demais compensações.

III. A matéria dos requisitos da compensação consta do artigo 847.º do Código Civil[232]. Mas nem toda: a reciprocidade é explicitada no artigo 851.º, enquanto a compensabilidade deriva do artigo 853.º. Dentro da economia do artigo 848.º, são apontados como requisitos a exigibilidade e a fungibilidade – alíneas *a*) e *b*), do n.º 1.

Procuraremos, todavia, respeitar a sistemática legal. E assim, começaremos por considerar os requisitos expressamente incluídos no artigo 848.º. Outros factores condicionantes, como a compensabilidade, serão autonomizados em momento ulterior.

IV. O corpo do artigo 847.º/1 obriga ainda a uma referência estilística. O legislador referiu o instituto e a própria obrigação activa, dizendo

---

[232] Quanto aos requisitos, em geral: STJ 22-Nov.-1995 (MARTINS DA COSTA), BMJ 451 (1995), 413-417 (414).

"... qualquer delas pode livrar-se da sua obrigação ...". Com isso terá pretendido, desde logo, enjeitar a doutrina *ipso iure*[233]. Todavia, "livrar-se" de uma obrigação não é vernáculo jurídico correcto.

Porventura mais gravoso, pela dimensão dogmática que assume, é a referência à "obrigação". Na tradição romana, compensam-se créditos: assim a noção que se depreende do § 387 do BGB e que a doutrina acolhe[234].

Podemos converter o instituto falando numa compensação de débitos – artigo 1241, do Código Civil italiano. Quanto a "obrigações": na sequência dos estudos feitos nos princípios do século XX por AMIRA[235] e por PUNTSCHART[236], no plano histórico e por SIBER, no dogmático[237], sabe-se que a obrigação tem um conteúdo complexo, analisando-se em múltiplos elementos[238]. A noção do *vinculum iuris* como realidade compreensiva, composta de distintos elementos, foi particularmente divulgada por MOTA PINTO, pouco depois da publicação do Código Civil[239]. Ora a compensação extingue os créditos (ou débitos): não, necessariamente, todos os elementos da obrigação.

Feitas estas precisões, que recordam os cuidados e a humildade que se devem pôr na feitura das leis, vamos ponderar os requisitos da compensação.

34. A reciprocidade e os desvios

I. A reciprocidade surge como o primeiro requisito da compensação, logo inserido no corpo do artigo 847.º/1. Ela implica que alguém tenha um

---

[233] Cf. PIRES DE LIMA/ANTUNES VARELA, *Código Civil Anotado*, vol. II, 3ª ed. (1986), 135 = 4ª ed. (1997), 130.

[234] PALANDT/HEINRICHS, *BGB* 62ª ed. (2003), 580.

[235] KARL VON AMIRA, rec. a OTTO VON GIERKE, *Schuld und Haftung im älteren deutschen Recht*, SZGerm 31 (1910), 484-500 (494).

[236] PAUL PUNTSCHART, *Schuld und Haftung im geltenden deutschen Recht*, ZHR 71 (1912), 297-326 (307).

[237] HEINRICH SIBER, *Rechtszwang im Schuldverhältnis nach deutschem Reichsrecht* (1903), 253 e *passim* e na rec. a FRITZ LITTEN, *Die Wahlschuld im deutschen bürgerlichen Rechte*, KrVSchr 46 (1905), 526-555 (528) e PLANCK/SIBER, *BGB*, 4ª ed. (1914), 4.

[238] Cf. MENEZES CORDEIRO, *Da boa fé no Direito civil* cit., 586 ss..

[239] CARLOS ALBERTO DA MOTA PINTO, *Cessão da posição contratual* (1970), 286 ss. e *passim*.

crédito contra o seu credor, de tal modo que, frente a frente, fiquem créditos de sentido contrário[240].

Podemos analisar este requisito em quatro proposições:

– o devedor compensante é titular do crédito activo;
– o credor compensado está adstrito ao débito correspondente a esse crédito;
– o credor compensado é titular do crédito passivo;
– o devedor compensante está adstrito ao débito correspondente a esse crédito.

A reciprocidade tem sido uniformemente exigida pela jurisprudência[241]. Evidentemente: a titularidade aqui exigida requer a disponibilidade das posições envolvidas; tratando-se de um crédito (passivo) penhorado, a compensação exigiria que essa ocorrência fosse posterior à verificação dos pressupostos da própria compensação[242-243].

II. Algumas dúvidas poderiam advir do artigo 767.º/1: a prestação pode ser feita tanto pelo devedor como por terceiro, interessado ou não no cumprimento da obrigação.

Poderá esse "terceiro" invocar créditos próprios para compensar com créditos que o seu devedor detenha sobre terceiros? O artigo 851.º/1, 1ª parte, responde pela negativa[244]:

> A compensação apenas pode abranger a dívida do declarante, e não a de terceiro, ainda que aquele possa efectuar a prestação deste (...)

---

[240] Recordamos, em termos comparatísticos, KEGEL, *Probleme der Aufrechnung* cit., 51 ss..

[241] Quanto ao Direito antigo, cf. STJ 25-Mar.-1955 (LENCASTRE DA VEIGA; dois votos de vencido), BMJ 48 (1955), 657-660, menos claro; pelo Código vigente: STJ 17-Mai.-1974 (JOÃO MOURA), BMJ 237 (1974), 212-214, STJ 1-Jun.-1976 (RODRIGUES BASTOS), BMJ 258 (1976), 230-232, STJ 26-Jun.-1980 (ALBERTO ALVES PINTO), BMJ 298 (1980), 293-298 (296), RPt 1-Jul.-1996 (GUIMARÃES DIAS), BMJ 459 (1996), 601, STJ 27-Nov.-1997 (MIRANDA GUSMÃO), CJ/Supremo V (1997) 3, 146-149 (148/I) e RCb 30-Jan.-2001 (NUNES RIBEIRO), CJ XXVI (2001) 1, 22-24 (23/I).

[242] Cf. o § 392 do BGB; *vide* PALANDT/HEINRICHS, *BGB* 62ª ed. cit., 585-586.

[243] *In concreto*, a tutela da confiança poderá diversificar as soluções: cf. JOHANNES DENCK, *Die Aufrechnung gegen gepfändete Vertragsansprüche mit Forderungen aus demselben Vertrag*, AcP 176 (1976), 518-534.

[244] Esta regra adveio de VAZ SERRA, *Compensação* cit., 34-35, embora com uma justificação menos clara.

A razão de ser desta norma deve ser procurada na natureza contratual da remissão (artigo 863.°): se o compensante pudesse sacrificar um crédito próprio para liberar um terceiro através da compensação, esse terceiro seria beneficiado *ad nutum*, sem ter dado o seu acordo[245]. Naturalmente: havendo acordo do terceiro, a compensação já é possível, como resulta do próprio artigo 851.°/2, *a contrario*.

III. Esta regra era demasiado absoluta, desviando-se da lição do Direito comparado. É o que sucede sempre que o credor compensante possa solver as dívidas de terceiro por, nisso, ter um interesse relevante: tal o caso do titular (não devedor) de coisa hipotecada ou dada de penhor. Assim, na segunda revisão ministerial, foi acrescentado o final:

(...) salvo se o declarante estiver em risco de perder o que é seu em consequência de execução por dívida de terceiro.

"Perder o que é seu" surge como fórmula menos técnica de designar a tal coisa hipotecada ou penhorada por dívida de terceiro[246]. Retratada a razão de ser de não compensabilidade de dívidas por terceiro, podemos alargar a excepção da 2ª parte do artigo 851.°/1: o compensante poderá usar o seu crédito próprio para liberar terceiros sempre que tenha nisso interesse directo e não se trate de remissão.

IV. O compensante só pode usar créditos próprios: não de terceiros[247]. Desde logo porque não poderia sacrificar, em proveito próprio, o que não é dele: os tais créditos de terceiro. E se o terceiro der o seu acordo? Recordamos o artigo 851.°/2:

O declarante só pode utilizar para a compensação créditos que sejam

---

[245] ANTUNES VARELA, *Das obrigações em geral*, II vol., 7ª ed. (1997, reimpr., 2001), 201, vem apresentar uma justificação diversa: isso facultaria "... aos credores uma injustificada e abusiva possibilidade de intromissão na gestão do património do devedor, com grave prejuízo da livre iniciativa deste". Tal adjectivação teria, todavia, de ser indagada caso a caso.

[246] Foi essa, todavia, a ideia subjectiva do legislador: PIRES DE LIMA/ANTUNES VARELA, *Código Anotado*, 2.° vol., 4ª ed. cit., 138. O § 268/II, do BGB, embora corresponda a soluções semelhantes, não pode ser citado em abono directo: trata-se de um preceito que protege, em geral, qualquer titular de uma coisa em risco por dívidas de terceiro, permitindo o seu pagamento.

[247] Assim, STJ 26-Jun.-1980 cit., BMJ 298, 297.

seus, e não créditos alheios, ainda que o titular respectivo dê o seu assentimento; (...)

Desta feita, a razão reside numa ideia de reciprocidade formal[248]: como o credor não pode usar o débito que detém contra o compensante para se liberar dos terceiros, a lei exclui a compensação. Nada impedirá, todavia, o interessado de adquirir créditos contra o seu credor[249], de modo a operar, depois, a compensação. Poder-se-ia contra-argumentar com o princípio da retroactividade da compensação: ela só operaria depois da transmissão. Mas admitir a compensação por acordo não alteraria: apenas *após* o acordo haveria compensabilidade e, logo, efeitos. Com este limite, essencial para o comércio jurídico, a compensação com créditos de terceiros, opera havendo um contrato de compensação, em que todos dêem o seu acordo[250].

V. A doutrina aproxima, do artigo 851.º, o artigo 1000.º, relativo à compensação de e com créditos de sociedades civis puras ou sociedades civis sob forma civil[251]. De facto, o artigo 1000.º reconhece que as sociedades civis puras constituem uma individualidade jurídica diversa da dos seus sócios. A ser dispensável tal afirmação, o problema nem se poria.

A não-compensabilidade de dívidas de sócios com créditos da sociedade e vice-versa parece antes traduzir a total ausência de nexo entre os vínculos presentes. Seria a hipótese de alguém compensar um crédito que lhe fosse exigido com um crédito que detivesse sobre um terceiro estranho ao seu devedor. Mesmo havendo acordo de todos, o caso já não seria de compensação: antes de novação subjectiva[252].

VI. O problema da compensação em situações subjectivamente complexas constitui, hoje como ontem, uma problemática autónoma própria. Será, assim, objecto de rubrica específica.

---

[248] VAZ SERRA, *Compensação* cit., 37.
[249] Por cessão ou por sub-rogação, nos termos gerais.
[250] Assim, segundo BODO BÖRNER, *Die Aufrechnung mit der Forderung eines Dritten*, NJW 1961, 1505-1509 (1509), a compensação com débitos de terceiros exigiria: a concordância do terceiro; um contrato de compensação; a declaração de compensar.
[251] Cf., sobre tais sociedades, o nosso *Manual de Direito comercial*, 2.º vol. (2001), 136 ss..
[252] Cf. STJ 17-Mai.-1974 cit., BMJ 237, 214.

35. Exigibilidade; excepções materiais

I. O artigo 847.º/1, do Código Civil, insere de seguida e entre os requisitos da compensação,

a) Ser o seu crédito exigível judicialmente e não proceder contra ele excepção peremptória ou dilatória, de direito material.

A "exigibilidade judicial" afasta a compensação quando o crédito activo integre uma obrigação natural. Já o crédito a deter ou crédito passivo não cai sob essa exigência: uma obrigação natural pode extinguir-se por compensação com uma civil. Não nos repugnaria admitir uma compensação de um crédito natural com um crédito também natural: nessa altura, impor-se-ia uma interpretação restritiva do artigo 847.º/1, *a)*, do Código Civil.

II. A exigibilidade judicial implica ainda que o crédito activo esteja vencido. Haverá que lidar, agora, com os diversos factores que ditam o vencimento das obrigações e, designadamente, com os atinentes ao benefício do prazo e à sua perda. Quanto ao crédito passivo: a compensação é possível quando o mesmo possa ser cumprido. Caso exista prazo, ele deverá ter sido estabelecido a favor do compensante.

Tudo isso pressupõe, naturalmente, que as obrigações em presença sejam válidas e eficazes.

III. A 2ª parte do preceito exige que não proceda, contra o crédito activo "... excepção peremptória ou dilatória, de direito material". Este preceito tem, sobretudo, o aliciante de manter, na lei civil portuguesa, a figura da excepção material.

Em sentido material, a excepção é a situação jurídica pela qual a pessoa adstrita a um dever pode, licitamente, recusar a efectivação da pretensão correspondente [253]. Por exemplo, o vendedor pode recusar a entrega da

---

[253] ANDREAS VON TUHR, *Der Allgemeine Teil des Deutschen Bürgerlichen Rechts*, I (1910), 218 e PETER GRÖSCHER, *Zur Wirkungsweise und zur Frage der Geltendmachung von Einrede und Einwendung im materiellen Zivilrecht*, AcP 201 (2001), 49-90 (48 ss.). Outros elementos constam do nosso *Tratado* I, 1.º, 2ª ed. cit., 182 ss. e da nossa *Da boa fé* cit., 734 ss..

coisa enquanto o comprador não lhe pagar o preço: é a excepção do contrato não cumprido – artigo 428.°/1 do Código Civil. Descritivamente, as excepções são susceptíveis de várias classificações [254].

Assim, as excepções são *fortes* ou *fracas*, consoante permitam ao seu beneficiário deter um direito alheio ou, apenas, enfraquecê-lo, respectivamente.

As *excepções fortes* são, por seu turno, *peremptórias* quando detenham a pretensão por tempo indeterminado e *dilatórias* se apenas o fizerem por certo lapso de tempo.

Torna-se menos fácil exemplificar, à luz do Direito português, estas diversas figuras: na verdade, o Código Civil, apesar de no seu artigo 847.°/1, *a*), referir expressamente a figura da "excepção material", acabou por não dar corpo a boa parte das excepções consagradas na tradição românica[255]: o preceito em análise surge isolado.

De qualquer modo, sempre se poderiam apontar:

– *excepção forte peremptória*: a prescrição – artigo 300.° e ss.;
– *excepção forte dilatória*: o benefício da excussão – artigo 638.°/1;
– *excepção fraca*: a excepção do contrato não cumprido – artigo 428.°/1 – ou o direito de retenção – artigo 754.°.

IV. Muito utilizada na pandectística, a técnica da excepção cairia em progressivo esquecimento; veio, no entanto, a ser reanimada por autores recentes e, designadamente, por MEDICUS [256]. Não obstante, uma análise aturada tem vindo a pôr em dúvida a sua autonomia [257].

Na verdade, a excepção forte peremptória apenas levaria à extinção do direito definitivamente paralisado, devendo, em consequência, ser tratada como modo de extinção; as excepções dilatórias e as excepções fracas, por seu turno, apenas expressariam limitações no conteúdo dos direitos

---

[254] GÜNTHER JAHR, *Die Einrede des bürgerlichen Rechts*, JuS 1964, 125-132, 218-224 e 293-305 (220 ss.) e SCHLOSSER, *Selbständige peremptorische Einrede und Gestaltungsrecht im deutschen Zivilrecht*, JuS 1966, 257-268 (261 ss.).

[255] Assim, no BGB encontra-se uma série muito mais diversificada de excepções: cf. MENEZES CORDEIRO, *Da boa fé* cit., 735 ss..

[256] D. MEDICUS, *Anspruch und Einrede als Rückgrat einer zivilistischen Lehrmethode*, AcP 174 (1974), 313-331 (326, defendendo as suas vantagens pedagógicas) e *Allgemeiner Teil*, 7ª ed., 42 ss..

[257] Cf. MENEZES CORDEIRO, *Da boa fé* cit., 736 ss., com indicações.

que, supostamente, viriam bloquear. Deveriam, assim, ser tratadas a propósito do conteúdo em questão.

Uma particularidade impede, no entanto, de levar até às últimas consequências esse movimento: ainda quando se inscreva negativamente no conteúdo dos direitos, que vai restringir, a excepção opera pela vontade do seu beneficiário. Tem, pelo menos, essa autonomia[258], surgindo como posições potestativas autónomas[259].

V. Quando proceda uma excepção peremptória ou dilatória, de direito material, a obrigação atingida não é exigível judicialmente. O artigo 847.º/1, *a*), 2ª parte, pareceria redundante.

A chave do preceito reside no "proceda": havendo excepções, apenas o credor compensado as poderá actuar, se quiser. A compensação actuará se ele não a detiver, exercendo o poder equivalente à excepção.

Corresponderá ainda ao espírito da lei – que não à letra, apenas por falta de desenvolvimento dogmático – admitir que as excepções fracas impedem, enquanto subsistam, o funcionamento da compensação.

Finalmente, a compensação poderá ser sempre detida pela "excepção" do abuso do direito. A hipótese mais simples é a de o compensante ter criado, no espírito do compensado, a convicção de que não iria compensar e, depois, *ex abrupto*, agir em compensação: o *venire contra factum proprium* seria manifesto.

VI. Podemos, agora, reescalonar a exigibilidade como requisito da compensação. No fundo, ela traduz a necessidade de que os créditos em presença possam ser cumpridos. Quanto ao crédito activo, isso implica:

– que seja válido e eficaz;
– que não seja produto de obrigação natural;
– que não esteja pendente de prazo ou de condição;
– que não seja detido por nenhuma excepção;
– que possa ser judicialmente actuado;
– que se possa extinguir por vontade do próprio.

---

[258] Cf. como aplicação actual da figura, o dispositivo do artigo 442.º/3, 2ª parte, na redacção dada pelo Decreto-Lei n.º 379/86, de 11 de Novembro; *vide*, MENEZES CORDEIRO, *A excepção do cumprimento do contrato-promessa*, TJ n.º 27 (1987), 1-5.

[259] Podemos, ainda, falar na presença de "contra-normas"; cf. GRÖSCHER, *Zur Wirkungsweise* cit., 48.

As duas últimas proposições afastam a compensação em créditos de personalidade ou de natureza familiar, que não admitam execução judicial ou que sejam indisponíveis.

No tocante ao crédito passivo, podemos dispensar, dos apontados requisitos, o não ser obrigação natural, a pendência do prazo, quando estabelecido a favor do compensante, numa asserção extensiva à compensação, por analogia e o problema das excepções: estando tudo isso na disponibilidade do compensante, ele prescindirá, necessária e automaticamente, das inerentes posições, quando pretenda compensar.

36. A homogeneidade

I. Prosseguindo, o artigo 847.º/1, insere, como requisito da compensação,

> b) Terem as duas obrigações por objecto coisas fungíveis da mesma espécie e quantidade.

O preceito, por parecer admitir, *a contrario*, coisas fungíveis de espécie e quantidade diferentes, requer um excurso.

O Direito português define "coisas fungíveis" no artigo 207.º do Código Civil:

> São fungíveis as coisas que se determinam pelo seu género, qualidade e quantidade, quando constituam objecto de relações jurídicas.

Trata-se de uma noção que, quando expurgada de anomalias linguísticas e situada na evolução histórica e comparatística, surge como subjectiva[260]: apenas na situação jurídica considerada ("... quando constituam objecto de relações jurídicas ...") se poderá verificar o modo de determinação das coisas. Poderá haver uma fungibilidade puramente convencional.

---

[260] Cf. o nosso *Tratado* I, tomo II, 2ª ed. (2002), 151 ss.. Sobre o tema da fungibilidade, tem o maior interesse o escrito excelente de MIGUEL GALVÃO TELES, *Fungibilidade de valores mobiliários e situações jurídicas meramente categoriais*, em *Estudos em Homenagem ao Prof. Doutor Inocêncio Galvão Telles*, I volume, *Direito privado e vária* (2002), 579-628 (588 ss.).

II. Voltemos ao artigo 847.º/1, *b*): precisamente por a fungibilidade poder, subjectivamente, depender da situação considerada, a lei não se contentou com ela: acrescentou "... da mesma espécie e qualidade". Na verdade, o que seja fungível em certa situação poderá não o ser noutra. Um objecto é fungível para um comerciante mas pode não o ser para o particular que lhe tenha apreço estimativo.

Ora, para haver compensação, há que ir mais longe: as prestações pressupostas pelos crédito e contracrédito devem ser totalmente permutáveis. Daí o "reforço" legal: "... fungíveis da mesma espécie e qualidade".

Podemos, a tal propósito, introduzir a ideia de homogeneidade[261].

III. A casuística permite aperfeiçoar a própria ideia aqui em jogo. A homogeneidade afere-se pelas qualidades do objecto da prestação mas, ainda, pelas regras atinentes à prestação.

Assim, quando o crédito activo só possa ser determinado em acção de prestação de contas e mediante inquérito judicial, não há "fungibilidade": trata-se de algo qualitativamente diferente[262].

Os créditos pecuniários são, por definição, homogéneos. Assim, não podemos acompanhar o Supremo quando, em 5-Dez.-1985, entendeu não serem compensáveis créditos de livranças com créditos de transacção de acções[263].

Merece inteiro aplauso a jurisprudência que julgou compensáveis obrigações em moeda estrangeira com obrigações em moeda nacional – RLx 7-Mai.-1991[264] e STJ 26-Fev.-1992[265]: dada a faculdade alternativa do artigo 558.º, a homogeneidade reconstitui-se aquando do cumprimento.

Na presença de créditos pecuniários, é irrelevante a sua fonte. Assim, é compensável o crédito derivado da restituição do pagamento indevido: RPt 1-Jul.-1996[266]. E igualmente compensável é o crédito resultante de lucros cessantes de uma editora com as receitas provenientes da venda de livros[267].

---

[261] No Direito alemão cf. GERNHUBER, *Die Erfüllung*, 2ª ed. cit., 236 ss..
[262] STJ 25-Jan.-1979 (JOÃO MOURA), BMJ 283 (1979), 226-229 (228).
[263] STJ 5-Dez.-1985 (LUÍS FANQUEIRO), BMJ 352 (1985), 306-315.
[264] RLx 7-Mar.-1991 (PIRES SALPICO), CJ XVI (1991) 2, 141-142 (142/I).
[265] STJ 26-Fev.-1992 (TAVARES LOBO), BMJ 414 (1992), 515-519 (518); neste último caso, exclui-se ainda que a compensação visada pudesse atentar contra a boa fé: apenas o exame do caso concreto poderia comprová-lo, o que não está aqui em causa.
[266] RPt 1-Jul.-1996 (GUIMARÃES DIAS), BMJ 459 (1996), 601.
[267] STJ 28-Fev.-2002 (ÓSCAR CATROLA), CJ/Supremo X (2002) 1, 119-126 (126/I).

IV. A homogeneidade é um traço qualitativo. E assim, ela não é prejudicada pelo facto de as dívidas terem montantes desiguais. Segundo o artigo 847.º/2, quando as dívidas não tenham igual montante, pode dar-se a compensação na parte correspondente.

37. (I)liquidez

I. Segundo o artigo 765.º/1 do Código de SEABRA, a compensação exige obrigações líquidas: só assim operaria a compensação automática. Diz-se líquida a prestação cujo montante esteja devidamente quantificado.

Na falta de liquidez, estava aberta a porta à compensação judiciária: através do Tribunal e mediante adequada reconvenção, chegar-se-ia à liquidação e, daí, à compensação[268]. Dizia o Supremo[269]:

> (...) compensação judiciária da qual o réu pode socorrer-se quando na altura em que deduza a reconvenção a importância do seu crédito sobre o autor não se achar determinada por decisão, acordo ou a sua exigibilidade não estiver definida.

A liquidez era, em cada caso, entendida com alguma amplidão[270]. O sistema era, de todo o modo, facilitado pela compensação judiciária[271]: mas a exigência de liquidez, para a compensação "legal" mantinha-se[272].

---

[268] STJ 17-Jan.-1950 (CAMPELO DE ANDRADE), BMJ 17 (1950), 209-212 (211); cf. JOSÉ ALBERTO DOS REIS Comentário do Código de Processo Civil, vol. 3.º (1945), 107-108.

[269] STJ 27-Fev.-1962 (BRAVO SERRA), BMJ 114 (1962), 447-456 (454); trata-se de um caso curioso em que os USA demandaram uma empresa nacional para reaverem 15.000 c. entregues para a exploração de uma mina, que não se efectivou; a empresa responde com uma reconvenção na qual pretende fazer valer determinada compensação; entre outros aspectos, o tribunal entendeu que não podia reconhecer do pedido reconvencional, dada a isenção consuetudinária de que beneficiam os Estados estrangeiros: só podem ser demandados perante os próprios tribunais nacionais.

[270] Não sendo, por exemplo, necessário aguardar pelas partilhas, quando os débitos estejam determinados: STJ 19-Jul.-1955 (ROBERTO MARTINS; vencido: EDUARDO COIMBRA), BMJ 50 (1955), 349-352 (351).

[271] Cf. STJ 26-Jun.-1962 (ALBERTO TOSCANO), BMJ 118 (1962), 559-561 (560), relativo à compensação (judiciária) por despesas que eram da responsabilidade do Autor.

[272] STJ 1-Jul.-1969 (RUI GUIMARÃES), BMJ 189 (1969), 262-264 (263).

II. O Código Civil de 1966 alterou o sistema: segundo o artigo 847.º/3, a iliquidez da dívida não impede a compensação. Na origem temos a preferência de VAZ SERRA que, com base numa transcrição de SALEILLES[273], vem concluir a favor da desnecessidade de liquidez. Diz[274]:

> É esta a orientação que se afigura preferível. Embora a liquidação de crédito seja demorada, a verdade é que o credor não deve ser prejudicado com esse facto, quando, se o montante do crédito estivesse determinado, poderia socorrer-se das vantagens que a compensação lhe assegurava. Mal se compreende que um credor, porque o seu crédito é líquido, possa prevalecer-se dessas vantagens, dispensando-se, por exemplo, de pagar ao seu credor insolvente o que lhe deve, e que outro credor, só porque teve a infelicidade de o seu crédito não estar liquidado, não possa aproveitar-se de idênticas vantagens.

A nova solução foi reconhecida pela jurisprudência[275].

III. De acordo com a tradição obrigacionista, a liquidez era aproximada da certeza e da demonstrabilidade dos créditos. Tudo isso se deve ter por dispensado[276], mau grado aparentes hesitações de alguma doutrina[277]. Com efeito – e tal como sucede com a liquidez – qualquer crédito pode ser questionado: na sua existência, na sua validade e no seu montante. Quando isso suceda, há que discutir em juízo[278]. No fundo, a compensação judicial era isso mesmo.

---

[273] SALEILLES, em troço que VAZ SERRA também cita, estava especialmente preocupado com as hipóteses de chicana: o montante de qualquer dívida pode ser posto facilmente em causa, o que bloquearia a compensação.
[274] VAZ SERRA, *Compensação* cit., 73; este troço vem transcrito, também, em PIRES DE LIMA/ANTUNES VARELA, *Código Civil Anotado*, 2.º vol., 4ª ed. cit., 132.
[275] RLx 13-Fev.-1974 (s/indicação do relator), BMJ 234 (1974), 334.
[276] WOLFGANG FIKENTSCHER, *Schuldrecht*, 9ª ed. cit., 203.
[277] PIRES DE LIMA/ANTUNES VARELA, *Código Civil Anotado*, 2.º vol., 4ª ed. cit., 132-133.
[278] Em RPt 12-Abr.-1983 (MARQUES CORDEIRO), BMJ 327 (1983), 702, admite-se compensação com o crédito ilíquido mas não com um crédito hipotético que está a ser discutido. A decisão está correcta; mas não pode, daí, extrair-se uma nova categoria jurídica: a dos *créditos hipotéticos* (?!). O que se passa é antes o seguinte: se no momento em que se pretende actuar um crédito, o interessado na compensação não consegue fazer prova da existência do crédito activo não há, obviamente, compensação. O ónus da prova era seu.

A referência à dispensa de liquidez tem o grande papel de permitir antecipar os efeitos da compensação.

A jurisprudência refere, correntemente, a dispensa da liquidez[279]. A compensação opera podendo o exacto montante compensado ser relegado para execução de sentença[280].

A invocação de créditos ilíquidos, para efeitos de compensação, poderá recomendar o uso do esquema da reconvenção. Trata-se de um aspecto a considerar ulteriormente.

---

[279] RCb 9-Abr.-1976 (OLIVEIRA LOPES), BMJ 259 (1976), 271-272.
[280] STJ 24-Jan.-1991 (CABRAL DE ANDRADE), BMJ 403 (1991), 364-370 (369), RCb 5-Jan.-1993 (COSTA MARQUES), BMJ 423 (1993), 606 (o sumário) = CJ XVIII (1993) 1, 9-11 (10/II), RPt 26-Abr.-1993 (MANUEL FERNANDES), CJ XVIII (1993) 2, 256-257 (257/I) e REv 26-Mar.-1996 (PITA DE VASCONCELOS), BMJ 455 (1996), 590.

§ 12.º ÂMBITO

38. Generalidades

I. Na presente rubrica relativa ao âmbito da compensação, iremos encontrar diversos aspectos que vêm bulir com os requisitos desse instituto. Todavia, o âmbito permitirá precisar melhor alguns dos aspectos envolvidos, designadamente quando constituam problemas dogmaticamente autónomos, com tradição jurídico-cultural ou comparativa.

II. Segundo o artigo 849.º,

O credor que concedeu gratuitamente um prazo ao devedor está impedido de compensar a sua dívida antes do vencimento do prazo.

Trata-se de um preceito manifestamente decalcado do artigo 1244 do Código italiano, mas com um sentido precisamente contrário. E trata-se, ainda, de uma solução contrária à proposta por VAZ SERRA[281] e que, um tanto, inesperadamente, surgiu na segunda revisão ministerial, como vimos[282]. Contraria, ainda, a generalidade dos códigos civis[283].

III. Em rigor, teríamos duas situações diferentes. O crédito activo pode ter um prazo, acordado pelas partes e que funcione, ou funcione também, em benefício do credor, i. é, daquele cujo crédito (passivo) poderia extinguir-se pela compensação. Pois bem: nessa eventualidade, a compensação não operaria, por via do artigo 847.º/1, *a*).

---

[281] Cf. VAZ SERRA, *Compensação* cit., 66-67.
[282] Para o elogio da solução: PIRES DE LIMA/ANTUNES VARELA, *Código Civil Anotado*, 2.º vol., 4ª ed. cit., 136-137.
[283] A começar pelo Código italiano; cf. outras indicações em VAZ SERRA, ob. e loc.cit..

A situação típica que suscita o problema é outra: uma pessoa, por gentileza, por obsequidade ou por compaixão, concede gratuitamente um prazo a outra, para o pagamento do que esta lhe deva. Poderá, depois, suceder uma de duas coisas:

– o próprio beneficiário, ingratamente, vem exigir ao seu benfeitor o imediato pagamento de uma dívida; ou
– o beneficiário, que é credor do seu benfeitor, entra em insolvência: o benfeitor tem de pagar à massa falida; mas, porque foi gentil, irá concorrer, com o seu crédito, à mesma massa.

Como se vê, em qualquer destes casos, a mais elementar equidade exigiria que, mau grado o concedido prazo gratuito, o devedor (credor activo) pudesse compensar.

IV. O legislador de 1966 deveria ter sido mais prudente, antes de alterar, sem um estudo prévio, a solução proposta por VAZ SERRA e adoptada pelas legislações mais experientes. Nem sempre aquilo que primeiro parece justo resiste a uma reflexão mais atenta.

O artigo 849.º poderá ser temperado, na sua aplicação, pela boa fé: com tudo o que isso implica, em matéria de riscos e de incerteza. Na prática, nenhum devedor atento concederá prazos gratuitos ao seu credor...

39. Créditos prescritos

I. Segundo o artigo 850.º, o crédito prescrito não impede a compensação, se a prescrição não podia ser invocada na data em que os dois créditos se tornaram compensáveis.

Trata-se, como vimos, da solução tradicional: quer ditada pela doutrina *ipso iure*, que se limitaria a verificar ter havido logo compensação, antes da prescrição, quer pela doutrina potestativa, que admite a eficácia retroactiva da prescrição.

No cômputo dos valores em presença, pareceu ao legislador que não era justo alguém ser demandado, reagir com a compensação e ver ser-lhe oposta uma prescrição, consumada apenas depois da compensabilidade[284].

---

[284] A prescrição releva se o seu prazo já decorrera quando os créditos se tornaram compensáveis: RPt 26-Abr.-1993 cit., CJ XVIII, 2, 257/I.

II. O instituto da prescrição está sujeito a uma grande pressão: o prazo geral de 20 anos não corresponde minimamente às exigências actuais, pelo que se multiplicam as consagrações extravagantes de prazos mais curtos.

A recente e profunda reforma do BGB, de 2001/2002, modificou largamente o regime da prescrição: por exemplo: a prescrição ordinária passa a ser de três anos. Trata-se de um movimento a acompanhar[285]. De momento, haverá que prestar a maior atenção aos prazos especiais.

40. Complexidade subjectiva; em especial: solidariedade

I. Temos, depois, o problema da compensação perante obrigações subjectivamente complexas, isto é, perante obrigações que tenham mais de um sujeito, pelo lado activo, pelo passivo ou por ambos.

Na hipótese de parciariedade, cada credor tem direito, apenas, a uma parcela do crédito (parciariedade activa) enquanto cada devedor está adstrito, apenas, ao pagamento da sua parcela do débito. Não há dificuldades para a compensação: o devedor interessado poderá, pela compensação, extinguir apenas a sua parcela; no tocante às restantes, opera a exigência da reciprocidade.

II. Na hipótese de solidariedade, mau grado as propostas de VAZ SERRA[286], o Código Civil acabou por não tomar posição, bastando-se, aparentemente, com o disposto sobre a reciprocidade.

Temos, é certo, os artigos 523.º e 532.º, que importa ter presentes. Segundo o 523.º, a propósito da solidariedade entre devedores,

> A satisfação do direito do credor, por cumprimento, dação em cumprimento, novação, consignação em depósito ou compensação, produz a extinção relativamente a ele, das obrigações de todos os devedores.

Por seu turno, o artigo 532.º, no domínio da solidariedade entre credores, manda:

> A satisfação do direito de um dos credores, por cumprimento, dação em pagamento, novação, consignação em depósito ou compensação, produz a extinção, relativamente a todos os credores, da obrigação do devedor.

---

[285] Cf. o nosso *A modernização do Direito das obrigações* I – *Aspectos gerais e reforma da prescrição*, ROA, 2002, 91-110.
[286] Cf. VAZ SERRA, *Compensação* cit., 48 ss..

Se bem atentarmos, pelo menos directamente, estes preceitos pouco ou nada adiantam. Eles não dizem quando se pode compensar mas, apenas, o que sucede se certo direito for satisfeito ... por compensação, entre outros esquemas. Pressupõe-se pois que, em momento prévio, normas adequadas tenham precisado como funciona o instituto da compensação, perante a solidariedade.

III. Na obrigação solidária passiva, cada um dos devedores (solidários) responde pela prestação integral e esta a todos libera – artigo 512.°/1, 1ª parte. O devedor solidário pode ser demandado pela totalidade da dívida: em defesa, poderá usar dos meios que pessoalmente lhe competiam e dos que são comuns a todos os devedores – artigo 514.°/1. Pois bem:

– o devedor solidário que seja, a título pessoal, credor do seu credor pode invocar a compensação; liberar-se-á a si e a todos os outros devedores, salvo o regresso – artigo 524.°;
– o devedor solidário que seja, em conjunto com os demais devedores, credor do seu credor, em regime de solidariedade activa pode invocar a compensação usando a totalidade do crédito activo;
– o devedor solidário que seja, também em conjunto com os demais devedores, credor do seu credor, mas em (mero) regime de parciariedade activa, pode invocar a compensação mas apenas pela parcela do crédito activo que lhe compita;
– o devedor solidário não pode defender-se invocando créditos de outros devedores solidários sobre o seu credor; o crédito (pseudo--activo) é alheio.

Trata-se do conjunto de soluções que se ajusta à regra da reciprocidade e ao regime do artigo 514.°.

IV. Passemos à hipótese inversa: o devedor solidário demanda, por uma dívida própria, o seu credor. Pois bem:

– o credor pode invocar, para efeitos de compensação, o crédito (activo) global de que o devedor demandante seja co-devedor solidário: se pode pedir a este o pagamento por inteiro, também lhe pode opor a compensação por inteiro; o devedor ressarcir-se-á, depois, via regresso;
– o mesmo credor apenas poderá compensar com a parcela a que o demandante esteja adstrito, no caso de parciariedade;

– finalmente, o mesmo credor pode ainda invocar, mas desta feita por inteiro, o crédito pessoal que ele tenha contra o demandante; ficará satisfeito, cabendo, ao demandante em causa, o regresso.

V. Quanto à solidariedade activa: recordamos que, segundo o artigo 512.º/1, 2ª parte, esta ocorre quando haja vários credores e cada um deles tenha a faculdade de exigir, por si só, a prestação integral e esta libere o devedor para com todos eles. Os cenários serão, então, os seguintes:

– o credor solidário demandado, a título pessoal, pelo seu devedor, pode liberar-se invocando a compensação por inteiro: se pode exigir a prestação integral, também pode invocá-la para a compensação;
– o mesmo credor, demandado em conjunto com os demais, pelo seu devedor pode, igualmente, invocar a compensação.

VI. O inverso: o credor solidário demanda um seu credor (devedor do primeiro). Temos:

– o devedor pode invocar a compensação, usando o seu crédito para extinguir o crédito do credor solidário: pois pode cumprir perante ele, assim cessando o crédito.

Parecem hipóteses mais simples.

VII. Se, de facto, a solidariedade – passiva ou activa – em causa for a do artigo 512.º/1, não há que perguntar em benefício de quem ela foi estabelecida. A solidariedade não é um benefício: é um *status* que joga, conforme as circunstâncias, em benefício ora de uns, ora de outros.

41. Dívidas acessórias; fiador e outros garantes

I. As dívidas acessórias, mormente as que ocorram nas garantias, colocam problemas nem sempre coincidentes. Vamos partir da fiança, garantia paradigmática.

À partida, o fiador pode opor, ao credor garantido, a compensação:

– usando créditos próprios sobre o credor;
– usando créditos do devedor sobre o credor.

É o que inferimos do artigo 637.º/1.

II. Todavia, o artigo 642.º/1 dispõe que o fiador pode recusar o cumprimento enquanto o direito do credor puder ser satisfeito por compensação com um crédito do devedor ou este tiver a possibilidade de se valer da compensação com uma dívida do credor. Baseada neste preceito, alguma doutrina apresenta esta invocação de compensação como uma "excepção dilatória"[287]: o fiador não actuaria a compensação: apenas a invocaria para sustar a exigência de cumprimento feita contra ele.

Como conciliar os dois preceitos?

III. Se o devedor principal tem um crédito contra o credor e se o fiador pode opor ao mesmo credor os meios de defesa que competem ao devedor – e o artigo 637.º/1 diz que sim! – a conclusão é inevitável: o fiador pode compensar, invocando o crédito do devedor principal. Bastará comparar os artigos 514.º/1 e 637.º/1 para ver que as soluções são diferentes: enquanto o devedor solidário só pode defender-se com meios próprios ou comuns, o fiador pode fazê-lo com meios do devedor principal.

Nenhum interesse teria a solução pela qual o fiador pudesse invocar a compensação com créditos do devedor não para extinguir a dívida, mas para não a cumprir: ficaria, assim, paralisado, provavelmente à espera que a dívida fosse aumentando e superasse o *quantum* compensável para, então sem defesa, ser compelido ao pagamento. Não podemos supor soluções tão desarmónicas, no seio da lei civil.

IV. Fica-nos a seguinte margem: pode suceder que, por incompatibilidade com a obrigação do fiador – 637.º/1, *in fine* – este não possa opor a compensação. Não obstante, poderá recusar o cumprimento, enquanto ela for possível – 642.º/1.

V. O desencontro entre os artigos 637.º/1 e 642.º/1 e as dúvidas que suscitam em relação à compensação têm uma história que importa conhecer.

Segundo o artigo 854.º do Código de SEABRA,

> O fiador pode opor ao credor todas as excepções extintivas da obrigação, que compitam ao devedor principal, e lhe não sejam meramente pessoais.

---

[287] PIRES DE LIMA/ANTUNES VARELA, *Código Civil Anotado*, 2.º vol., 4ª ed. cit., 138.

Entre as excepções extintivas em causa contava-se a compensação; nas palavras de CUNHA GONÇALVES: "o fiador não é obrigado a pagar uma dívida que se deve reputar extinta de direito"[288]. Esta solução era a dominante nos países latinos e acolhia-se à doutrina *ipso iure*[289]: se a compensação actuava automaticamente e de pleno direito, o fiador aproveitava da sua ocorrência. Todavia, é evidente que não se tratava de um mero jogo conceitual: entendia-se, a nível de valorização legislativa, que o fiador merecia esse suplemento de protecção.

Diferentemente se passavam as coisas no BGB. Aí, como se sabe, a compensação era potestativa e não automática. Consequentemente, não podia o fiador operar a compensação: o § 770/II apenas permitia que ele recusasse o pagamento enquanto o credor (não o devedor!) pudesse invocar a compensação. Subjacente estava a ideia de uma menor protecção do fiador[290].

Ao adoptar o esquema da compensação potestativa ou por declaração, o legislador de 1966 ficou "permeável" (JANUÁRIO GOMES) à solução do § 770/II do BGB. Mas foi mais longe: inspirando-se, agora, no Código Suíço[291], o legislador nacional, no artigo 642.º/1, alargou a hipótese de sustação à de uma compensação a empreender pelo devedor principal. Até aí, tudo bem ou melhor: tudo se ficaria por uma crítica de política legislativa por, mercê de puras razões conceituais, se ter vindo a desproteger o fiador.

Só que o legislador manteve, no artigo 637.º/1, a solução de SEABRA: o fiador pode usar de todos os meios de defesa do devedor principal[292]!

De facto, a lógica da compensação potestativa levaria a que só o próprio devedor titular do crédito activo, pudesse compensar. Mas essa preocupação cessa perante o artigo 637.º/1 que dá, ao fiador, legitimidade para usar meios que, à partida, não seriam dele. Para quê então insistir em retirar uma defesa que SEABRA concedeu ao fiador de Direito português?

Chegados a este ponto, temos de recordar que a Ciência do Direito não é puramente conceitual: lida com princípios, com valores e com inte-

---

[288] CUNHA GONÇALVES, *Tratado de Direito civil*, 5.º vol. cit., 215.
[289] Cf. JANUÁRIO GOMES, *Assunção fidejussória de dívida* (2000), 990.
[290] O que não deixou de ser criticado; cf., com largas referências à doutrina alemã, JANUÁRIO GOMES, *Assunção fidejussória* cit., 990-991, nota 226.
[291] Artigo 121 do Código das Obrigações, o qual teve, aliás, de ser corrigido pela doutrina helvética.
[292] A (pouca) doutrina nacional que estuda o problema refugia-se na solução cómoda de não enumerar a compensação entre os meios de defesa abrangidos pelo artigo 637.º/1. Não pode ser tão simples.

resses. A facilidade com que as pessoas são levadas a conceder fiança é desnorteante: muitas vezes, está-se perante uma autêntica doação de bens futuros, que, sabiamente, os legisladores civis latinos vêm cerceando. Em termos de opção valorativa, a balança pende para a tutela do fiador e para a solução de SEABRA, corrente nos países do Sul. Na Alemanha, o espírito é diferente.

Propendemos, por tudo isto, para a solução do artigo 637.°/1: o fiador pode invocar a compensação que compita ao devedor principal: mesmo que este renuncie – n.° 2.

VI. Estes raciocínios são aplicáveis ao terceiro dador de hipoteca, nos termos do artigo 698.°/; o n.° 2 desse preceito seguirá a via interpretativa acima apontada, para o artigo 642.°/1.

Trata-se de regras aplicáveis no domínio de outras garantias, com relevo para o penhor – artigo 678.°.

§ 13.º EFECTIVAÇÃO

42. A declaração de compensar; o problema da reconvenção

I. Segundo o artigo 848.º/1, a compensação torna-se efectiva mediante declaração de uma das partes à outra. Trata-se da grande inovação da reforma de 1966, que abandonou, como vimos, o antigo esquema *ipso iure*[293].

A declaração pode ser feita, nos termos comuns, extrajudicialmente, sem dependência de forma – artigos 217.º e 219.º. Nada impede que se recorra ao meio mais solene da notificação judicial avulsa – artigo 261.º do Código de Processo Civil.

Quanto à sua natureza: a declaração de compensação é um acto jurídico *stricto sensu*: envolve liberdade de celebração mas não de estipulação.

O artigo 848.º/2 veda a simples aposição de condição ou de termo.

II. O problema põe-se quando a compensação seja invocada em defesa e, em especial, quando se trate de defesa a deduzir em juízo. Qual o meio processual adequado?

A questão é controversa desde o início das codificações processuais[294]. O Código de Processo Civil de 1876 previa, para a reconvenção, um esquema pesado: era uma autêntica acção autónoma de sinal contrário, devendo o juiz, no final, proferir duas sentenças – artigo 333.º e artigo 333.º, § 2.º[295].

O § 3.º desse artigo 333.º dispunha:

> Em virtude d'estas sentenças, poderá operar-se qualquer compensação permitida por direito.

---

[293] STJ 20-Jul.-1976 (RODRIGUES BASTOS), BMJ 259 (1976), 223-226 (224-225).

[294] E mesmo anteriormente, remontando as dúvidas ao Direito romano; cf. ARTHUR NIKISCH, *Die Aufrechnung im Prozess*, FS H. Lehmann II (1956), 765-788 (766 ss.).

[295] Cf. JOSÉ DIAS FERREIRA, *Codigo de Processo Civil Anotado*, tomo I (1887), 426.

Com base neste preceito, logo se entendeu que a compensação devia ser feita valer por via de reconvenção: mesmo a legal. Contra, cedo se manifestou a doutrina: afinal, se a compensação operava *ipso iure*, a reconvenção era desnecessária: esta apenas seria requerida para a compensação judicial[296].

O Decreto n.º 12:353, de 22 de Setembro de 1923, que simplificou o esquema das contestações, permitiu à doutrina considerar que a compensação deveria ser simplesmente aí inserida[297].

O Código de Processo Civil de 1939, pretendendo pôr cobro às dúvidas, permitiu, no seu artigo 279.º, n.º 2, que o réu deduzisse reconvenção, quando se propusesse obter a compensação judicial[298]. Tínhamos, assim, um sistema harmónico: reunidos os requisitos da compensação legal (*ipso iure*), a compensação seria feita valer por excepção; na falta deles, recorrer-se-ia à compensação judiciária, a operar por reconvenção[299].

III. A reforma do Código de Processo Civil de 1967 veio, no seu artigo 274.º/2, dizer que a reconvenção é admissível:

b) Quando o réu se propõe obter a compensação (...)

Dados, para mais, os antecedentes, esta disposição, assim desgarrada, deu lugar a várias linhas de interpretação, linhas essas que mais se enfatizaram quando o Código Civil veio, em 1966, estabelecer o esquema da compensação por declaração.

Para uma primeira orientação, a compensação deveria constar sempre de um pedido reconvencional[300]. Trata-se de uma interpretação ao pé da letra da lei, mas que pode invocar razões de fundo: a súbita invocação de um contracrédito obriga a apreciar uma nova causa de pedir, sujeitando-se a excepções; apenas uma nova acção de sinal contrário – a reconvenção – permitiria as necessárias defesas, pela outra parte e a ponderação,

---

[296] GUILHERME MOREIRA, *Instituições*, 2.º vol. cit., 259 e 276 e CUNHA GONÇALVES, *Tratado*, 5.º vol. cit., 37, com indicações.
[297] CUNHA GONÇALVES, *Tratado*, 5.º vol. cit., 29.
[298] ALBERTO DOS REIS, *Comentário*, 3.º vol. cit., 104 ss..
[299] Cf. STJ 17-Jan.-1950 cit., BMJ 17, 211. Na doutrina: JOÃO DE CASTRO MENDES, *Manual de Processo Civil* (1963), 304.
[300] JOÃO DE CASTRO MENDES, *Limites objectivos do caso julgado em processo civil* (1968), 189 ss. (193) e *Direito processual civil*, 3.º vol. (1974, polic.), 15-23 e EURICO LOPES CARDOSO, *Manual da Acção Executiva*, 3ª ed. (1964), 289.

pelo tribunal. Alguma jurisprudência acolheu esta orientação[301]. ALMEIDA COSTA, que primeiro propendera para a terceira teoria, abaixo enunciada[302], inclina-se, agora, para esta orientação[303].

IV. Para uma segunda orientação, a compensação só implicaria reconvenção quando não tivesse operado extrajudicialmente, tendo sido actuada antes da contestação[304].

Trata-se, provavelmente, da solução racionalmente mais pura, com o sufrágio de autores processualistas: MIGUEL TEIXEIRA DE SOUSA[305] e LEBRE DE FREITAS[306], numa fase inicial.

V. Uma terceira posição, a compensação enquanto factor extintivo das obrigações, deve ser aduzida como excepção; todavia, se o compensante detiver um crédito de montante superior ao do autor e se pretender que este seja condenado na diferença, haverá que lançar mão da reconvenção. Trata-se da posição hoje dominante na doutrina[307] e, sobretudo, na jurisprudência[308]. Ainda se tem referido que a reconvenção seria o processo idóneo para tratar compensações em que o crédito activo fosse ilí-

---

[301] STJ 16-Abr.-1971 (LUDOVICO DA COSTA), BMJ 206 (1971), 56-58 (57-58), STJ 30-Mar.-1973 (MANUEL JOSÉ FERNANDES COSTA; vencido: JOÃO MOURA), BMJ 225 (1973), 193-195 (194), RCb 9-Abr.-1976 (OLIVEIRA LOPES), BMJ 259 (1976), 271-272 e RCb 28-Nov.-1976 (OLIVEIRA LOPES), CJ I (1976) 3, 590-591 (591).

[302] Nas 3ª e 4ª edições do Direito das obrigações, como refere na 9ª ed. (2001), 1035, nota 1.

[303] ALMEIDA COSTA, Direito das obrigações, 9ª ed. cit., 1035.

[304] De facto, quando a compensação tivesse sido invocada antes da acção, não haveria problemas: o Tribunal limitar-se-ia a indagar da validade dos seus pressupostos; cf. NIKISCH, Die Aufrechnung im Prozess cit., 765.

[305] MIGUEL TEIXEIRA DE SOUSA, As partes, o objecto e a prova na acção declarativa (1995), 173.

[306] JOSÉ LEBRE DE FREITAS, Direito processual civil, II vol. (1979, polic.), 169.

[307] VAZ SERRA, Algumas questões cit., 292-293 e 307-308 e LEBRE DE FREITAS, A acção executiva, 1ª ed. (1993), 151, nota 23, 2ª ed. (1997), 149, nota 23 e (segundo parece) Código de Processo Civil Anotado, vol. 1.º (1999), 489.

[308] STJ 2-Jul.-1974 (JOSÉ ANTÓNIO FERNANDES), BMJ 239 (1974), 120-122 (121), tirado com as secções reunidas e traduzindo uma viragem jurisprudencial em relação à jurisprudência então consagrada, designadamente STJ 16-Abr.-1971 e STJ 30-Mar.-1973, citados supra, nota 301; subsequentemente: STJ 8-Fev.-1977 (OLIVEIRA CARVALHO), BMJ 264 (1977), 134-137 (135), STJ 4-Abr.-1978 (FERREIRA DA COSTA), BMJ 276 (1978), 236-240 (238), STJ 7-Jun.-1979 (JOÃO MOURA), BMJ 288 (1979), 302-305 (304-305), RLx 9-Out.-1979 (FARINHA RIBEIRAS), BMJ 294 (1980), 392, RCb 5-Fev.-1980 (MARQUES

quido e houvesse que proceder a operações de determinação[309] ou sempre que o compensante pretendesse um título executivo[310].

Como variante, surge esta mesma orientação mista, mas com a seguinte especificação: nas hipóteses de o crédito activo invocado ser de montante igual ou inferior ao do crédito do autor, o meio processual a usar não seria, em rigor, uma excepção mas um meio processual *sui generis*, misto, híbrido ou heterogéneo[311].

VI. A fórmula processual destinada a veicular a compensação constitui, curiosamente, o tema mais debatido quanto a esse complexo instituto. Como ponto de partida, devemos recordar que os princípios reitores são civis: no Direito continental – ao contrário do que vimos suceder no *Common Law* – a compensação é um instituto substantivo. O processo civil só pode visar o aperfeiçoamento do Direito civil[312]: nunca a sua dificultação ou o seu retrocesso.

O Código Civil, embora abandonando a doutrina *ipso iure*, trata a compensação como um modo de extinguir obrigações, eficaz por declaração do compensante ao seu credor. Logo, a sentença que o reconheça é meramente declarativa. A compensação faz-se valer por (simples) excepção: artigo 487.º/2, 2ª parte. Trata-se de uma orientação que não é prejudicada pelo facto de o crédito activo ser impugnável: a decisão final dependerá, naturalmente, do que se apure nesse campo[313].

CORDEIRO), BMJ 296 (1980), 337-338, RCb 27-Mai.-1980 (MARQUES CORDEIRO), BMJ 300 (1980), 453, STJ 14-Jan.-1982 (ROSEIRA DE FIGUEIREDO), BMJ 313 (1982), 288-291 (289), STJ 2-Jul.-1985 (CORTE-REAL), BMJ 349 (1985), 440-442 (441-442), STJ 24-Jan.-1991 cit., BMJ 403, 370, RCb 19-Mar.-1992 (VICTOR DEVEZA), BMJ 415 (1992), 732, RPt 1-Mar.-1993 (PIRES ROSA), BMJ 425 (1993), 618-619, RLx 29-Abr.-1993 (SANTOS BERNARDINO), BMJ 426 (1993), 507 e RPt 18-Nov.-1997 (MÁRIO CRUZ), BMJ 471 (1997), 461.

[309] PIRES DE LIMA/ANTUNES VARELA, *Código Civil Anotado*, 2.º vol., 4ª ed. cit., 135. Em STJ 19-Abr.-2001 (NEVES RIBEIRO), CJ/Supremo IX (2001) 2, 33-36 (36/II), a reconvenção de uma compensação deu azo a uma condenação em montante a averiguar em liquidação de sentença.

[310] REv 26-Mar.-1996 cit., BMJ 455, 590.

[311] PIRES DE LIMA/ANTUNES VARELA, *Código Civil Anotado*, 2.º vol., 4ª ed. cit., 135.

[312] WOLFGANG BREHM, *Rechtsfortbildungszweck des Zivilprozess*, FS Ekkehard Schumann (2002), 57-69.

[313] A própria compensação pode ser apresentada como eventual; cf. STÖLTZEL, *Die reichsgerichtliche Rechtsprechung über Eventualaufrechnung*, AcP 95 (1904), 1-47 e 96 (1905), 234-274.

Todavia, se o compensante não pretender apenas deter a acção com um facto extintivo do direito invocado, mas antes alcançar uma condenação do autor ou um título executivo que possa actuar contra ele, há que usar da reconvenção. Acompanhamos, assim, a evolução jurisprudencial acima expendida.

VII. Como problemas concretos referimos ainda os seguintes:

– pode o demandado numa acção não admitir, a qualquer outro título, uma dívida que lhe seja imputada e, todavia, invocar a compensação a título subsidiário[314];
– sendo invocada uma compensação com um crédito dependente de acção já instaurada, há prejudicialidade; há que suspender a acção onde se invoca a compensação, até ao delucidar do contracrédito[315], salvo, naturalmente, manifesta improcedência.

VIII. Finalmente, a compensação pode surgir processualmente inadmissível[316]. Tratar-se-á, *in concreto*, de um problema de boa fé: assim sucederá, reunidos os demais requisitos, quando se invoque um crédito em moldes aos que, processualmente, fora inculcado, com danos.

O sistema pode, sempre, deter quaisquer pretensões assentes no Direito estrito. Mas apenas em casos-limites e depois de criteriosa verificação dos pressupostos requeridos.

43. A retroactividade

I. Desencadeada a compensação, os créditos consideram-se extintos desde o momento em que se tornaram compensáveis. O artigo 854.º fala em "feita a declaração de compensação"; todavia, deve ler-se "recebida a declaração de compensação" já que, manifestamente, se trata de uma declaração recipienda – artigo 224.º/1.

É este um aspecto fundamental, sedimentado no § 389 do BGB, no termo da evolução de que acima foi dada conta e que permite a aproximação entre este sistema e o *ipso iure*.

---
[314] Tal o sentido do voto de vencido de MÁRIO DE BRITO, em STJ 10-Fev.-1983 (SANTOS SILVEIRA), BMJ 324 (1983), 513-516, voto esse que nos parece adequado.
[315] STJ 30-Jul.-1988 (ELISEU FIGUEIRA), BMJ 378 (1988), 703-705 (705).
[316] WOLFGANG GRUNSKY, *Die unzulässige Prozessaufrechnung*, JZ 1965, 391-399.

II. Em termos práticos, a retroactividade da compensação garante o seu beneficiário contra as áleas patrimoniais do seu devedor. Assim, a cedência de um crédito (passivo) não obsta à compensação, desde que os requisitos desta já operassem antes da cessão[317]. Outras situações podem ser consideradas[318]. Mesmo na hipótese de concurso falimentar, o compensante será ressarcido, através da supressão (ou redução) do seu próprio débito. Essa mesma retroactividade – como faz notar VAZ SERRA – vai ainda ao encontro das expectativas das partes envolvidas e da sua confiança: o devedor que se saiba credor do seu credor sente-se, de imediato, liberado; e o credor que se sinta devedor do seu devedor age, desde logo, como não-credor.

III. A retroactividade da compensação explica ainda os termos da sua eficácia perante os créditos prescritos: ela opera se a prescrição não podia ser invocada na data em que os créditos se tornaram compensáveis – artigo 850.º.

44. Pluralidade de créditos

I. Pode suceder que, numa situação de compensação, ocorram, de uma ou de outra parte, vários créditos compensáveis. Nessa altura, e desde que a declaração de compensação não possa extingui-los a todos, a escolha dos que ficam extintos pertence ao declarante – artigo 855.º/1[319].

O artigo 783.º já dispunha que quando o devedor, por diversas dívidas da mesma espécie ao mesmo credor, efectuasse uma prestação insuficiente para as extinguir a todas, ficaria à sua escolha designar as dívidas a que o cumprimento se reporte. Pois bem: na parte em que ao compensante caiba escolher qual a própria dívida a extinguir, temos apenas um afloramento dessa regra. Já no que toca à escolha da dívida do seu credor, aflora a autonomia que dá corpo ao próprio acto de compensar. Se a lei permite a compensação, permitirá igualmente escolher o que se compensa.

---

[317] Cf. JOHANNES DENCK, *Vorausabtretung und Aufrechnung*, DB 1977, 1493-1498 (1498).

[318] Cf. SCHULER, *Anfechtung, Aufrechnung und Vollstreckungsgegenklage*, NJW 1956, 1497-1500.

[319] Seguiu-se o modelo do artigo 1249 do Código Civil italiano, mais sintético.

II. Pode acontecer que o compensante, perante vários créditos compensáveis, declare compensar, mas não faça qualquer escolha. O artigo 855.º/2 remete, então, para os critérios supletivos da imputação de cumprimento, contidos nos artigos 784.º e 785.º. Esses critérios permitiriam, desde logo, escolher os créditos compensados. E quanto aos compensantes? Pela letra como pelo espírito da lei, teremos de admitir o alargamento das normas de imputação do cumprimento, também a esse caso.

45. Diversidade de lugares de cumprimento

I. O artigo 852.º admite a compensação de obrigações que tenham lugares diferentes de cumprimento. O compensante é, todavia, obrigado a indemnizar a outra parte, por esta não receber a sua prestação ou não efectuar a que lhe compete no lugar determinado.

O problema da compensabilidade de débitos com diferentes lugares de pagamento era já tratado pelos romanos; designadamente JAVOLENUS[320], em texto de difícil interpretação. Ao longo da História, sucederam-se as subtilezas em torno do problema e, designadamente: admitindo que tal compensação fosse possível, o que computar: a vantagem do compensante ou os prejuízos do compensado[321]?

Depois de múltiplas flutuações históricas, o sistema francês acabaria por fixar-se na primeira e o alemão nos segundos.

Na sua simplicidade, as regras do artigo 852.º dão lugar a várias dúvidas.

II. A primeira consiste em delimitar a compensabilidade: *quid iuris* quando o local do cumprimento seja essencial para a parte compensada? VAZ SERRA pensara no problema: o Código, todavia, nada disse. No entanto, com recurso aos princípios gerais, teremos de entender que, quando o local de pagamento seja essencial, falta a homogeneidade que permite a compensação[322].

---

[320] D. 16.2.15.
[321] A matéria pode ser seguida, com muitas indicações, em CASTRO MENDES, *Artigo 852.º* cit..
[322] Por exemplo: se devo receber uma casa em Lisboa e entregar outra no Porto, não pode haver compensação quando se trate, para mim, de residir naquela cidade. Cf. a solução paralela de CASTRO MENDES, *Artigo 852.º* cit., 84-85.

A compensação é ainda afastada por convenção em contrário: expressa ou tácita, nos termos gerais. Torna-se questão de interpretação o verificar se o acordo relativo a um local de cumprimento afasta a hipótese de compensação que frustre tal local.

III. O artigo 852.º contém, depois, um dever de ressarcir danos. Acolheu-se o esquema alemão da reparação de prejuízos e não o francês, do cálculo da vantagem[323].

Quanto à reparação dos danos: trata-se de uma manifestação de responsabilidade por acto lícito; poderá, ele próprio, ser objecto de compensação, quando concorram os demais requisitos.

46. A invalidade da compensação

I. A invalidade da compensação – nulidade ou anulação – está prevista no artigo 856.º. Segundo esse preceito, declarada nula ou anulada a compensação, subsistem as obrigações respectivas[324].

No entanto, quando a nulidade ou a anulação sejam imputáveis a alguma das partes, não renascem as garantias prestadas, em seu benefício, por terceiro de boa fé, isto é: por terceiro que desconhecesse, sem culpa, o vício, aquando da declaração de compensação. A lei não refere "boa fé" mas, apenas, o (não)conhecimento: todavia, a harmonia do sistema exige que seja protegida apenas a pessoa que se contenha dentro dos limites ético-jurídicos[325].

II. Resta acrescentar que a solução do artigo 856.º é semelhante às dos artigos 766.º, 860.º/2, 866.º/3 e 873.º/2, relativos, respectivamente, ao cumprimento, à dação em cumprimento, à novação, à remissão e à confusão.

---

[323] Cf. CASTRO MENDES, *Artigo 852.º* cit., 87 ss..
[324] STJ 6-Jul.-2000 (TORRES PAULO), CJ/Supremo VIII (2000) 2, 155-158 (158/I).
[325] MENEZES CORDEIRO, *Tratado* I, 1, 2ª ed. cit., 230-231.

§ 14.º EXCLUSÃO

47. Factos ilícitos dolosos

I. O artigo 853.º enumera diversas situações típicas nas quais a compensação é excluída. Poderíamos, com base nele, aprontar um requisito de "compensabilidade".

Em primeiro lugar, não podem extinguir-se por compensação os créditos provenientes de factos jurídicos dolosos – 853.º/1, *a*). Trata-se de um alargamento proposto por VAZ SERRA[326] e na base do § 393 do BGB e do Direito anterior.

Com efeito, o artigo 767.º do Código de SEABRA, na linha da generalidade dos códigos de inspiração napoleónica, excluía a compensação quando a dívida consistisse em coisa de que o proprietário tivesse sido esbulhado. Podia-se, então, discutir se o problema não residiria na falta de homogeneidade das prestações em presença: afinal, o dever de restituir o esbulho tem traços qualitativos inconfundíveis.

II. Uma compreensão mais valorativa dos institutos civis permitiu, todavia, uma diferente leitura. A compensação surge como uma vantagem conferida a determinado credor, de se fazer pagar preferencialmente, sem despesas e pelas suas próprias mãos. Tal vantagem não se justifica quando vise remover consequências do ilícito por ele próprio cometido.

III. A lei foi, mesmo então, generosa. Não exclui a compensação para extinguir quaisquer factos ilícitos mas, apenas, os dolosos. Torna-se indiferente, para efeitos de exclusão legal, que tais factos impliquem responsabilidade contratual ou aquiliana.

Com um problema: de acordo com a orientação que temos vindo a defender, a responsabilidade obrigacional portuguesa trabalha com um

---

[326] VAZ SERRA, *Da compensação* cit., 84 ss..

conceito de "culpa" próximo do da *faute* francesa[327]. A distinção aí possível entre o dolo e a negligência não é analítica, como sucede no domínio aquiliano. Teremos, assim, de lidar com diversas graduações da culpa-*faute*.

De todo modo, a ideia do legislador é clara: apenas os créditos provenientes de actos mais graves – não, necessariamente, criminosos – serão vedados à compensação.

IV. A lei proíbe a extinção, por compensação, dos créditos provenientes de factos ilícitos dolosos. Não impede que esses créditos sejam usados para extinguir outros créditos, assim beneficiando a vítima de tais factos dolosos[328]. A redacção (pouco conseguida) do preceito poderia dar lugar a dúvidas, logo removidas pela história[329] e pela *ratio* do preceito. Resta acrescentar que a constitucionalidade do artigo 853.º/1, *a*), tem sido afirmada e mantida pelo Tribunal Constitucional[330]. E bem: na verdade, o crédito proveniente de um ilícito doloso é suficientemente diferenciado, em termos materiais, para justificar um tratamento jurídico próprio.

48. Créditos impenhoráveis

I. A tradição do Direito comum implicava que não pudessem extinguir-se por compensação as dívidas de alimentos. Trata-se de uma regra que aflorava no artigo 767.º/3, *d*), do Código de SEABRA e que bem se entendia: o crédito de alimentos tem um sentido vital; suprimi-lo pode pôr em causa a sobrevivência do seu credor. A tal propósito falava GUILHERME MOREIRA em "... considerações e carácter humanitário"[331]. Ainda na base

---

[327] Cf. a nossa *Da responsabilidade civil dos administradores das sociedades comerciais* (1997), § 19.º.

[328] PIRES DE LIMA/ANTUNES VARELA, *Código Civil Anotado*, 2.º vol., 4ª ed. cit., 140-141.

[329] Recordemos que o § 393 do BGB dispõe, de modo lapidar: "A compensação não é admissível contra um crédito proveniente de um facto ilícito dolosamente perpetrado".

[330] TC n.º 98/2002, de 27-Fev.-2002 (HELENA BRITO), proc. n.º 224/01, 1ª Secção, no DR II Série n.º 79, de 4-Abr.-2002, 6210-6214 e TC n.º 535/2001, de 5-Dez.-2001 (GUILHERME DA FONSECA), DR II Série n.º 47, de 25-Fev.-2002, 3639-3640.

[331] GUILHERME MOREIRA, *Instituições* cit., 2.º vol., 266. Entre nós, esta orientação remonta, como vimos, às Ordenações.

do BGB – § 394 – VAZ SERRA propôs que o dispositivo fosse simplesmente reportado a todos os créditos impenhoráveis.

A justificação parece clara: se não podem ser extintos pelo próprio Estado, através dos tribunais, tão-pouco o poderão pela decisão unilateral do compensante.

II. O elenco dos bens impenhoráveis consta dos artigos 822.º a 824.º-A, do Código de Processo Civil. A lei processual distingue:

– bens absoluta ou totalmente impenhoráveis (822.º): não podem ser penhorados, por qualidades intrínsecas, em nenhuma circunstância;
– bens relativamente impenhoráveis (823.º): não podem ser penhorados enquanto se mantiverem em certa situação e, designadamente: enquanto pertencerem ao Estado ou às pessoas públicas mencionadas;
– bens parcialmente impenhoráveis (824.º): apenas podem ser penhorados em parte: trata-se de vencimentos, salários ou pensões.

As impenhorabilidades correspondem a dois vectores: à necessidade de tutela da pessoa humana[332] e à lógica das *res extra commercium*[333].

III. A própria lei processual, mais precisamente o artigo 822.º do respectivo Código, ressalva impenhorabilidades ditadas por disposições especiais. Tal o caso do artigo 2008.º, quanto aos créditos de alimentos.

IV. Quando o crédito seja pecuniário, põe-se um problema prático: dada a fungibilidade do dinheiro, o crédito não perderá essa sua característica quando mude de compleição jurídica? Por exemplo: *quid iuris* quanto ao crédito de salários que, uma vez percebido, seja depositado em conta bancária, convertendo-se em crédito contra o banqueiro?

Responde o artigo 824.º-A, do Código de Processo Civil, aditado pelo Decreto-Lei n.º 180/96, de 25 de Setembro:

> São impenhoráveis a quantia em dinheiro ou o depósito bancário resultantes da satisfação de crédito impenhorável, nas mesmas condições em que o era o crédito originalmente existente.

---

[332] Cf. o nosso *Tratado* I, 1.º vol., 2ª ed. cit., 213.
[333] *Idem*, I, 2.º vol. cit., 35 ss..

Nos termos gerais, caberá ao interessado fazer a prova da conexão entre "a quantia em dinheiro" ou "o depósito bancário" e o crédito impenhorável originalmente existente. Feita a conexão: há sub-rogação real.

49. Créditos do Estado ou outras pessoas colectivas públicas

I. A proibição de extinguir, por compensação, créditos do Estado ou de outras pessoas colectivas públicas consta do artigo 853.º/1, c). Ela corresponde a uma tradição de pragmatismo e de facilitação da gestão pública, mais do que a quaisquer considerações de justiça.

O Direito romano pós-clássico, quando acompanhou a montagem do gigantesco aparelho estadual da decadência, começou a estabelecer limites à compensabilidade de créditos do *fiscus*[334]. Designadamente e por evidentes razões de ordem prática, a compensação só poderia operar quando crédito e débito ocorressem pela mesma repartição (*statio*).

As Ordenações, em troços já cima citados, mantiveram e alargaram esta limitação[335]: os créditos "públicos" não-compensáveis eram os da coroa, os da cidade ou os da vila, o que é dizer: do Estado ou de alguma pessoa colectiva de base territorial.

Todavia, estavam em causa créditos de impostos.

II. No Código de SEABRA, a tradição foi elegantemente acolhida no artigo 767.º, 5.º: a compensação não pode dar-se quando as dívidas forem do Estado ou municipais, salvo nos casos em que a lei o permitir. CUNHA GONÇALVES, na base de uma argumentação histórica e comparativa, limitava o alcance da norma às dívidas fiscais[336]: no tocante a débitos comuns – por exemplo: os provenientes de um contrato de compra e venda – seguir-se-ia o regime civil geral.

Deve dizer-se que a civilística nacional sempre viu com maus olhos a manutenção, em pleno Código Civil, de privilégios para o Estado. Dizia DIAS FERREIRA, a tal propósito:

---

[334] Sobre toda esta matéria, é fundamental RUY DE ALBUQUERQUE, *Da compensabilidade dos créditos e débitos civis e comerciais dos bancos nacionalizados*, em *Estudos em Memória do Professor Doutor Paulo Cunha* (1989), 151-280 (187 ss.); quanto aos textos romanos a ter em conta cf., aí, 213-215.

[335] *Supra*, § 7.º.

[336] CUNHA GONÇALVES, *Tratado*, 5.º vol. cit., 27-28.

§ *14.° Exclusão* 141

O codigo, desde que acabou com os favores, que ao estado e ás municipalidades dispensava em materia civel a legislação velha, não devia conservar esta excepção, tanto mais odiosa quanto que está sujeito ás maiores difficuldades o embolso do credito particular sobre as municipalidades e principalmente sobre o thesouro.

Felizmente que este favor se não estende ás dividas de quaesquer outras pessoas moraes (...)[337]

GUILHERME MOREIRA, embora não tão radical, também intentava uma certa restrição do preceito[338].

III. VAZ SERRA tentou formalizar um esquema coerente e românico: aos créditos de Direito privado do Estado ou das outras "corporações de Direito público" não haveria que aplicar excepções. A não-compensabilidade ocorreria apenas com os créditos de impostos e, ainda aí, com certas excepções[339]: por exemplo, quando crédito e débito devam ser pagos na mesma caixa.

A proposta de VAZ SERRA limitava o regime especial aos créditos *fiscais* do Estado, numa solução que se manteve nas 1ª e 2ª revisões ministeriais[340]. Todavia, o adjectivo *fiscais* foi pura e simplesmente retirado do projecto, por puras preocupações estadualizantes.

IV. Antes de ponderar o regime vigente, cumpre esclarecer que as razões históricas, ligadas à contabilidade pública ou às dificuldades de comunicações, que levaram a proibir a extinção, por compensação, de créditos fiscais não têm, hoje, qualquer razão de ser. Graças à informática, é frequente, nas repartições de finanças e no preciso momento em que se entregam declarações fiscais, obter a exacta informação ... de quanto deve o Estado ao contribuinte e a que título. Seria facílimo organizar um processo de compensação em que os interesses do Estado fossem acautelados.

---

[337] DIAS FERREIRA, *Codigo Civil Portuguez Anotado*, 2.° vol. cit., 92-93.
[338] GUILHERME MOREIRA, *Instituições*, 2.° vol. cit., 268-269; parece-nos claro que este autor ficou, de certa forma, confortado com o § 395 do BGB, que retira da compensação os créditos do *Reich* (hoje da Federação), dos Estados e das comunas.
[339] VAZ SERRA, *Da compensação* cit., 107-108.
[340] Cf. *supra*, § 10.° e, mais precisamente: artigo 473.°/4, do anteprojecto VAZ SERRA; artigo 830.°/1, *c*), da 1ª revisão ministerial; artigo 852.°/1, *c*), da 2ª revisão ministerial.

Aos juristas cabe remar contra este injustificado estado de coisas. As valorações subjacentes à lei, e que jogam na interpretação e na aplicação são, seguramente, restritivas.

V. Perante o actual artigo 853.°/1, c), pergunta-se, em primeiro lugar, o que entender por "Estado" e por "outras pessoas colectivas públicas". A simples contraposição revela que "Estado" é, aqui, o aparelho central, que tem o Governo como órgão de direcção. As "outras pessoas colectivas públicas" serão os organismos dotados de personalidade na base de normas de Direito público que lhes atribuam poderes de autoridade[341]. Ficam abrangidas as pessoas colectivas de base territorial – regiões, distritos, municípios e freguesias – e outras, taxativamente resultantes da lei.

Não são abrangidas as empresas públicas e outras entidades que actuem na base do Direito privado[342], sem poderes de autoridade. Nesse ponto, qualquer privilégio redundaria em inconstitucionalidade, além de contundir com as leis comunitárias da concorrência.

O problema pôs-se por via do acórdão do Supremo, de 5-Dez.-1985, que considerou não sujeitos à compensação os créditos de um banco nacionalizado; segundo esse acórdão, o artigo 2.° do Decreto-Lei n.° 729-F/75, de 22 de Dezembro, considera as instituições de crédito nacionalizadas como "... pessoas colectivas de direito público, dotadas de autonomia administrativa e financeira, com a natureza de empresas públicas". Como tal, cairia na alçada do artigo 853.°/1, c), do Código Civil[343].

Uma "instituição de crédito nacionalizada" é, evidentemente, uma empresa que se dedica ao comércio bancário de acordo com as regras jurídico-privadas do sector. Ao chamar-lhe "pessoa colectiva de direito público", o legislador não teve, seguramente, em vista a atribuição de quaisquer poderes de autoridade que, de resto, deveriam ter sido efectivados por lei – não o tendo sido. Logo não há aproximação conceitual no Código Civil.

As empresas públicas – hoje em decadência – surgiram precisamente para permitir ao Estado uma actuação ao abrigo do Direito privado: quando não, bastaria recorrer a direcções-gerais ou a departamentos administrativos.

---

[341] Cf. o nosso *Tratado* cit., I, tomo II, 2ª pré-edição (2002), 196.

[342] Salvo, evidentemente, quando dotadas, por lei adequada, de *ius imperii* e na precisa medida em que actuem ao abrigo das competentes normas.

[343] STJ 5-Dez.-1985 (Luís FANQUEIRO), BMJ 352 (1985), 306-315 (313).

A ideia de aplicar a proibição do artigo 853/1, c), a empresas públicas, corresponde a um clamoroso erro exegético: apenas veio prolongar, por via jurisdicional, o esquema das expropriações e das nacionalizações. O concreto caso referido teve apenas um mérito: o de ter constituído causa próxima para a publicação do estudo do Prof. RUY DE ALBUQUERQUE, *Da compensabilidade dos créditos e débitos civis e comerciais dos bancos nacionalizados*, que temos vindo a citar.

A não aplicação do artigo 853.º/1, c), aos bancos nacionalizados foi, depois, acolhida pacificamente, sendo unânimes as críticas a STJ 5-Dez.-1985[344].

50. Prejuízo de direitos de terceiro

I. O artigo 853.º/2 prevê ainda duas outras causas de exclusão da compensação: o prejuízo de direitos de terceiro e a renúncia do devedor.

O prejuízo de direitos de terceiro implica, naturalmente, que o terceiro em causa tenha um direito sobre a própria prestação de cuja extinção se trate. Um prejuízo indirecto ocorreria sempre que o terceiro fosse credor do titular do crédito a extinguir, mormente nas situações de insolvência: a ser relevante, o instituto da compensação ficaria paralisado, precisamente quando mais importante se iria tornar.

As hipóteses de direitos de terceiros sobre uma prestação conduzem-nos à complexidade subjectiva imperfeita: tais os casos do usufruto de crédito, do penhor de crédito ou da penhora de crédito. Todos esses direitos reportam-se, na realidade, às prestações em jogo, ficando prejudicados quando elas cessassem, como condutas devidas, mercê da compensação.

II. A lei exige, todavia, que os direitos de terceiro se tenham constituído antes de os créditos se tornarem compensáveis – 853.º/2. Trata-se de nova e lógica consequência do princípio da retroactividade da compensação – 854.º.

---

[344] Assim, FILINTO ELÍSIO, *Da compensabilidade dos créditos da banca nacionalizada*, ROA 1986, 771-803 (771 ss.); anteriormente, já o Parecer da PGR n.º 53/75, de 12-Fev.-1976 (JOSÉ NARCISO CUNHA RODRIGUES), BMJ 259 (1976), 123-127 (127), propunha uma interpretação restritiva para o artigo 853.º/1, c), por o legislador de 1966 não ter podido prever a hipótese de operações comerciais a realizar pelo Estado. Remata: "Seria inexcogitável afeiçoar as operações de banco ao apertado regime das regras orçamentais e das contas públicas".

51. A renúncia à compensação

I. A renúncia à compensação é possível, devendo ser respeitada – 853.º/2, *in fine*. Com efeito, a compensação é uma prerrogativa unilateral, articulando-se em áreas de posições disponíveis. Ela pode cessar unilateralmente, por simples decisão da pessoa a quem ela compita. Nos termos gerais, a renúncia pode ser expressa ou tácita.

II. A renúncia à compensação constava do artigo 767.º, 1.º, do Código de SEABRA. O n.º 4 desse preceito referia ainda a hipótese de a dívida proceder de depósito: regra tradicional que não passaria ao Código de 1966. Pensamos que as duas regras devem ser aproximadas, procedendo-se a uma generalização. Nos seguintes termos: há renúncia à compensação sempre que, pelas partes envolvidas, seja concluído algum contrato com ela incompatível, em termos juridicamente relevantes[345]. No limite: não faria sentido celebrar um contrato e extingui-lo de seguida, compensando a prestação e a contraprestação.

52. Créditos não-compensáveis, por disposição especial

I. Além do disposto no artigo 853.º, cumpre relevar outras normas que bloqueiam a compensabilidade de determinados créditos.
No próprio Código Civil, o artigo 2008.º/2 dispõe:

> O crédito de alimentos não é penhorável, e o obrigado não pode livrar-se por meio de compensação, ainda que se trate de prestações já vencidas.

Trata-se de uma regra que vem completar o que já resultaria do artigo 853.º/1, *b*): privando-o, agora, da ressalva aí feita, no final.

II. Outra disposição muito significativa é a contida na LCT. Segundo o seu artigo 95.º, epigrafado "compensações e descontos",

> 1. A entidade patronal não pode compensar a retribuição em dívida com créditos que tenha sobre o trabalhador, nem fazer quaisquer descontos ou deduções no montante da referida retribuição.

---

[345] HILMAR FENGE, *Zulässigkeit und Grenzen des Ausschlusses der Aufrechnung durch Rechtsgeschäft*, JZ 1971, 118-123.

O n.º 2 contém, depois, diversas excepções, a generalidade das quais é limitada, no seu conjunto, a um sexto da retribuição, pelo n.º 3 do mesmo preceito.

III. A proibição de compensação laboral – portanto: a não-compensabilidade dos créditos laborais do trabalhador – tem sido interpretada de duas formas: ou como uma medida destinada a prevenir que a entidade patronal, usando os seus poderes de autoridade, possa deixar o trabalhador numa particular vulnerabilidade, tolerando compensações indevidas, ou como esquema que vise assegurar o mínimo de sobrevivência, ao trabalhador e sua família.

A primeira orientação admitirá que a compensação opere depois de extinta a relação de trabalho: RLx 16-Nov.-1988[346], RPt 21-Out.-1991[347] e RLx 10-Mar.-1999[348]. A segunda manterá a proibição de compensação, mesmo depois da cessação da situação laboral: RCb 11-Abr.-1991[349].

IV. Os aspectos humanitários são garantidos pela lei comum e, mais precisamente: pela conjunção do artigo 853.º/1, *b*), com os artigos 822.º e 824.º do Código de Processo Civil, aplicável em processo de trabalho por via do artigo 1.º/2, *a*), do respectivo Código. O mínimo de sobrevivência do trabalhador e de sua família será assegurado pelo facto de não poderem ser penhorados – e, logo, compensados – dois terços do seu vencimento. O Direito do trabalho ocupar-se-á, assim, dos aspectos estritamente laborais: da protecção devida ao trabalhador, por via da subordinação jurídica em que se encontra. Esse é o papel da LCT. A primeira orientação é a mais correcta. Na vigência do contrato, a compensação não é possível[350]; findo o contrato, aplica-se o Direito civil.

A compensação já é possível quando estejam em causa "adiantamentos" da entidade empregadora que devam ser qualificados como empréstimos[351].

---

[346] RLx 16-Nov.-1988 (QUEIROGA CHAVES), CJ XIII (1988) 5, 158-160 (160/II).
[347] RPt 21-Out.-1991 (JOSÉ CORREIA), CJ XVI (1991) 4, 288-292 (291/II).
[348] RLx 10-Mar.-1999 (GOMES DA SILVA), CJ XXIV (1999) 2, 158-161 (160/II).
[349] RCb 11-Abr.-1991 (SOUSA LAMAS), CJ XVI (1991) 2, 131-133 (133/I e 133/II).
[350] Cf. STJ 26-Jun.-1996 (ALMEIDA DEVEZA), CJ/Supremo IV (1996) 2, 282-285 (285/I).
[351] STJ 1-Fev.-2001 (ALMEIDA DEVEZA), CJ/Supremo IX (2001) 1, 288-290.

53. A natureza da compensação; aspectos de eficácia

I. A natureza da compensação já constituiu um tema clássico de discussão: no princípio do século XX[352]. Todavia, surge mencionada em literatura mais recente[353].
Frente a frente surgiram duas construções:

– a teoria da liberação;
– a teoria da satisfação.

Segundo a teoria da liberação (*Befreiungstheorie*), a compensação seria uma forma de cumprimento da obrigação[354]. Pela da satisfação (*Befriedigungstheorie*), ela permitiria ao devedor pôr termo à obrigação, satisfazendo, por outra via, o interesse do credor[355].
Na actualidade, a doutrina vem a admitir uma conjunção de ambas as teorias: seria a *Kombinationstheorie* ou teoria da combinação[356].

II. O tema tem um interesse puramente construtivo. Poderá ter algum papel no afinamento conceitual. Deve, no entanto, ser retomado em moldes analíticos[357] e à luz do Direito positivo considerado. Aqui: o nosso.

III. A compensação poderá ser um acto, um efeito e um regime. Perguntar pela natureza da compensação é indagar sobre o "acto": efeito e regime têm a ver com a teoria das normas.
Afastada a doutrina *ipso iure*, a compensação (-acto) surge como um acto jurídico em sentido estrito[358]: liberdade de celebração, mas falta de liberdade de estipulação. Noutros termos: verificados os requisitos, ou se compensa ou não se compensa.

---

[352] Cf. PAUL OERTMANN, *Die rechtliche Natur der Aufrechnung*, AcP 113 (1915), 376-428 (377 ss.).
[353] GERHARD LÜKE/ULF HUPPERT, *Durchblick: Die Aufrechnung*, JuS 1971, 165-171 (165/II).
[354] OERTMANN, *Die rechtliche Natur der Aufrechnung* cit., 377.
[355] WEIGELIN, ob. cit., 44 ss..
[356] LÜKE/HUPERT, *Die Aufrechnung* cit., 165/II.
[357] Cf. as considerações de IRMGARD REITERER, *Die Aufrechnung* (1976), 55 ss..
[358] Trata-se das categorias de PAULO CUNHA, que temos vindo a adoptar; cf. o nosso *Tratado* I, 1.º, 2ª ed. cit., 297 ss..

Posto isto, ao acto de compensação haverá que aplicar as diversas regras quanto aos negócios jurídicos, na medida em que seja possível e por via do artigo 295.º.

IV. No tocante à eficácia, a compensação não é um cumprimento. O cumprimento é um *acto devido*. O devedor não está livre de cumprir: deve fazê-lo. Já a compensação está na disponibilidade de quem, dela, queira lançar mão.

As regras relativas à compensação são diferentes.

Resta concluir que a compensação é um acto jurídico em sentido estrito que visa a extinção de créditos. Tem autonomia histórica, cultural e dogmática, além de preencher valores e interesses próprios. Não se reconduz a nenhuma outra figura.

V. Quanto à eficácia, fala o artigo 847.º/1 em "livrar-se da obrigação". Já tivemos a oportunidade de referir que o problema não é tão simples[359].

Uma obrigação é hoje tomada como um universo complexo com deveres principais, deveres secundários e deveres acessórios. Tratando-se de uma situação relativa, a cada um desses deveres, corresponderão direitos.

Pois bem: a compensação é um instituto analítico. Ela extingue, selectivamente, os créditos correspondentes aos créditos activos. Evidentemente: quando os créditos activos tenham uma feição complexa correspondente aos passivos, tudo se extingue. Fora isso, teremos de ponderar, caso a caso, a extensão da extinção.

Em regra, teremos de entender que a compensação exige a equivalência dos deveres principais e dos secundários, caso os haja: de outro modo, pela interligação entre todos, faltaria a homogeneidade. Já os acessórios – os deveres impostos pela boa fé – tenderam a subsistir para além da compensação[360].

Teremos, nessa altura, uma manifestação de *culpa post pactum finitum* ou eficácia pós-contratual[361].

---

[359] *Supra*, 109.
[360] Tal como podem subsistir para além do cumprimento.
[361] Cf. o nosso *A pós-eficácia das obrigações* (1983).

§ 15.º A COMPENSAÇÃO CONVENCIONAL

54. Aspectos gerais e relevo

I. A compensação convencional ou voluntária é livremente acordada pelas partes, ao abrigo da sua autonomia privada: artigo 405.º do Código Civil. Trata-se de uma figura pouco referida classicamente[362] mas cujo interesse doutrinário tem vindo a crescer[363]. Ela apresenta o maior interesse, designadamente no sector bancário.

Mau grado as propostas de VAZ SERRA[364], o Código Civil não contém regras sobre a compensação convencional ou voluntária. Haverá que deduzi-la, simplesmente, do referido artigo 405.º.

---

[362] Cf., todavia, o desenvolvimento de PHILIPP HECK, *Grundriss des Schuldrechts* (1929, reimpr., 1974), § 62 (188-190) e, entre nós, o de VAZ SERRA, *Compensação* cit., 164-174, muito apoiado em HECK, como resulta do seu próprio texto.

[363] BERGER, *Der Aufrechnungsvertrag* cit., especialmente 23 ss.. Cf. GERNHUBER, *Die Erfüllung*, 2ª ed. cit., 326 ss..

[364] Do seguinte teor – *Compensação* cit., 172:

1.– A compensação pode dar-se, por vontade das partes, mesmo que não se verifiquem os requisitos dos artigos anteriores.

2.– Se um dos créditos não existe ou não pode extinguir-se, o outro não se extingue.

3.– Na dúvida, é de admitir que as partes querem que os créditos se considerem extintos a partir do momento em que podiam compensar-se mediante declaração unilateral.

4.– Pelo contrato de compensação, podem as partes fixar as condições de que depende a compensação futura, dando-se esta, então, logo que tais condições se verifiquem. Havendo contrato de liquidação pelo qual as partes pretendam saldar entre si os seus activos recíprocos, a extinção por compensação, se coisa diversa não for de concluir da interpretação do contrato, só se dá quando a liquidação acaba pela compensação do total de uma das somas com o total da outra, na medida em que correspondam um ao outro, ficando depois um crédito do saldo de uma das partes contra a outra.

O Código Civil italiano conhece um artigo relativo a compensação voluntária: o 1252. Eis o seu teor:

> Por vontade das partes pode haver logo compensação ainda que não ocorram as condições previstas nos artigos precedentes.
> As partes podem ainda estabelecer preventivamente as condições de tal compensação.

II. Na compensação convencional, as partes ficam livres para dispensar os requisitos da compensação legal ou para acrescentar novos requisitos que a lei não preveja: se pode haver renúncia à compensação – 853.°/2 – também poderá, *a fortiori*, haver dificultação.

Entre os requisitos que poderão ser dispensados, temos:

- a reciprocidade: desde que, naturalmente, todas as entidades envolvidas dêem o seu assentimento; trata-se de um esquema que fortalece certos créditos, dotando-os de especiais garantias;
- a exigibilidade: as partes, tratando-se de matéria disponível, podem prescindir de benefícios de prazos ou de outras prerrogativas, dispensando igualmente excepções de Direito material, de modo a permitir a imediata compensação;
- a homogeneidade: as partes podem admitir a extinção recíproca de débitos não-homogéneos: haveria, para efeitos daquela concreta compensação, uma "homogeneidade convencional".

Por seu turno, a compensação convencional pode agravar os requisitos, bloqueando, designadamente, a retroactividade ou vedando certas compensações concretas.

Na compensação convencional ou voluntária, quando as partes nada digam, deixando certos aspectos omissos, cai-se no regime legal, supletivamente aplicável.

III. As partes podem, além de alterar os requisitos, reformular aspectos de actuação da compensação. Assim:

- pode ser precisada a compensação, na hipótese de diversidade de lugares de cumprimento, regulando-se os seus custos;
- pode ser regulada ou mesmo dispensada a declaração de compensação, de tal modo que esta opere automaticamente ou em funções de quaisquer factores a que se apele;

– pode condicionar-se a compensação, subordinando-a, por exemplo, a certos indícios ou a determinadas normas.

Finalmente pode-se, por contrato, estabelecer esquemas complexos de compensação, com recurso a centros ou casa de compensação. A compensação (voluntária) é, ainda, uma peça fundamental em contratos mais vastos, com relevo para a conta-corrente.

IV. A doutrina já tem colocado o problema da natureza da compensação voluntária e, designadamente: o de saber se ainda será compensação ou se não assistiríamos, antes, a remissões recíprocas e concertadas. Há compensação. Desde o momento que se extingam créditos recíprocos, de tal modo que a extinção de um seja a contrapartida da do outro, aflora a velha *compensatio*. O que é importante: para além da autonomia privada, fica disponível, a título subsidiário, o regime civil da compensação.

V. A compensação voluntária pode ser usada para prejudicar terceiros. Com efeito, o compensante faz-se pagar de imediato, com prejuízo dos credores seus concorrentes.

O CPEF toma medidas. No seu artigo 157.º, proclama impugnáveis em benefício da massa falida todos os actos susceptíveis de impugnação pauliana, nos termos da lei civil. Posto isso, o artigo 158.º enumera os actos que se presume celebrados de má fé, para efeitos de impugnação pauliana. Inclui:

> *b)* O pagamento ou compensação convencional de dívida não vencida, e também de dívida vencida, quando ocorrer dentro do ano anterior à data da abertura do processo conducente à falência e com valores que usualmente a isso não são destinados;

Além da solução dispomos, aqui, de uma referência legal expressa à compensação convencional.

55. Cláusulas contratuais gerais

I. A compensação voluntária pode ser acordada através de cláusulas contratuais gerais. De resto, o modelo mais simples consiste em aditar (ou em suprimir), ao regime legal, algum ou alguns aspectos.

Quando isso suceda, há que atentar na Lei das Cláusulas Contratuais Gerais.

II. O artigo 18.º, h), da LCCG considera em absoluto proibidas as cláusulas que excluam a faculdade de compensação, quando admitida na lei. Trata-se de uma proibição aplicável nas relações entre empresários e entre estes e consumidores. A renúncia à compensação não será possível por essa via: apenas em contratos especialmente concluídos. Quanto à dificultação da compensação, cumpre ponderar: se esta for de tal ordem que se apresente como "exclusão", a cláusula será nula.

III. Para além disso, a compensação não merece desconfianças. Desde que, naturalmente, não albergue algum negócio diverso, que a lei não permita, a compensação voluntária surge como uma fórmula que o legislador pretende mesmo facilitar.

§ 16.º COMPENSAÇÕES ANÓMALAS E IMPRÓPRIAS

56. Generalidades

I. Conhecido o regime da compensação, podemos considerar outras figuras dela próximas. Por vezes, a proximidade é tanta que chegam a ser consideradas "compensação", ainda que com regras distintas.

Temos duas possibilidades: ou a figura próxima, mau grado a especificidade do regime, ainda apresenta características básicas da compensação ou, de todo, isso não sucede. No primeiro caso temos as compensações anómalas; no segundo, as compensações impróprias.

II. Apesar de, *summo rigore*, estarmos fora do campo da compensação, esta opera como o grande atractor das figuras próximas. Resulta, daí, uma vizinhança sistemática, linguística e cultural que tem consequências, no plano do regime. Justifica-se, deste modo, que as competentes rubricas comunguem, ainda, do termo "compensação", procedendo-se ao seu estudo precisamente a propósito deste instituto.

57. Compensações anómalas: a conta-corrente

I. A conta-corrente será objecto de rubrica própria, dado o seu papel no contrato de abertura de conta. De todo o modo, desde já adiantamos que, segundo o artigo 346.º do Código Comercial, o contrato de conta-corrente tem como efeito e entre outros:

> A compensação recíproca entre os contraentes até à concorrência dos respectivos crédito e débito ao termo do encerramento da conta-corrente.

Será uma verdadeira e própria compensação?

II. O Código Comercial data de 1888. Nessa ocasião, o próprio GUILHERME MOREIRA não tivera ainda a oportunidade de divulgar, entre nós, o sistema alemão, sistema esse que, de resto, só com o BGB seria oficializado, em 1896. O legislador, pela pena de VEIGA BEIRÃO só poderia, pois, ter tido em mente a compensação *ipso iure* napoleónica.

E de facto, parece seguro que a "compensação" da conta-corrente não exige a declaração potestativa de querer compensar, hoje prevista no artigo 848.º/1, do Código Civil. Evidentemente: o Direito privado português, na sua passagem para a área jurídico-científica germânica, bem poderia ter conservado institutos próprios do estádio anterior. Teríamos, assim, uma "compensação napoleónica", mais arcaica, no Direito comercial e uma "compensação germânica", mais evoluída, no Direito civil[365]. A ser esse o caso, nenhuma razão haveria para considerar "anómala" a compensação da conta-corrente.

III. Todavia, a compensação do artigo 346.º do Código VEIGA BEIRÃO não é conciliável com a própria compensação napoleónica: ele não se limita a prever uma *compensatio ipso iure*: antes uma figura com regime específico noutros pontos. Adiantamos dois:

– a compensabilidade é definida pelo contrato de conta-corrente, nestes termos: é compensado(ável) quanto, *ex tunc*, possa ser levado à conta;
– a compensação não é, aqui, retroactiva, no sentido comum de produzir efeitos desde o momento em que se verifiquem os requisitos legais: ela opera no momento do saldo.

IV. Estamos, assim, perante uma figura própria. De todo o modo, ela opera com créditos de sinal contrário os quais, em certas condições, se extinguem, até ao limite da concorrência.

Fica-nos, pois, uma margem clara para falar, ainda, de compensação, conquanto que anómala. Dogmaticamente ela é facilmente explicável fazendo-se a aproximação à compensação convencional: integrada no tipo mais vasto da conta-corrente, a compensação aqui em causa assume uma feição especial mercê da autonomia privada.

---

[365] Encontramos outros paralelos deste tipo; assim o mandato civil, germânico, independente da procuração e o mandato comercial, napoleónico, que envolve representação; a culpa-*faute* da responsabilidade contratual e a culpa germânica, aquiliana. Um terceiro exemplo seria constituído pela compensação.

58. Compensações impróprias: a dedução de valores

I. Vamos recordar o artigo 795.°/2, a propósito da impossibilidade superveniente da prestação, nos contratos bilaterais:

Se a prestação se tornar impossível por causa imputável ao credor, não fica este desobrigado da contraprestação; mas, se o devedor tiver algum benefício com a exoneração, será o valor do benefício descontado na contraprestação.

Desta feita, não chega a haver créditos de sinal contrário. Apenas se verifica que, em certas circunstâncias, o cálculo de determinada prestação pressupõe uma operação de desconto ou dedução de valores.

A lei civil dá-nos outros exemplos[366]:

- 815.°/2: o credor em mora cujo crédito se impossibilite continua obrigado à contraprestação; desta, todavia será descontado qualquer benefício que o devedor tenha com a extinção da sua obrigação;
- 894.°/2: havendo restituição do preço por nulidade da venda de bens alheios, será abatido, no montante do preço e da indemnização que o vendedor tenha de pagar ao comprador, qualquer proveito que o comprador tiver tirado da perda ou diminuição de valor dos bens;
- 1040.°/1: a renda ou aluguer são reduzidos se, por motivo não atinente à sua pessoa ou à dos seus familiares, o locatário sofrer privação ou diminuição do gozo da coisa locada;
- 1216.°/3: na empreitada, quando haja alterações exigidas pelo dono da obra e destas resulte uma diminuição do custo ou de trabalho, tem o empreiteiro direito ao preço estipulado, com dedução do que, em consequência das alterações, poupar em despesas ou adquirir por outras aplicações da sua actividade.

Além disso, poderíamos chamar à colação institutos como os do cálculo da indemnização e do cálculo da obrigação de restituir o enriquecimento, onde caberá fazer deduções.

---
[366] Cf. a enumeração de ANTUNES VARELA, *Das obrigações em geral*, vol. II, 7ª ed. cit., 199.

II. A figura aqui em causa tem sido identificada pelos obrigacionistas como claramente diversa da compensação[367-368]. Em língua alemã, ela denomina-se *Anrechnung* (cálculo ou contabilização). Passando ao vernáculo: desconto daria lugar a confusão com o desconto bancário; propomos, assim, "dedução" ou "dedução de valores".

Nuns casos ela resulta expressamente da lei; noutros, há que proceder por construção científica.

III. As diferenciações entre a compensação e a dedução de valores são claras. Assim[369]:

- a compensação postula créditos autónomos de sinal contrário: a dedução visa apenas delimitar um único crédito; dispensam-se, assim, factos constitutivos próprios, atinentes a direitos diferentes;
- a compensação é potestativa; a dedução surge automática;
- a compensação é retroactiva; a dedução produz efeitos quando o crédito por ela delimitado se torne eficaz;
- a compensação conhece causas legais de exclusão, o que não sucede com a dedução.

Nestas condições, só caso a caso e com cautelas se poderão aplicar, à dedução de valores, regras próprias da compensação. Trata-se, verdadeiramente, de uma "compensação imprópria".

---

[367] Assim, KARL LARENZ, *Schuldrecht*, I, 14ª ed. cit., 255-256 e GERNHUBER, *Die Erfüllung*, 2ª ed. cit., 226. Sobre toda esta matéria é fundamental a referida monografia de CHRISTIAN VIERRATH, *Anrechnung und Aufrechnung* (2000).

[368] Cf. S. BRAGA, *Der Schadensersatzanspruch nach § 326 BGB und die Aufrechnung und Abtretung (§ 404 und 406 BGB)*, MDR 1959, 437-441.

[369] Cf. VIERRATH, *Anrechnung und Aufrechnung* cit., 3 ss..

II
A COMPENSAÇÃO NO DIREITO BANCÁRIO

CAPÍTULO I
ASPECTOS GERAIS DO DIREITO BANCÁRIO

§ 17.º O DIREITO BANCÁRIO
E OS PRINCÍPIOS COMERCIAIS

59. O Direito bancário

I. O Direito bancário é o ramo do Direito comercial que estuda e que rege o sistema financeiro, as instituições de crédito e os actos por elas praticados no exercício do seu comércio[370]. Como qualquer disciplina jurídica, ele pode ser decomposto num sector científico e numa área mais directamente normativa. Esses dois aspectos fundem-se na decisão concreta que dá corpo ao Direito.

Materialmente, o Direito bancário é a área do ordenamento especializada no tratamento do dinheiro, enquanto dinheiro[371]. Diversos fenómenos de tipo funcional e de tipo institucional vão, depois, modelando este núcleo essencial: ora acrescentando-lhe outras matérias, ora amputando-o de realidades que lhe deveriam competir.

II. O Direito bancário apresenta duas áreas bem diferenciadas. Por um lado, ele ocupa-se do sistema financeiro, dos bancos centrais, da supervisão prudencial e do quadro geral de actuação dos banqueiros: é o Direito bancário institucional. Por outro lado, ele rege os actos bancários e a responsabilidade bancária: é o Direito bancário material.

---

[370] Mantemos a ordenação sistemática e conceitual que desenvolvemos nos nossos *Manual de Direito bancário*, 2ª ed. (2001), 17 ss. e *Manual de Direito comercial*, 1.º vol. (2001), 116 e ss. e *passim*.

[371] HANS-PETER SCHWINTOWSKI/FRANK A. SCHÄFER, *Bankrecht/Commercial Banking – Investment Banking* (1997), 4.

Em bom rigor, o Direito bancário institucional tem elementos significativos de Direito público, designadamente no que toca aos poderes de supervisão do banco central[372]. Para além disso, ele assume um conteúdo heterogéneo, que vai desde o Direito das sociedades comerciais, até ao Direito dos registos e ao Direito penal e processual penal. Já o Direito bancário material é, claramente, uma disciplina privada; mais directamente ainda: os contratos bancários são contratos comerciais, embora diferenciados e em especialização crescente.

III. Apesar da denotada cisão entre as constelações institucional e material, o Direito bancário tem uma relativa unidade. Há numerosas interacções entre os dois sectores, enquanto a tradição da análise em conjunto promove a formação de uma "ciência jurídico-bancária" e de uma "cultura bancária", que a todos abarca. De todo o modo, a compensação bancária aqui em estudo inscreve-se, claramente, no Direito bancário material.

IV. O Direito bancário, nos seus aspectos institucional e material, é marcado pela recepção de múltiplas directrizes comunitárias. Tem assim sofrido um processo de diferenciação acrescido, carecendo de permanentes estudos e actualização.

Recentemente, o Direito bancário português tem conhecido um desenvolvimento sem precedentes, que importa conhecer e incentivar.

60. A natureza comercial dos actos bancários

I. O Código Comercial dedica o título IX, do seu Livro II, às operações de banco. No seu artigo 362.°, dispõe:

> São comerciais todas as operações de bancos tendentes a realizar lucros sobre numerário, fundos públicos ou títulos negociáveis, e em especial as de câmbio, os arbítrios, empréstimos, descontos, cobranças, aberturas de créditos, emissão e circulação de notas ou títulos fiduciários pagáveis à vista e ao portador.

---

[372] Os "modelos bancários" de supervisão têm, de resto, reflexos nos sectores circundantes, com relevo para os seguros; cf. ANDREAS HORSCH, *Versicherungsunternehmen in der Krise – Lehren aus Kreditwirtschaft?*, Die Bank 2002, 668-673.

Perante esta apresentação e tendo em conta os vectores gerais do Código, podemos considerar contratos bancários os celebrados pelas instituições de crédito ou banqueiros, no exercício da sua profissão.

II. O artigo 363.º, do mesmo Código, remete para legislação especial. O artigo 4.º/1 do RGIC, na redacção dada pelo Decreto-Lei n.º 201/2002, de 26 de Setembro, enumera as seguintes operações bancárias:

1. Os bancos podem efectuar as operações seguintes e prestar os serviços de investimento a que se refere o artigo 199.º-A não abrangidos por aquelas operações:

   a) Recepção de depósitos ou outros fundos reembolsáveis;
   b) Operações de crédito, incluindo concessão de garantias e outros compromissos, locação financeira e *factoring*;
   c) Operações de pagamento;
   d) Emissão e gestão de meios de pagamento, tais como cartões de crédito, cheques de viagem e cartas de crédito;
   e) Transacções, por conta própria ou da clientela, sobre instrumentos do mercado monetário e cambial, instrumentos financeiros a prazo, opções e operações sobre divisas, taxas de juro, mercadorias e valores mobiliários;
   f) Participação em emissões e colocações de valores mobiliários e prestação de serviços correlativos;
   g) Actuação nos mercados interbancários;
   h) Consultoria, guarda, administração e gestão de carteiras de valores mobiliários;
   i) Gestão e consultoria em gestão de outros patrimónios;
   j) Consultoria das empresas em matéria de estrutura do capital, de estratégia empresarial e de questões conexas, bem como consultoria e serviços no domínio da fusão e compra de empresas;
   k) Operações sobre pedras e metais preciosos;
   l) Tomada de participações no capital de sociedades;
   m) Comercialização de contratos de seguro;
   n) Prestação de informações comerciais;
   o) Aluguer de cofres e guarda de valores;
   p) Outras operações análogas e que a lei lhes não proíba.

As referidas operações estão reservadas a banqueiros: a primeira sempre; as restantes quando exercidas a título profissional. Trata-se da regra de exclusividade, expressa no artigo 8.º do RGIC, que transcrevemos para facilidade de consulta:

1 – Só as instituições de crédito podem exercer a actividade de recepção, do público, de depósitos ou outros fundos reembolsáveis, para utilização por conta própria.
2 – Só as instituições de crédito e as sociedades financeiras podem exercer, a título profissional, as actividades referidas nas alíneas b) a i) do n.º 1 do artigo 4.º, com excepção da consultoria referida na alínea i).
(...)

III. Os actos ou contratos bancários podem assim ser caracterizados como contratos comerciais, a praticar por banqueiros no exercício da sua profissão e que traduzem, em termos materiais, o manuseio do dinheiro e as diversas operações com ele relacionadas. Enquanto contratos comerciais, eles seguem boa parte dos princípios comerciais. Têm, todavia, algumas especificidades ditadas pelo seu objecto e pela sua inserção institucional e, mais recentemente, pela autonomização crescente da Ciência jurídico-bancária, servida por uma linguagem que denota, por vezes, uma especial diferenciação.

IV. O citado artigo 362.º, do Código Comercial, faz uma enumeração de contratos bancários. Hoje, a lista está alterada: houve figuras que caíram em desuso, enquanto outras vieram à luz, ditadas pela evolução da economia e da técnica.

De entre as várias enumerações possíveis, vamos reter a seguinte: a abertura de conta, o depósito bancário, a convenção de cheque, o giro bancário, moeda estrangeira e câmbios, emissão de cartão bancário, mútuo bancário, contratos especiais de crédito, locação financeira (*leasing*), cessão financeira (*factoring*), penhor bancário, garantias bancárias e cartas de conforto.

Algumas das figuras acima referidas articulam-se com contratos comerciais: é o que sucede com a abertura de conta, que alberga uma conta-corrente. Trata-se de um aspecto a ter em conta.

V. Os actos bancários são, pois, actos comerciais. De acordo com que critério [373]? A matéria não tem especificidades em relação ao que resulta

---

[373] A matéria da determinação dos actos comerciais é uma questão clássica, que não será aqui retomada. Cf., com indicações, MENEZES CORDEIRO, *Manual de Direito comercial*, 1.º vol. cit., § 12.º.

do Direito comercial, salvo o que de seguida se dirá quanto às fontes. Assim, teremos:

– actos bancários objectivamente comerciais: todos os que vierem regulados, com regime próprio, no Código Comercial ou em legislação comercial extravagante: são os "actos especialmente regulados neste Código", segundo o artigo 2.º do Código Comercial;
– actos bancários subjectivamente comerciais: os praticados pelo comerciante – aqui, pelo banqueiro – salvo se, por natureza, não puderem ter natureza comercial – "... os que não forem de natureza exclusivamente civil ..." – e se tiverem sido praticados no exercício da sua actividade comercial – "... se o contrário do próprio acto não resultar", segundo o citado artigo 2.º[374].

Como foi referido, o Direito bancário material é o Direito da profissão especializada no dinheiro[375]. Inferimos, daqui que os actos bancários são, no essencial, actos subjectivamente comerciais. Muitos deles são-no, também, a título objectivo.

A análise do Direito bancário permite-nos estender o elenco dos actos bancários objectivos – o que, de resto e por essa via, implica alargar o universo dos actos comerciais. Na verdade, há numerosos actos bancários carecidos de base legal mas totalmente estabilizados, pelos usos e por cláusulas contratuais gerais, como práticas próprias do banqueiro, no exercício da sua profissão. Tais actos devem ser considerados objectivamente bancários e comerciais: pense-se, por exemplo, num contrato de abertura de conta.

61. A aplicação dos princípios comerciais; a) Liberdade de língua

I. A qualificação dos actos bancários como actos comerciais tem, como é sabido, um alcance relativamente reduzido. Mas ainda é algum e, designadamente: permite a aplicação, aos actos bancários, dos artigos 96.º

---

[374] A afirmação genérica de que os actos bancários são, objectivamente, actos comerciais – cf. RLx 23-Mai.-1991 (PIRES SALPICO), CJ XVI (1993) 3, 149-151 (150) –, pode ser sufragada com a ressalva de que, na prévia determinação da natureza bancária, podem intervir factores subjectivos.
[375] *Supra*, n.º 53.

e seguintes do Código Comercial, relativo às disposições gerais dos contratos especiais de comércio[376]. Trata-se dum conjunto de regras já arcaicas, na sua formulação, mas susceptíveis de interpretação actualista.

II. O primeiro princípio resulta do artigo 96.° do Código Comercial e pode ser formulado como o da liberdade de língua: *os títulos comerciais são válidos qualquer que seja a língua em que estejam exarados*. Surge este preceito inspirado no artigo 51.° do Código de Comércio espanhol[377] e que teve como objectivo imediato contraditar o artigo 248.°, do Código Comercial de FERREIRA BORGES, de 1833, assim redigido:

> As escripturas, apolices, ou quaesquer outros escriptos commerciaes por obrigações contrahidas em territorio portuguez, seja qual for a nação dos contrahentes, serão inadmissiveis em juizo, não sendo exarados no idioma vulgar do reino.

Cumprido esse papel histórico – de resto pouco vincado, uma vez que o Código FERREIRA BORGES foi, de todo o modo, globalmente revogado – o que resta do princípio da liberdade de língua?

III. O artigo 365.°, do Código Civil, reconhece a validade dos documentos passados no estrangeiro. Podemos daí retirar: exarados em língua estrangeira. Por outro lado, e mercê de legislação especial, os actos públicos praticados em Portugal, mesmo no domínio comercial, devem sê-lo em português: artigos 139.°/1, do Código de Processo Civil, quanto a actos judiciais e 58.°, do Código do Notariado, quanto aos notariais.

E quanto a actos civis particulares praticados em Portugal? Não conhecemos nenhum preceito que obrigue ao uso do português. Dois estrangeiros que contratem em Portugal usarão a sua língua; um estrangeiro e um português recorrerão à língua em que ambos se entendam; finalmente, dois portugueses poderão querer aproveitar um texto já elaborado em lín-

---

[376] Recordamos que perante actos mistos – portanto: actos comerciais em relação a uma das partes e não-comerciais em relação à outra – se aplica o regime dos actos comerciais, salvo o que resulte do artigo 99.° do Código Comercial.

[377] Cf. CUNHA GONÇALVES, *Comentário ao Código Comercial Português*, vol. 1.° (1914), 178, que acaba, já então, por concluir no sentido da total inutilidade do preceito. Curiosamente, nos países africanos de língua portuguesa, surge uma tendência para, mesmo no Direito comercial, exigir o emprego do português como elemento necessário para a validade do acto.

gua estrangeira, nenhuma razão havendo, em última instância, para os discriminar em relação aos estrangeiros. A liberdade de língua é de regra, no Direito privado, excepto nos actos públicos em que, sem excepção para o Direito comercial, se deve usar o português.

O artigo 96.º, do Código Comercial, não tem alcance especial: reafirma uma regra hoje comum. Vale como profissão de fé no universalismo do Direito comercial.

IV. O uso de línguas estrangeiras vem, assim, a ser permitido nos actos bancários. Impõem-se, contudo, algumas delimitações e restrições.

Nos actos bancários internacionais, os usos impõem a língua inglesa. Nada impede, contudo, que as partes recorram a qualquer outra língua, que ambas dominem.

Nos actos bancários praticados em Portugal, com recurso a cláusulas contratuais gerais, a língua portuguesa impõe-se.

Com efeito, segundo o artigo 7.º/3 da Lei n.º 24/96, de 31 de Julho, – a actual Lei de Defesa dos Consumidores – a informação ao consumidor é prestada em língua portuguesa. Por seu turno, o Decreto-Lei n.º 238/86, de 19 de Agosto [378], determina que – artigo 1.º – "as informações sobre a natureza, características e garantias de bens ou serviços oferecidos ao público no mercado nacional ..." sejam prestadas em língua portuguesa, enquanto o artigo 3.º desse mesmo diploma dispunha:

> Sem prejuízo de conterem versão em língua ou línguas estrangeiras, os contratos que tenham por objecto a venda de bens ou produtos ou a prestação de serviços no mercado interno, bem como a emissão de facturas ou recibos, deverão ser redigidos em língua portuguesa.

O Decreto-Lei n.º 62/88, de 27 de Fevereiro, obriga ao uso da língua portuguesa no tocante às – artigo 1.º/1 – "... informações ou instruções respeitantes a características, instalação, serviço ou utilização, montagem, manutenção, armazenagem, transporte, bem como as garantias que devem acompanhar ou habitualmente acompanhem ou sejam aplicadas sobre máquinas, aparelhos, utensílios e ferramentas...".

De todos estes preceitos, com relevo especial para o artigo 3.º do Decreto-Lei n.º 238/86, de 17 de Agosto, retiramos a regra de que, perante consumidores finais – e, em especial, tratando-se de cláusulas contratuais

---

[378] Alterado, no seu artigo 4.º, pelo Decreto-Lei n.º 42/88, de 6 de Fevereiro.

– deve ser usada a língua portuguesa. A regra é aplicável aos serviços e, logo, à banca.

V. Os preceitos aqui em causa têm, contudo, a ver com a tutela do consumidor: não com a validade dos actos. Assim, a violação do Decreto- -Lei n.º 238/86 não é sancionada com a nulidade dos actos prevaricadores, mas a título de contra-ordenação. Inferir uma nulidade por via do artigo 294.º do Código Civil pode redundar num dano maior para o consumidor, que se pretende proteger.

O uso de língua estrangeira em actos bancários praticados em território nacional põe em crise o cumprimento do dever de informação, por parte do banqueiro. Tratando-se de cláusulas contratuais gerais, o uso de língua estrangeira pode implicar, nos termos do artigo 8.º da Lei das Cláusulas Contratuais Gerais, a sua não-inclusão nos contratos singulares, com o subsequente recurso às regras supletivas, que pretenderam afastar. Nos restantes casos, seja com apelo à regra geral do uso do português para a tutela do consumidor, seja por via da boa fé, o uso de língua estrangeira, por parte do banqueiro, faz correr, contra este, o risco linguístico de quaisquer mal-entendidos [379].

Não se trata, pois, duma defesa nacionalista da língua portuguesa [380] – defesa essa que deverá ocorrer no ensino e no campo cultural – mas, antes, da protecção dos clientes do banqueiro: a situação destes ficaria mais precarizada quando, no próprio território nacional, irrompesse o *jargon* financeiro em língua inglesa.

VI. O Direito bancário institucional tem, ainda, uma regra da maior importância e que contradita a aparente liberdade de uso de línguas estrangeiras. O artigo 55.º do RGIC obriga as instituições de crédito com sede no estrangeiro, quando estabeleçam sucursais no País, a usar a língua

---

[379] Quanto ao risco linguístico, recordamos OLG Bremen 22-Jun.-1973, WM 1973, 1228-1230, onde se fez correr tal risco contra um iraniano que veio afirmar não conhecer bem as cláusulas contratuais gerais alemãs, em virtude da língua e ERIK JAYME, *Sprachrisiko und Internationales Privatrecht beim Bankverkehr mit ausländischen Kunden*, FS Bärmann 1975, 509-522 (516): a questão resolve-se segundo a língua acordada para o contrato; para além disso, poderá haver deveres de esclarecimento, nos termos gerais.

[380] Quanto à defesa razoável da língua portuguesa, cf. o excelente acórdão do STJ 22-Jun.-1993 (CARDONA FERREIRA), BMJ 428 (1993), 613-624 (619).

portuguesa na escrituração de livros: uma regra sem paralelo no Direito comercial comum. Resulta daqui um vector geral a ter em conta: a primeira preocupação do Direito bancário é a de que os diversos operadores se entendam ... o que, em Portugal, obriga ao uso do português.

62. Segue; b) Comunicações à distância

I. O artigo 97.° do Código Comercial fixava o valor da "correspondência telegráfica". Em síntese, era o seguinte:

- os telegramas com originais assinados pelo expedidor ou mandados expedir por quem figure como expedidor valem como documentos particulares;
- o mandato e "toda a prestação de consentimento", transmitidos telegraficamente com a assinatura reconhecida "... são válidos e fazem prova em juízo...".

O preceito acrescentava ainda a regra de que a alteração ou a transmissão de telegrama seriam imputáveis, nos termos gerais, a quem as tivesse causado; que o expedidor que houvesse respeitado os regulamentos se presumiria isento de culpa e que, finalmente, a data e hora exaradas se presumiriam exactas.

II. O artigo 97.° em causa surgiu logo no início das telecomunicações. Hoje, o telégrafo está em desuso; foi, sucessivamente, substituído pelo *telex* e, hoje, pelo *fax*. Perfila-se, já, a possibilidade de transmissão por rede de computadores, *maxime* pela *Internet*.

As leis têm tardado a adaptar-se. Apenas cumpre assinalar o Decreto-Lei n.° 28/92, de 27 de Fevereiro, que veio admitir o uso de telecópia – normalmente dita "telefax" – na prática de actos processuais. Simplesmente, veio exigir que fosse utilizado ou o serviço público de telecópia ou equipamento de advogado ou solicitador constante de lista oficial organizada pela Ordem dos Advogados ou pela Câmara dos Solicitadores – artigo 2.°/2; tais listas seriam remetidas à Direcção-Geral dos Serviços Judiciários, que as faria circular por todos os tribunais – *idem*, n.° 3. As telecópias provenientes de aparelhos assim registados presumir-se-iam verdadeiras e exactas, salvo prova em contrário – 4.°/1. Trata-se dum esquema pesado, que invalida alguns actos[381], complicando todos, mas que a jurisprudência tem procurado – e bem – facilitar[382]. Deve manter-se sempre a regra de não invalidar actos por quebras não essenciais, numa regra preciosa, no comércio bancário.

III. Na fixação das normas relativas a comunicações negociais à distância, cumpre distinguir entre a prática do acto em si e a sua prova. Um documento escrito e assinado não deixa de o ser, pelo facto de ser enviado por cópia à distância. Assim, e retomando, em termos actualistas, o velho artigo 97.º do Código Comercial, vamos entender que os documentos telecopiados, cujos originais tenham sido assinados pelo próprio, valem como documentos particulares. Satisfazem, ainda, a exigência de forma escrita.

Documentos autênticos ou autenticados remetidos por telecópia valem, enquanto actos; a telecópia é um documento particular que atesta a sua existência, podendo ser exibidos, em juízo, os originais, para se fazer prova plena ou melhor prova.

IV. No contrato entre banqueiros, é possível, na troca de declarações à distância, proceder à sua "autenticação" através da aposição de códigos apenas conhecidos dos intervenientes.

A generalização do tráfego jurídico por computador levará, possivelmente, a um intensificar desta via.

V. Na matéria da contratação à distância, temos presente o regime do Decreto-Lei n.º 143/2001, de 26 de Abril, que veio transpor para a ordem interna a Directriz n.º 97/7/CE, de 20 de Maio. Trata-se de proteger os consumidores, numa série de regras que têm relevância comercial. Todavia, o seu artigo 3.º/1, a), teve o cuidado de excluir[383] do seu âmbito os actos bancários.

---

[381] Cf. STJ 12-Mar.-1996 (OLIVEIRA BRANQUINHO), CJ IV (1996) 1, 146-149 e REv 17-Dez.-1996 (HENRIQUES DA GRAÇA), CJ XXI (1996) 5, 295-296.

[382] Admitindo a interposição de recurso por *fax* não registado, por não haver, *in concreto*, dúvidas de autenticidade e por não ter sido preterida qualquer formalidade essencial, cf. o Despacho do Presidente da RLx 12-Nov.-1992 (CARDONA FERREIRA), CJ XVII (1992) 5, 111.

[383] Esta Directriz foi, na Alemanha, transposta pelo *Fernabsatzgesetz* de 27-Jun.-2000, vindo, num segundo tempo, a ser incluída no próprio BGB, §§ 312 b e seguintes, pela Lei de Modernização das Obrigações, de 26-Nov.-2001.

63. Segue; c) Solidariedade e regime conjugal de dívidas

I. O artigo 100.º do Código Comercial estabelece a regra supletiva da solidariedade, nas obrigações comerciais. Recorde-se que no Direito comum, por via do artigo 513.º do Código Civil, vigora a regra inversa. O § único do artigo 100.º do Código Comercial afasta essa regra, nos contratos mistos, quanto aos não-comerciantes: aí, a exigibilidade *in totum et totaliter* terá de ser convencionada, nos termos do referido artigo 513.º. Resta acrescentar que, nas relações bancárias, são frequentes as convenções de solidariedade.

O artigo 101.º do Código Comercial estabelece uma solidariedade do fiador de obrigação mercantil, mesmo que não comerciante. Desde logo, temos uma manifestação da natureza acessória da fiança: esta será comercial quando a obrigação, principal o seja. De seguida, ocorre um afastamento do benefício da excussão previsto no artigo 638.º/1 do Código Civil. Desenha-se, aqui e no entanto, um tipo contratual próprio: o da fiança comercial.

II. As obrigações comerciais originam um regime especial, no tocante à responsabilidade dos cônjuges[384]. Segundo o artigo 1691.º/1, *d*), na redacção introduzida pelo Decreto-Lei n.º 496/77, de 25 de Novembro, ambos são responsáveis *pelas dívidas contraídas por qualquer dos cônjuges no exercício do comércio, salvo se se provar que não foram contraídas em proveito comum do casal ou se vigorar entre os cônjuges o regime da separação de bens*. Este preceito, ao contrário da primitiva solução do Código, permite evitar a comunicabilidade das dívidas comerciais[385] através da elisão da presunção de proveito comum: maior equidade e menor segurança para o comércio[386]. O artigo 10.º do Código Comercial, na redacção dada pelo Decreto-Lei n.º 363/77, de 2 de Setembro, vinha afastar a moratória prevista inicialmente no artigo 1696.º/1,

---

[384] Quanto à evolução histórica deste tema, cf. ANTUNES VARELA, *Direito da família*, 1.º vol., 4ª ed. (1996), 409 ss.. Essa evolução é importante para se entender o alcance do sistema em vigor.

[385] O artigo 15.º do CCom, na redacção introduzida pelo Decreto-Lei n.º 363/77, de 2 de Setembro, presume que as dívidas comerciais do cônjuge comerciante foram contraídas no exercício do seu comércio.

[386] Cf. PIRES DE LIMA/ANTUNES VARELA, *Código Civil Anotado*, 4.º vol., 2ª ed. (1992), 338.

quando for exigido de qualquer cônjuge o cumprimento duma obrigação emergente do acto de comércio, ainda que este o seja apenas em relação a uma das partes.

Mantinha-se, pois, também a este nível, um esquema que tutela o crédito comercial, em comparação com o comum. O artigo 4.° do Decreto-Lei n.° 329-A/95, de 12 de Dezembro, veio alterar o artigo 1696.°/1, suprimindo, em geral, a moratória[387]. O Decreto-Lei n.° 180/96, de 25 de Setembro, veio aditar um artigo 27.° ao Decreto-Lei n.° 329-A/95, tornando a nova redacção do artigo 1696.° aplicável às causas pendentes. Parece impor-se um juízo de inconstitucionalidade[388], sendo certo que as caleidoscópicas normas portuguesas põem um desafio permanente a todos os juristas interessados.

III. A matéria atinente à solidariedade comercial e ao regime de responsabilidade por dívidas dos cônjuges apresenta alguma subtileza, com dúvidas na execução. O ónus da prova da comercialidade cabe ao interessado, o que mais agrava a situação.

O comércio bancário não se compadece com tal situação. Assim, é frequente o banqueiro exigir a vinculação de ambos os cônjuges, em termos de solidariedade.

---

[387] STJ 9-Nov.-1995 (SAMPAIO DA NÓVOA), BMJ 451 (1995), 344-349.
[388] STJ 5-Fev.-1998 (SOUSA INÊS), BMJ 474 (1998), 369-377.

§ 18.º OS PRINCÍPIOS BANCÁRIOS

64. Generalidades; a simplicidade e reformalização

I. Numa progressão crescente no sentido das realidades bancárias, encontramos, depois, diversos princípios específicos: os princípios da simplicidade, da ponderação bancária, da especialização conceitual e da eficácia. Vamos referenciá-los, pelo prisma dos actos bancários em geral. Como prevenção, adiantamos que tais princípios, resultantes de construções doutrinárias, têm uma escassa eficácia normativa. Antes surgem como grandes vectores explicativos e ordenadores, susceptíveis de permitir referências a múltiplos aspectos habituais, na prática bancária. O apoio das diversas soluções terá, de todo o modo, de ser sempre procurado, nas leis ou nos contratos.

II. A *simplicidade* é uma exigência tradicional, no tráfego comercial; ela resultaria reforçada, no Direito bancário. A primeira decorrência da simplicidade seria ditada pela *desformalização dos actos*. Num aparente paradoxo, a desformalização extrema acaba por complicar: quer o encontro de vontades, quer, depois, a sua forma. A desformalização bancária acabaria, assim, por ocasionar uma reformalização. Os actos bancários, em nome da simplicidade, acabam por seguir formas pré-estabelecidas de exteriorização, assentes no preenchimento de formulários, na digitação de mensagens codificadas ou de comportamentos pré-fixados.

III. Nalguns casos, a lei faculta fórmulas aligeiradas de prática de actos bancários: tal o caso do penhor e do mútuo bancários. Noutros, a regra é a do consensualismo. A reformalização, ditada pelas necessidades de rapidez e de segurança, assentará, então, tecnicamente, em fenómenos de forma voluntária ou de forma convencional, consoante se verifique a pura e simples adopção, por uma das partes, de certa forma ou se tenha recorrido a uma explícita convenção de forma. Têm aplicação, respectivamente, os artigos 222.º e 223.º, do Código Civil.

As hipóteses de forma voluntária ou de forma convencional suscitam, na prática, dúvidas quanto a acordos puramente verbais que tenham antecedido ou acompanhado o pacto formal – em regra escrito – bem como quanto aos que se lhe sigam. Nos termos da lei, a solução será a seguinte:

– tratando-se de forma voluntária, os acordos verbais anteriores são válidos quando se mostre que correspondem à vontade do declarante – 222.º/1 – enquanto os posteriores são válidos – 222.º/2 – num e noutro caso, desde que a lei não imponha outra forma; no campo bancário, estas regras perdem parte do seu relevo, uma vez que, *maxime* pelos usos, muitas vezes vertidos em cláusulas contratuais gerais, resulta, em regra, fácil a demonstração de que o banqueiro *só por escrito se quer vincular*; assim, quando se prove que o negócio celebrado foi acompanhado – antes, durante ou depois – por outras "combinações informais", temos, em regra, material para responsabilidade bancária, por violação dos deveres de informação ou de lealdade, mais do que por inobservância de acordos pré-celebrados;
– na hipótese da forma convencional, funciona a presunção do artigo 223.º/1, do Código Civil: a de que as partes não se querem vincular senão pela forma convencionada; mais radicado fica, pois, o esquema que adviria dos usos.

IV. Nalgumas instituições de crédito e sociedades financeiras, designadamente no que tange a transacções mobiliárias, o banqueiro recorre à gravação das chamadas telefónicas, como modo de assegurar e comprovar as ordens recebidas dos clientes. Trata-se dum procedimento legal desde que o cliente tenha conhecimento dessa prática e dê o seu assentimento.

65. A unilateralidade

I. Como concretização do princípio da simplicidade, um lugar especial assiste ao princípio ou subprincípio da *unilateralidade*.

No Direito bancário, os actos apresentam-se, muitas vezes, sob a forma de simples cartas assinadas e não de contratos formais: uma regra que tem suscitado diversas dúvidas, que cumpre esclarecer.

II. A unilateralidade dos actos bancários pode ser real ou aparente. Será real nas hipóteses de surgirem vinculações pura e simplesmente unilaterais; será aparente nos casos em que tenha havido um acordo de vontades normal – portanto: um contrato – depois formalizado num texto assinado, apenas, por um dos intervenientes.

Este último aspecto pode ser facilmente comprovado com recurso ao artigo 410.º/2: no contrato-promessa monovinculante exige-se, apenas, a assinatura da parte que se vincula. O instrumento em jogo só aparentemente é unilateral: trata-se, na realidade, dum verdadeiro contrato, derivado dum encontro de vontades, e nominado, pela própria lei, como contrato--promessa unilateral[389]. Na mesma linha, o artigo 1143.º do Código Civil, na redacção dada pelo Decreto-Lei n.º 343/98, de 6 de Novembro, determina que o mútuo de valor superior a € 2.000, mas inferior a € 20.000, só seja válido se for celebrado por documento assinado pelo mutuário. O mútuo não deixará de ser contratual, embora, formalmente, surja apenas um interveniente.

III. No Direito bancário, através da forma voluntária ou da forma convencional, as partes recorrem, muitas vezes, a um documento – normalmente uma carta – assinada, apenas, por uma delas – em regra, pelo cliente – para exprimir um acordo de vontades a que ambas chegaram. As "cartas" assinadas pelo cliente são negociadas previamente com o banqueiro; podem, mesmo, ser pura e simplesmente oferecidas, pelo banqueiro, para assinatura pelo cliente ou, até, assinadas em branco, mediante um acordo lateral quanto ao seu preenchimento. Nestas duas últimas hipóteses, como bem se compreende, há um suplemento de exigência da boa fé, fonte de deveres de lealdade e de informação.

Em suma: sempre que a lei se contente com uma assinatura ou, por maioria de razão, quando ela não exija qualquer forma, as partes podem contratar na base de documentos unilaterais.

IV. De seguida, temos a hipótese de actos realmente unilaterais, isto é, de actos que, de facto, exprimam uma vontade unilateral do declarante, sobre a qual não tenha havido qualquer concordância do declaratário.

Tais hipóteses são pouco frequentes. No Direito bancário abundam as situações de relação. Mesmo perante uma declaração unilateral, a outra

---

[389] Quanto ao problema das promessas unilaterais e bilaterais, apenas com uma assinatura, cf. STJ 3-Nov.-1992 (RAMIRO VIDIGAL), BMJ 421 (1992), 392-398 (394 ss.).

parte, ainda que tacitamente – p. ex.: concedendo crédito, prorrogando negócios ou emitindo garantias – acaba por dar o seu assentimento. Mas podem ocorrer.

O Direito civil tradicional era dominado pelo preconceito romanístico-liberal de que não pode haver compromissos senão por via do contrato. Porém, o que não se poderia conceber seria uma situação na qual uma pessoa lograsse, por si e unilateralmente, vincular outra. Já não se compreenderia, num mundo de gente responsável, que uma pessoa não pudesse assumir, livremente e por si, válidos compromissos. Ultrapassado este obstáculo, temos ainda outros dois:

– o de que ninguém poderia ser beneficiado contra a sua própria vontade;
– o da natureza contratual da remissão e da doação, dobrada pela proibição de doação de bens futuros.

Trata-se de obstáculos superáveis, embora eles devam ser tidos em conta no regime que, depois, se venha a fixar. Na verdade, ninguém pode ser beneficiado sem dar o seu acordo; porém, tudo se resolve se se admitir a possibilidade do beneficiário dum acto unilateral renunciar, depois, à vantagem dele derivada. Quanto à natureza contratual da remissão e da doação – artigos 863.º/1 e 940.º/1, ambos do Código Civil: ela corresponde à construção histórica desses institutos, mas não permite extrapolar qualquer regra geral.

V. Para além das razões de fundo – em si ultrapassáveis – acima indicadas, temos ainda de considerar o dispositivo do artigo 457.º do Código Civil: a promessa unilateral de uma prestação só obriga nos casos previstos na lei. Deste preceito tem-se procurado inferir uma regra de tipicidade dos negócios jurídicos unilaterais. Pela nossa parte, temos contraditado esta orientação[390]. A proclamação do artigo 457.º do Código Civil só daria azo a uma verdadeira tipicidade de actos unilaterais quando, depois, as regras relativas às diversas figuras unilaterais se mantivessem dentro do que se espera venha a ser uma tipicidade normativa. Isso não sucede: as categorias de actos unilaterais surgem, na lei, em termos totalmente

---

[390] Cf. MENEZES CORDEIRO, *Direito das Obrigações*, 1.º vol. (1988, reimp.), 555 ss. (560 ss.).

genéricos, de modo a permitir, nelas, a inclusão dum número indeterminado de figuras[391].

De todo o modo, assinalamos as figuras da promessa de cumprimento e do reconhecimento de dívida – artigo 458.º do Código Civil – com larga aplicação bancária. Recordamos que estes negócios têm, como eficácia, o dispensar as partes de provar a fonte da situação jurídica subjacente.

VI. No Direito bancário, podemos proclamar uma tendência, determinada pelas necessidades de simplicidade, de predomínio de instrumentos unilaterais, *maxime* de cartas. Isso é possível e totalmente eficaz por uma de três vias:

– ou por se tratar de verdadeiros contratos, apenas formalizados – como é possível, pela consensualidade – através dum escrito assinado por um interveniente;
– ou por se consubstanciar um acto unilateral claramente previsto na lei;
– ou, finalmente, por interpretação restritiva do artigo 457.º, do Código Civil.

Assim, não se pode acompanhar alguma jurisprudência limitativa, que considera inválida, como contrato, a declaração unilateral duma instituição de crédito destinada a garantir a responsabilidade de outrem, perante os respectivos credores, prosseguindo, depois, que ela seria inválida, também e por falta de base legal, como negócio unilateral[392]. Nesse caso, há, seguramente, um contrato, pois nenhum banco emite uma garantia sem um prévio acordo com o cliente; além disso, a figura sempre seria utilizável como negócio unilateral. Nem seria, pois, necessário recordar que *venire contra factum proprium nulli concidetur*.

66. A rapidez e a desmaterialização

I. A rapidez bancária implica diversos expedientes, destinados a assegurar a fidedignidade das declarações e, sendo esse o caso, a sua prova.

---

[391] Em abono, STJ 8-Jul.-1997 (MACHADO SOARES), CJ/Supremo V (1997) 2, 148-151 (149-150).
[392] STJ 21-Set.-1993 (MACHADO SOARES), CJ/Supremo I (1993), 24-26.

O essencial da rapidez é conseguido através do esquema da adesão a cláusulas contratuais gerais. Suscita-se, assim, uma problemática própria, hoje objecto de tratamento legal diferenciado.

II. A desmaterialização tem, por seu turno, a ver com a possibilidade de representação e de comunicação das realidades atinentes à banca – e, *maxime*, do próprio dinheiro[393] –, através de suportes automáticos e electrónicos e portanto: imateriais, no sentido mais imediato do termo[394].

À partida, o dinheiro e as operações a ele ligadas são perceptíveis pelos sentidos humanos, através da sua consignação em documentos. O advento da electrónica e dos computadores permite essa consignação em moldes imperceptíveis para os sentidos, mas recuperáveis através duma leitura levada a cabo por instrumentos a tanto destinados. Em termos práticos, a banca electrónica coloca as pessoas na dependência desses instrumentos, mas permite uma multiplicação extraordinária de dados em registo, a sua comunicação à distância em termos praticamente instantâneos e, ainda, um acesso imediato à precisa informação procurada.

III. A desmaterialização do Direito bancário provocou o aparecimento – ou melhor: a difusão – de um instrumento novo: o dos cartões bancários, de crédito e de pagamento. Para além disso, toda a prática bancária foi profundamente alterada. As diversas operações jurídicas são processadas através de meios electrónicos. Nalguns casos, elas ainda são acompanhadas por suportes escritos; noutros, prescinde-se, por completo, desse resquício.

A contratação por computador traduz apenas, à partida, o prolongamento da mente e do braço humanos. Assim, o computador poderá estar programado para aceitar propostas formuladas em certos termos ou para formular, ele próprio, propostas sujeitas à aceitação do público. No entanto, parece evidente que o aprofundamento da banca electrónica acabará por bulir com múltiplos vectores negociais. E designadamente:

– as hipóteses negociais serão limitadas, de antemão, pela programação do autómato; a banca electrónica anda, assim, paredes-meias com as cláusulas contratuais gerais;

---

[393] Cf. HOLGER BERNDT, *Elektronisches Geld – Geld der Zukunft?*, Sparkasse 1995, 369-372 e BERND RODEWALD, *Der Erfolgskurs des electronic cash*, WM 1996, 11.

[394] Ainda hoje é fundamental o escrito de JOSÉ ANTÓNIO VELOSO, *Electronic Banking: uma introdução ao EFST*, SI 1987, 77-155.

§ 18.º Os princípios bancários

– a interpretação negocial é limitada à estrita mensagem codificada introduzida no autómato.

Além disso, o Direito bancário, no seu conjunto, não poderá deixar de ser afectado. A política monetária, a supervisão e a colaboração internacionais [395] devem adaptar-se. As relações são simplificadas em extremo, tendendo para a abstracção [396] e, em certos cenários, para pôr em crise os contactos entre as pessoas e a própria confiança [397]. Mesmo as instituições bancárias – e as mobiliárias – poderiam ser ladeadas através duma teia de relações entre os interessados, assentes no ciberespaço [398].

IV. A desmaterialização tem, depois, profundas consequências nos títulos de crédito e, em geral, nos valores mobiliários [399]. Ela domina, além disso, toda a concretização do tráfego bancário.

67. A ponderação bancária

I. A *ponderação bancária* corresponde ao peso da *ars bancaria* em diversos pontos do tráfego da banca.

Como já foi enunciado, a ponderação bancária vai, depois, tomar corpo em diversos subprincípios. O primeiro tem a ver com a *prevalência das realidades*. O banqueiro, na ponderação dos valores que se lhe deparem, vai atender à substância económica dos vectores em presença e não –

---

[395] LUDWIG GRAMLICH, *Elektronisches Geld. Gefahr für Geldpolitik und Währungshoheit?*, CR 1997, 11-18.

[396] Cf. CAROLINE BEATRIX ROSSA, *Missbrauch beim electronic cash / Eine zivilrechtliche Bewertung*, CR 1997, 138-148 (141).

[397] MICHAEL LAKER/INGO MARKGRAF, *Automatisierung: Risiken und Nebenwirkungen*, Bank 1997, 156-158. Entre nós, cf. SOFIA DE VASCONCELOS CASIMIRO, *A responsabilidade civil pelo conteúdo da informação transmitida pela Internet* (2000).

[398] Cf. ULRICH BUCHARD, *Kompetenz-Netzwerk versus Universalbank*, Bank 1997, 4-8 e CARSTEN STOLZ/VALERIO SCHMITZ-ESSER, *Cybermarket: Konkurrenz für Banken und Börsen?*, Bank 1997, 297-300, onde se refere, nos Estados Unidos, a emissão de acções, através da *Internet*.

[399] FERREIRA DE ALMEIDA, *Desmaterialização dos títulos de crédito: valores mobiliários escriturais*, RB 16 (1993), 23-39, AMADEU JOSÉ FERREIRA, *Valores mobiliários escriturais / Um novo modo de representação e circulação de direitos* (1997) e FERNANDO PESSOA JORGE, *Acções escriturais*, Dir 1989, 93-114.

ou não apenas – à regularidade formal das ocorrências. Por exemplo, em boa técnica bancária, o banqueiro não vai avaliar o cliente pelo seu património – ou apenas por ele: trata-se duma realidade estática, que poderá ser difícil de realizar; o banqueiro relevará, sim, o rendimento regular do cliente, fonte de assegurada liquidez.

Na mesma linha, numa operação inabitual, o banqueiro cessará as indagações se lhe for proposta uma garantia plena.

II. A *abrangência* é uma manifestação do *modus bancarius* de articular um negócio. Como veremos a propósito da abertura de conta, o negócio bancário só por excepção surge isolado. Normalmente, ele dá azo a relações duradouras com uma aptidão de princípio para a celebração subsequente de novos negócios. Basta ver que um depósito bancário pressupõe, depois, novos depósitos e levantamentos. A emissão dum cartão de crédito tem em vista, por definição, a ulterior prática dos mais diversos actos, como meros exemplos.

III. A *flexibilidade* dá corpo a um contínuo aparecimento de novos actos bancários[400] e ao aproveitamento de actos, já conhecidos, com funções diferentes das habituais ou em novas articulações. Acima referimos as figuras do *leasing* e do *factoring* e que mais não são do que a adaptação, a fins bancários, das velhas figuras da locação e da cessão de créditos. Podemos acrescentar, como exemplos, a utilização das garantias como esquema de financiamento.

IV. O *primeiro entendimento* é, aqui, proposto como uma quarta e última fórmula de concretização da ponderação bancária. Naturalmente imbricado com os outros princípios e subprincípios – especialmente o da rapidez – o primeiro entendimento começa por se apresentar como uma regra de interpretação. Simplesmente, um tanto ao arrepio da directriz jurídico-económica que reclama uma interpretação funcional[401], o primeiro entendimento atém-se ao sentido codificado da declaração ou, na falta deste, à imediata mensagem que dele resulte. Pelo lado do banqueiro – e, por vezes, também do cliente – surgem numerosos operadores ou empregados bancários: é essencial que, todos, dêem o mesmo sentido às

---

[400] SCHWINTOWSKY/SCHÄFER, *Bankrecht* cit., 907 ss..
[401] Cf. MENEZES CORDEIRO, *Direito da Economia*, 1.º vol. (1986), 123 ss..

declarações proferidas. A normalização das grandes instituições ficaria em crise quando as diversas declarações sofressem interpretações variáveis, consoante os concretos suportes humanos em presença. Pelo menos, assim tenderá a ser nos domínios mais correntes do tráfego bancário de massa. Trata-se de uma solução que parece remar contra as cláusulas contratuais gerais: estas devem ser interpretadas dentro do contexto de cada contrato singular, como deriva do artigo 10.º da respectiva lei. Deve entender-se que os contextos dos contratos bancários são suficientemente circunscritos para permitir primeiros entendimentos uniformes, numa orientação a verificar caso a caso.

68. A diferenciação conceitual; os perigos da sobreposição linguística

I. A diferenciação conceitual diz-nos que, no Direito bancário, situações típicas dotadas de valorações autónomas acabam por desenvolver conceitos diferenciados, adaptados à realidade a tratar. Fenómenos como a relação bancária complexa, o descoberto em conta ou a carta de conforto, por exemplo, não têm equivalente nas grandes disciplinas privadas: Direito civil e Direito comercial.

Trata-se de um aspecto do maior interesse para a autonomização do Direito bancário material. Não deve ser artificialmente empolado: antes seguido, com cuidado e pragmatismo.

II. A diferenciação conceitual acarreta um óbice: o da possível sobreposição linguística. Aparecendo, no Direito bancário, figuras diferenciadas, o intérprete-aplicador, na falta de designação adequada, recorre, muitas vezes, a conceitos comuns que, com a nova realidade, tenham algum parentesco. A partir daí, é natural a tendência para lhe aplicar o regime comum, esquecendo-se estarmos perante uma realidade autónoma, que exigiria soluções próprias.

Por exemplo:

– o depósito bancário: trata-se de um acto de execução de um contrato previamente celebrado: a abertura de conta; o conceito sobrepõe-se ao do contrato de depósito, levando o intérprete desprevenido a pensar que existe um contrato *ad hoc* de depósito bancário[402];

---

[402] Por vezes chama-se "depósito" ao próprio contrato de abertura de conta; aí

– a conta-corrente bancária: surge como um elemento típico do contrato de abertura de conta, com regras específicas, ditadas por cláusulas contratuais gerais; o conceito sobrepõe-se à conta-corrente comercial, cujas regras só caso a caso e após verificação, podem ser transpostas para o campo bancário;
– o penhor de conta bancária: trata-se de uma garantia específica que implica uma conta bancária com um saldo bloqueado; o seu titular responde, até à concorrência do saldo, por certa dívida; o conceito sobrepõe-se ao penhor bancário (de coisa), quando segue regras específicas, com relevo para a inaplicabilidade da proibição de pactos comissórios;
– o depósito solidário: trata-se de uma abertura de conta em que se acordou poderem os movimentos e outras operações ser praticados por apenas um dos contitulares; o conceito sobrepõe-se à solidariedade das obrigações, quando apenas traduziria um regime contratual e não – ou não necessariamente – a aplicação da massa de regras sobre solidariedade, sem cuidadosa verificação prévia.

III. No fundo, o princípio da diferenciação conceitual lembra que, no caso concreto, nunca se aplicam regras isoladas: todo o sistema é chamado a depor. Perante problemas de Direito bancário, só depois de cuidadosa ponderação de vontades, de interesses e de valores se poderá fazer apelo às regras comuns. O facto de haver sobreposições linguísticas constitui um incentivo suplementar à atenção do especialista.

69. A eficácia sancionária

I. Uma boa prática bancária procura minimizar os riscos. Mas não os pode eliminar: sem risco, não há negócio. Perante a eventualidade, sempre possível, do incumprimento, o banqueiro vai procurar soluções eficazes, em detrimento, por vezes, dos clássicos rumos jurídico-privados.

Desde logo ocorre a eventualidade do corte do crédito, como sanção eficaz contra os incumprimentos do cliente. Podemos, agora, acrescentar que todo o esquema das garantias vive dominado pela busca da eficácia.

---

haveria novo perigo de sobreposição, já que o contrato de abertura de conta tem cláusulas que extravasam, largamente, o contrato de depósito.

Assim, as garantias pessoais foram substituídas por garantias reais, mais sólidas. Posteriormente, estas foram substituídas por garantias pessoais, menos lentas e, *maxime* por garantias bancárias: um banqueiro, perante um cliente que não conheça, ficará satisfeito quando, como garante, este apresente outro banco.

II. O banqueiro estará, à partida, receptivo a estudar todas as soluções que previnam litígios. O Direito bancário – num movimento que, de resto, podemos detectar no clássico Direito das obrigações – evolui para um Direito imperfeito, isto é: para um Direito que, perante um incumprimento, desiste da aplicação coerciva das normas em jogo, a favor da aplicação de normas sucedâneas.

CAPÍTULO II
ABERTURA DE CONTA E RELAÇÃO BANCÁRIA COMPLEXA

§ 19.º A ABERTURA DE CONTA

70. Generalidades: interesse da matéria

I. A compensação não surge, no Direito bancário, como um acto isolado. Poderá, porventura, um banqueiro praticar ou suportar uma compensação como qualquer outro sujeito de direito: por exemplo, ele poderá compensar a dívida que lhe seja exigida por um seu fornecedor com um crédito que, contra ele, detenha, mercê de fornecimentos anteriores. Tratar-se-ia, então, de uma compensação comum, regida pelos artigos 847.º e seguintes do Código Civil, acima estudados.

Não ocorre, nessa eventualidade, nenhuma "compensação" especificamente bancária.

II. A compensação que agora nos interessa é a que opere entre o banqueiro e o seu cliente, no âmbito de uma relação bancária que a ambos reúna. Deixaremos para estudo ulterior à compensação entre banqueiros e a compensação institucional entre clientes de banqueiros, no âmbito de câmaras de compensação ou similares.

III. Entre um banqueiro e o seu cliente, só por excepção surge uma prática de actos bancários isolados. Os actos encadeiam-se em séries, de acordo com modelos previamente ajustados.

Adiante veremos como construir dogmaticamente esta situação, que se adivinha complexa e que é susceptível de albergar compensações. A relação bancária nasce, no Direito português, através de uma figura legalmente atípica e inominada, mas da maior importância: a abertura de conta.

Por aí iremos começar.

71. Celebração e conteúdo geral

I. A abertura de conta deriva da adesão a determinadas cláusulas ou "condições" contratuais gerais preconizadas ou utilizadas pelo banqueiro.

De acordo com a prática geral da banca portuguesa, existem "condições" distintas – embora não muito diferentes – consoante o cliente seja uma pessoa singular – ou um "particular", na linguagem bancária – ou uma pessoa colectiva – por vezes dita "empresa".

As "condições gerais" definem-se como aplicáveis à abertura, à movimentação, à manutenção e ao encerramento de contas de depósito junto do banco; não obstante elas reportam-se a um contrato que denominam "contrato de abertura de conta", expressão corrente e consagrada, que aqui adoptamos. Elas admitem estipulações em contrário, acordadas *por escrito*, entre as partes. E no omisso, elas remetem para os usos bancários e para a legislação bancária[403]. Trata-se do que inferimos do estudo de cláusulas contratuais gerais em uso nos bancos mais significativos.

II. O contrato de abertura de conta conclui-se pelo preenchimento duma ficha, com assinatura e pela aposição da assinatura num local bem demarcado. Trata-se dum ponto importante, uma vez que essa assinatura passará a ser válida para todas as comunicações dirigidas ao banqueiro e para todas as ordens inerentes, *maxime*: para a assinatura de cheques, caso sejam emitidos.

As cláusulas contratuais gerais regulam o envio de correspondência: para o local indicado pelo cliente, considerando-se recebida com o seu envio.

O banqueiro pode alterar as cláusulas contratuais gerais, remetendo as alterações ao cliente. Não havendo oposição do cliente, dentro de determinado prazo[404], a alteração tem-se por aceite[405].

---

[403] A ordem por que surgem estes dois factores – e que não é irrelevante para a sua aplicação – varia, consoante os bancos.

[404] Nuns casos 15 dias; noutros, 30 dias.

[405] Trata-se de um tipo de cláusula que foi considerado lícito pelo STJ 14-Fev.--2002 (FERREIRA DE ALMEIDA), CJ/Supremo X (2002) 1, 98-103 (102).

III. A abertura de conta prevê um quadro para a constituição de depósitos bancários que o banqueiro se obriga, desde logo, a receber, e regula a conta-corrente bancária. Prevê regras sobre os seus movimentos incluindo juros, comissões e despesas que o banqueiro poderá debitar e sobre os extractos. Poderá prever débitos que o banqueiro possa levar à conta, incluindo saldos negativos de outras contas ou importâncias diversas de que o banqueiro seja credor. Boa parte dos problemas de compensação podem ser resolvidos a este nível. Além de tudo isso, temos aqui, de modo implícito, uma assunção, pelo banqueiro, de todo o serviço de caixa, relacionado com a conta aberta. De notar que, nalgumas cláusulas contratuais gerais, a própria celebração do contrato de abertura de conta depende de um depósito inicial, enquanto, noutras, isso não sucede. E na verdade, é concebível uma abertura de conta com a subsequente conta-corrente bancária, sem qualquer depósito: a conta funcionaria na base da concessão de crédito ou de cobranças feitas, pelo banqueiro, a terceiros.

IV. As cláusulas contratuais gerais atinentes à abertura de conta prevêem, ainda, três negócios subsequentes:

– a convenção de cheque;
– a emissão de cartões;
– a concessão de crédito por descobertos em conta.

A convenção de cheque fica na disponibilidade do banqueiro: todas as "condições" reservam, a este, o direito de não emitir cheques. De todo o modo, os aspectos essenciais relativos à convenção de cheque constam, logo, das cláusulas relativas à abertura de conta. A emissão de cartões – de débito, de crédito ou outras – fica dependente de um acordo paralelo ou ulterior, com a intervenção de novas cláusulas contratuais gerais. A concessão de crédito por descobertos em conta – portanto: pela admissão dum saldo favorável ao banqueiro e não ao cliente – depende duma decisão a tomar pelo banqueiro: pode ser, desde logo, ajustada.

V. As cláusulas que regem a abertura de conta regulam ainda os depósitos que nelas sejam feitos e o seu regime.
Podem, aqui, aparecer referências à compensação.
Finalmente, são tratados aspectos diversificados, como o foro competente, a lei aplicável, o sigilo bancário e a cessação do contrato.

72. Espécies; a "solidariedade" como categoria bancária

I. As contas de cuja abertura se trate são susceptíveis de diversas classificações. Desde logo, temos contas de pessoas singulares e de pessoas colectivas. Perante sociedades em formação, associações não reconhecidas, sociedades civis, comissões, condomínios ou similares, surge-nos, na prática bancária, a figura da "entidade equiparada a pessoa colectiva": as contas são abertas com referência a essa situação; exige-se, então, que fique bem expresso quais as pessoas autorizadas a movimentar a conta e como se procederá à sua substituição, no caso de alterações ou da falta de todas ou de alguma delas.

Há, ainda, que observar as competentes regras de representação, na hipótese de contas de menores ou de interditos. Os próprios menores podem, de resto, abrir conta, em certos termos[406].

As contas dos cônjuges gozam, ainda, do regime especial do artigo 1680.º, do Código Civil:

> Qualquer que seja o regime de bens, pode cada um dos cônjuges fazer depósitos bancários em seu nome exclusivo e movimentá-los livremente.

II. Quanto à titularidade, a conta pode ser individual ou colectiva, consoante seja aberta em nome de uma única ou de várias pessoas: neste último caso, pode falar-se em contitularidade da conta. Na referida hipótese, a conta pode ser, ainda, solidária, conjunta ou mista, nos seguintes termos[407]:

– conta-solidária: qualquer dos titulares pode movimentar sozinho livremente a conta; o banqueiro exonera-se, no limite, entregando a totalidade do depósito a um único dos titulares[408];

---

[406] Cf. o nosso *Manual de Direito bancário*, 2ª ed. cit., 328 ss..

[407] Elementos doutrinários sobre estes tipos de contas podem ser confrontados em SCHWINTOWSKI/SCHÄFER, *Bankrecht* cit., 168 ss.. Entre nós vide PAULA PONCES CAMANHO, *Do contrato de depósito bancário* (1998), 235 ss..

[408] Cf. RPt 4-Mai.-1997 (AFONSO CORREIA), CJ XXII (1997) 2, 189-192 (191); como bem se explica neste acórdão, a solidariedade, aqui presente, diz respeito, apenas, às relações entre o cliente e o banqueiro; no tocante à titularidade do saldo, que rege as relações entre os titulares da conta, há que indagar, sendo ilidível a presunção de igualdade do artigo 516.º. No mesmo sentido, cumpre citar STJ 25-Fev.-1981 (SANTOS SILVEIRA), BMJ 304 (1981), 444-451 (448 ss.), com múltiplas indicações bibliográficas, RLx 13-

- conta-conjunta: só pode ser movimentada por todos os seus titulares, em simultâneo;
- conta-mista: alguns dos titulares só podem movimentar a conta em conjunto com outros.

A expressão "conta-solidária" parece fazer apelo à categoria civil e comercial da "solidariedade", activa ou passiva. Não nos parece que essa proximidade linguística deva ser substancializada: já acima aludimos ao problema, a propósito da diferenciação conceitual.

Com efeito, o saber se créditos ou débitos que clientes do banqueiro tenham perante este são solidários ou parciários é questão a indagar caso a caso e situação a situação. A existência de uma conta-solidária apenas nos diz que:

- qualquer titular pode movimentar, sozinho, o saldo;
- que o banqueiro, ao pagar a um dos titulares, pode debitar o pagamento na conta dos dois.

Entendemos, pois, que a "solidariedade" que nos aparece nas contas é uma categoria exclusivamente bancária. A ligação que ela mantenha com a "solidariedade" obrigacional é linguística: qualquer laço substantivo terá de ser indagado caso a caso.

As contas são, ainda, susceptíveis de diversas classificações, consoante o tipo de depósito que abriguem: um ponto a examinar aquando do depósito.

IV. A conta colectiva suscita problemas quanto à atribuição do seu saldo. Tecnicamente, é deste que se trata e não da "titularidade dos depósitos". No entanto, quer a doutrina quer a jurisprudência reportam-se a "depósitos" pretendendo traduzir os saldos das contas.

Perante uma conta-solidária, pode ter sido estipulado entre os titulares qual a quota-parte ideal que a cada um compita. Nada se dizendo ou sabendo sobre o tema, funciona a presunção do artigo 1403.º/2, 2ª parte, do Código Civil, aplicável por via do artigo 1404.º do mesmo Código e que também aflora do seu artigo 516.º: presume-se que todos os titulares

---

-Out.-1988 (Leite Barreiros), CJ XIII (1988) 4, 120-122 (121), onde essa orientação tem relevância hereditária e RLx 10-Out.-1988 (Alexandre Pinto), CJ XIV (1989) 4, 143-144 (143-144).

têm idênticas percentagens sobre o saldo[409], podendo essa presunção ser ilidida, nos termos gerais[410]. Por vezes, a jurisprudência exprime essa mesma ideia distinguindo entre "titularidade da conta" e "propriedade dos fundos"[411]: embora sugestiva, esta fórmula não é rigorosamente técnica uma vez que o "proprietário dos fundos" é o próprio banqueiro. A distinção visada é, como se disse, entre a titularidade da conta e a quota-parte do saldo que cada um detenha.

V. Questão suplementar põe-se quanto a entregas fiduciárias para conta bancária alheia: uma pessoa entrega a outra uma quantia em dinheiro para depósito na conta da segunda e com o encargo de a restituir quando solicitado. Pois bem: feito o depósito, a propriedade do dinheiro transfere-se para o banqueiro, tendo o titular da conta um mero crédito ao saldo. Esse crédito é fiduciário: postula um acordo entre o titular da conta e o "dono" dos fundos, pelo qual este receberá o saldo em causa. O acordo fiduciário não é, em princípio, oponível ao banqueiro, dada a regra da relatividade dos contratos[412]. As entregas fiduciárias representam pois um risco para quem as faça.

73. O problema do "direito à conta"

I. Na actualidade, os cidadãos economicamente activos têm uma ou mais contas bancárias. Nalgumas circunstâncias são mesmo obrigados a tê-las: os funcionários públicos são pagos através da Caixa Geral de Depósitos, enquanto um número crescente de empresas paga os salários dos

---

[409] Cf. STJ 27-Jan.-1998 (MARTINS DA COSTA), CJ/Supremo VI (1998) 1, 42-44 (43/I).

[410] *Vide* STJ 5-Nov.-1998 (DIONÍSIO CORREIA), CJ/Supremo VI (1998) 3, 95-97 (96/II), STJ 12-Jan.-1999 (COSTA MARQUES; vencidos: ROGER LOPES e NORONHA NASCIMENTO), CJ/Supremo VII (1999) 1, 25-27 (26/II), que mandou baixar os autos para se apurar quem era, afinal, o titular do "dinheiro" e RPt 14-Jan.-1999 (SALEIRO DE ABREU), CJ XXIV (1999) 1, 183-186 (185/II).

[411] STJ 20-Jan.-1999 (FRANCISCO LOURENÇO), CJ/Supremo VII (1999) 1, 48-50 (50/I); este aresto, com importantes indicações jurisprudenciais, explica que não se apurando com clareza quem é o "proprietário", funciona a presunção de igualdade referida no texto.

[412] Poderia sê-lo quando o banqueiro conhecesse o negócio fiduciário e desse o seu assentimento ou quando, conhecendo-o, agisse de má fé. Nada disso se presume.

§ 19.º A abertura de conta 189

seus trabalhadores por transferência bancária. Na falta de lei expressa [413], entendemos, contudo, que ninguém é obrigado a abrir conta bancária. Questão diversa e bastante curiosa é a de saber se o banqueiro é obrigado a abrir conta a qualquer pessoa que se lhe dirija. Podemos avançar que é ponto assente a não obrigatoriedade de conceder crédito, cartões e, até, cheques. E quanto a contas simples? Por um lado, a abertura de conta é, hoje, um meio insubstituível de conseguir determinados serviços e de alcançar um nível modesto de qualidade de vida: mal estaríamos se alguém pudesse, arbitrariamente, ser privado desse serviço. Mas por outro, temos de reconhecer a liberdade ao banqueiro. Este pode, legitimamente, não querer ter entre os seus clientes pessoas indesejáveis ou não recomendáveis.

II. Em França, há uma solução legal expressa: a pessoa que, por duas vezes, se veja recusar a abertura de conta, pode dirigir-se ao Banco de França que, *iure imperii*, indicará ao interessado um estabelecimento que lha deverá abrir. Mas apenas com serviço de caixa: sem uso de cheque e sem crédito [414]. Na Alemanha não há tal regra: nenhum banqueiro é obrigado a contratar excepto se a recusa, por via das regras da concorrência ou dos bons costumes, constituir um acto ilícito [415]. Reconhece-se, todavia, a necessidade de aceder aos serviços bancários [416].

III. Em Portugal, não conhecemos nenhuma regra que obrigue o banqueiro a contratar. Este poderá recusar a abertura de quaisquer contas. Como limite, apenas teremos as regras da concorrência e mais precisamente o disposto no artigo 4.º do Decreto-Lei n.º 370/93, de 29 de Outubro, que proíbe determinadas práticas individuais restritivas do comércio. Segundo esse preceito,

1. É proibido recusar a venda de bens ou a prestação de serviços, segundo os usos normais da respectiva actividade ou de acordo com as dis-

---

[413] Como lei expressa com tal conteúdo podemos entender uma disposição, nesse sentido, contida numa convenção colectiva de trabalho ou instrumento equivalente; cf. SCHWINTOWSKI/SCHÄFER, *Bankrecht* cit., 175.

[414] Artigo 58 da Lei Bancária de 24-Jan.-1984; cf. CHRISTIAN GAVALDA/JEAN STOUFFLET, *Droit bancaire*, 2ª ed. (1994), 100.

[415] SCHWINTOWSKI/SCHÄFER, *Bankrecht* cit., 176.

[416] Cf. STEPHAN STEUER, *Girokonto für jedermann*, WM 1998, 439-440.

posições legais ou regulamentares aplicáveis, ainda que se trate de bens ou de serviços não essenciais e que da recusa não resulte prejuízo para o regular abastecimento do mercado.

O n.º 3 do mesmo artigo alinha causas justificativas para a recusa, em termos bastante latos. O banqueiro que pretenda recusar uma abertura de conta terá, pois, de invocar e provar uma dessas causas e, designadamente, a da alínea *g*):

> A ocorrência de qualquer outra circunstância inerente às condições concretas de transacção que, segundo os usos normais da respectiva actividade, tornaria a venda do bem ou a prestação do serviço anormalmente prejudicial para o vendedor.

IV. De todo o modo, o legislador decidiu intervir: aprovou o Decreto-Lei n.º 27-C/2000, de 10 de Março, relativo a "serviços mínimos bancários". Este diploma veio prever que as instituições de crédito que se mostrassem interessadas pudessem celebrar com o BP e com "o membro do Governo responsável pela área de defesa do consumidor" – o que é dizer: com o Estado, através do referido responsável – um protocolo pelo qual elas aceitariam celebrar contratos de abertura de conta[417] com determinadas pessoas singulares.

Essa conta permitiria apenas serviços mínimos: depósito à ordem, cartão de débito e serviço de caixa. O interessado não deverá ter qualquer outra conta bancária e o banqueiro só poderá cobrar custos muito limitados – artigo 3.º/1 do Decreto-Lei n.º 27-C/2000.

Mantém-se, como se vê, a regra de que o banqueiro não é, por lei, obrigado a abrir conta. Apenas o fará se aderir ao protocolo previsto no referido Decreto-Lei n.º 27-C/2000: a abertura será, então, obrigatória.

A solução é interessante e merece ser acarinhada.

74. Cessação e bloqueio

I. A cessação duma conta bancária provoca o termo dos diversos negócios dela dependentes. Encerrada a conta, caducam as convenções de

---

[417] O diploma fala em "celebração de contrato de depósito" – artigo 2.º/1 e Base I/1, anexa, para designar a abertura de conta.

cheque, os contratos de depósito, os acordos relativos a cartões e os outros acordos acessórios[418].

As cláusulas contratuais gerais dos bancos atribuem, ao banqueiro, o direito de cancelar livremente as "contas à ordem", isto é, as contas que prevejam meros depósitos à ordem. Os depósitos de outra natureza têm prazos próprios de cessação, prazos esses que, automaticamente, se aplicam às inerentes contas, devendo ser respeitados pelo banqueiro.

O cancelamento, por iniciativa do banqueiro, depende dum pré-aviso feito com 8, 15 ou 30 dias de antecedência, consoante os bancos.

Tecnicamente temos, aqui, uma hipótese de denúncia com pré-aviso, e portanto: de cessação unilateral, discricionária e não retroactiva. Algumas cláusulas conferem um direito paralelo ao cliente; outras são omissas. Neste último caso – e salvo atentado à boa fé – pensamos que o cliente pode, a todo o tempo "cancelar" – portanto: denunciar – a conta, por aplicação directa ou analógica dos artigos 349.º do Código Comercial e 777.º/1. Por seu turno, também o cancelamento ou encerramento da conta, por iniciativa do banqueiro, mesmo com pré-aviso, poderá, concretamente, ser abusivo: o pré-aviso deverá ser aumentado ou, em alternativa: o banqueiro poderá ter que indemnizar. Mas fora dessas situações-limite, deve ficar claro que toda a abertura de conta é dominada pela autonomia privada.

II. Para além da denúncia, a conta pode cessar por acordo das partes (revogação ou distrate). Maiores dúvidas suscita a hipótese de resolução. À partida, a resolução seria uma forma de cessação de conta retroactiva, unilateral e vinculada. A retroactividade não parece, aqui, possível, visto o artigo 434.º. A resolução não surge prevista nas cláusulas contratuais gerais que conhecemos; teria de se basear na regra geral da impossibilidade/incumprimento, prevista, no artigo 801.º/2, para os "contratos bilaterais"; além disso, ela dependeria da verificação dum incumprimento definitivo, pela outra parte. Não parece, contudo, facilmente configurável um incumprimento definitivo, no domínio do dinheiro. Assim, admitimos a resolução como encerramento imediato da conta bancária em casos muito vincados nos quais, justificadamente, não se pudesse exigir, ao banqueiro, a manutenção de certa relação, dentro do período de pré-aviso requerido para a denúncia.

---

[418] Jurisprudência significativa pode ser confrontada em GERD NOBBE, *Bankrecht/ /Aktuelle höchst- und obergerichtliche Rechtsprechung* (1999), 6 ss..

III. A conta bancária pode, ainda, ser bloqueada, numa situação que, por vezes, prenuncia a cessação do contrato de abertura de conta, mas que não se confunde com ela. O bloqueio é decidido pelo banqueiro, podendo advir de múltiplas razões[419]: a pedido do próprio cliente, por ordem do tribunal ou por morte do cliente; nesta hipótese, o saldo será entregue aos herdeiros, extinguindo-se a conta. O desaparecimento duma pessoa colectiva não bloqueia nem extingue, por si, a conta; esta será movimentada pelos liquidatários, nos termos gerais, até à liquidação definitiva: a cessação da conta e, com ela, da relação bancária complexa, ficará, então, consumada.

75. Natureza

I. O contrato de abertura de conta integra um claro tipo social, bem moldado por cláusulas contratuais gerais e totalmente assimilado pela prática jurídica dos banqueiros e dos seus clientes. Ela surge com diversas denominações[420] que escondem, por vezes, flutuações hoje superáveis[421].

Podemos considerá-la como um contrato *a se*: próprio, com características irredutíveis e uma função autónoma.

---

[419] Cf. RCb 10-Mai.-1995 (CARLOS LEITÃO), CJ XX (1995) 3, 64-65 e RPt 12-Jul.--1995 (PEREIRA MADEIRA), CJ XX (1995) 4, 226-228; os tribunais têm vindo a ocupar-se de contas bloqueadas por força da devolução de cheques que, sobre elas, tenham sido sacados; não haveria, aí, crime de emissão de cheque sem provisão.

[420] Em Itália fala-se, por vezes, em conta-corrente de correspondência – cf. GIUSEPPE FERRI, *Conto corrente di correspondenza*, ED IX (1961), 666-671 – ou, por influência alemã, em contrato de giro – MOLLE, *Conto corrente bancario,* NssDI IV 1959), 414-424 (414) – embora, em rigor e como veremos, o giro bancário corresponda a um tipo contratual diferente; na Alemanha, fala-se, simplesmente, em *Konto* – cf. CANARIS, *Bankvertragsrecht* 1.° vol., 3ª ed. (1988), 104 ss. – em depósito – cf. SCHWINTOWSKI/SCHÄFER, *Bankrecht* cit., 161 ss. – ou em *Girogeschäft* – cf. KÜMPEL, *Bank- und Kapitalmarktrecht* (1995), 191 ss.; em França, usa-se *compte courant* para os comerciantes e *compte de dépôt* para os não-comerciantes – cf. GAVALDA/STOUFFLET, *Droit bancaire*, 2ª ed. cit., 97: estas flutuações correspondem a diversos entendimentos do fenómeno, por vezes. Nos países de *common law* ocorre o termo *current account*, embora para designar algo de diverso: o dever do banqueiro de honrar os cheques sacados sobre ele. Sobre toda esta matéria, cf. GIUSEPPE FALCONE, *Conto corrente bancario in diritto comparado*, DDP / SComm IV (1990), 27-28.

[421] P. ex., FERNANDO CONCEIÇÃO NUNES, *Depósito e conta*, em *Estudos em Honra do Prof. Doutor Inocêncio Galvão Telles*, II vol. cit., 67-88 (79, p. ex.), fala em "contrato de recepção de depósitos", que envolveria a abertura de uma conta.

II. A abertura de conta tem características difíceis de reduzir. Ela surge como contrato normativo, uma vez que regula toda uma actividade jurídica ulterior, ainda que facultativa. Tem, pois, traços do que temos vindo a chamar contratação mitigada[422]. Embora o banqueiro não fique obrigado a celebrar contratos ulteriores, ele compromete-se a ficar disponível para examinar quaisquer propostas que lhe venham a ser formuladas, respondendo, em termos de razoabilidade, às questões que lhe sejam postas.

Mas além disso, a abertura de conta tem efeitos jurídicos imediatos: a conta-corrente bancária, o serviço de caixa por parte do banqueiro, o dever, deste, de receber depósitos, de prestar informações e de efectuar comunicações e toda uma série de traços, resultantes das cláusulas contratuais gerais. O próprio depósito bancário não tem, como veremos, autonomia contratual: trata-se de uma decorrência de um negócio mais vasto: a abertura de conta.

III. A abertura de conta deve ser tomada como um negócio materialmente bancário, por excelência. Cabe agora à doutrina, na base da análise das cláusulas contratuais gerais, proceder à sua análise.

A posição nuclear da abertura de conta permite recorrer às suas regras para integrar muitos dos negócios bancários carecidos de regulamentação. Além disso, ela dá corpo, em termos dogmáticos, à relação bancária complexa.

---

[422] Cf. o nosso *Tratado de Direito civil*, I, 1º vol., 2ª ed. cit., 369 ss..

§ 20.º A RELAÇÃO BANCÁRIA COMPLEXA

76. A doutrina do contrato bancário geral

I. Como temos visto, entre o banqueiro e o seu cliente não é, em regra, celebrado um único negócio jurídico. Pelo contrário, iniciada uma relação, ela tende a prolongar-se no tempo, intensificando-se, mesmo, com a prática de novos e mais complexos negócios.

Esta "relação bancária", de natureza complexa, mutável mas sempre presente, constitui um dos aspectos mais marcantes e mais característicos do Direito bancário material. Torna-se, porém, muito difícil de explicar e de traduzir, através de instrumentação jurídica tradicional. Historicamente – e principalmente na doutrina alemã, a que mais longe tem ponderado o Direito bancário material – têm surgido diversas teorias explicativas. De entre elas, a mais marcante é a doutrina do "contrato bancário geral", que passamos a referenciar[423].

II. A ideia de basear a relação estabelecida entre o banqueiro e o cliente num contrato unitário próprio, a tanto dirigido, remonta ao princípio do século: deve-se a BERNSTEIN[424] e a REGELSBERGER[425], enquanto estudiosos do então desconcertante fenómeno das cláusulas contratuais gerais no sector bancário. O contrato bancário surgiria com a aceitação,

---

[423] Sobre a doutrina do "contrato bancário geral" cumpre referir duas monografias: HORST W. ALTJOHANN, *Der Bankvertrag, ein Beitrag zur Dogmatik des Bankrechts* (1962) e HANS ULRICH FUCHS, *Zur Lehre vom allgemeinen Bankvertrag* (1982). É ainda importante o desenvolvimento de CLAUS-WILHELM CANARIS, *Bankvertragsrecht* I, 3ª ed. cit., 3 ss..

[424] OTTO BERNSTEIN, *Die Geschäftsbedingungen der Bankiers und ihre rechtliche Behandlung*, Bank-Archiv IV (1905), 166-171 (169); "*Bankiers*" corresponde, aqui, a um plural alatinado, provindo do *banquier* francês.

[425] FERDINAND REGELSBERGER, *Die rechtliche Bedeutung der sog. Geschäftsbedingungen der Bankiers für die Kontokorrentverträge*, Bank-Archiv V (1906), 169-172 (171); vale a referência linguística feita na nota anterior.

pelo cliente, das cláusulas oferecidas pelo banqueiro, cláusulas que, assim, teriam natureza contratual. O contrato bancário tinha, pois, o duplo mérito de explicar a relação complexa entre o banqueiro e o cliente e de esclarecer a natureza das próprias cláusulas contratuais gerais.

O tema ficaria nalguma quiescência. Foi, no entanto e de modo indirecto, animado pelas discussões havidas em torno das cláusulas contratuais e da apresentação dos contratos normativos [426] ou dos contratos básicos [427], a elas ligados. Na verdade, a relação bancária complexa estabelecida – ou pretensamente estabelecida – entre o cliente e o banqueiro teria a virtualidade de provocar o aparecimento de novos contratos: daí o considerar-se o invocado contrato bancário como um contrato de angariação de negócios [428], um contrato-promessa [429] ou um contrato normativo [430].

III. A exacta natureza do contrato bancário geral nunca foi esclarecida pela doutrina [431]. Ele manteve-se como simples referência habitual [432],

---

[426] ALFRED HUECK, *Normenverträge*, JhJb 73 (1923), 33-118 (47 ss., 59 ss. e 81 ss., enfocando os contratos com directrizes e as vinculações directamente emergentes).

[427] LUDWIG RAISER, *Das Recht der allgemeinen Geschäftsbedingungen* (1935), 145, menciona precisamente, segundo alguns, como exemplo de contrato básico, o contrato bancário: como veremos, RAISER acabaria, aí, por transcender essa posição. JULIUS VON GIERKE, *Handelsrecht und Schiffahrtsrecht*, 8ª ed. (1958), 490, refere o contrato bancário como o acordo principal que exprime a ligação com o banco.

[428] ARWED KOCH, *Die Allgemeinen Geschäftsbedingungen der Banken / ihre rechtliche und wirtschaftliche Bedeutung und Entwicklung* (1932), 18, sublinhando um *Geschäftsbesorgungsvertrag*.

[429] ARWED KOCH, *Der Krediteröffnungsvertrag*, Bank-Archiv XXXII (1933), 224-226 (224).

[430] Portanto, um *Normenvertrag* na terminologia de HUECK; cf. JOHANN HEINRICH VON BRUNN, *Die Formularmässigen Vertragsbedingungen der deutschen Wirtschaft / Der Beitrag der Rechtspraxis zur Rationalisierung*, 2ª ed. (1956), 78.

[431] Uma série de referências às posições adoptadas pelos diversos autores pode ser confontada em ALTJOHANN, *Der Bankvertrag* cit., 17 ss. e em FUCHS, *Zur Lehre vom allgemeinen Bankvertrag* cit., 4 ss..

[432] HEINZ PIKART, *Die Rechtsprechung des Bundesgerichtshofs zum Bankvertrag*, WM 1957, 1238-1246 (1238), RUDOLF LIESECKE, *Die neuere Rechtsprechung des Bundesgerichtshofes zum Bankrecht*, WM 1959, 614-619 (614) – este Autor mudaria, depois, de orientação – NEBELUNG, *Gutschriften auf dem Konto pro Diverse*, NJW 1959, 1068--1069 (1069) e HANS-JOACHIM SCHRAEPLER, *Kreditauskunft –Einschränkung des Bankgeheimnis*, NJW 1972, 1836-1840 (1838). Trata-se de escritos muito próximos da jurisprudência.

sendo ainda usado pela jurisprudência para apoiar decisões centradas, sobretudo, nos deveres gerais do banqueiro [433].

Mau grado a imprecisão, o contrato bancário geral permitiria juridificar uma relação de confiança mútua entre as partes [434]. Dessa relação adviriam, para o banqueiro, deveres de segredo, de informações, de acompanhamento e prevenção e de acautelamento dos interesses do cliente. Além disso, o contrato bancário adstringiria o banqueiro a uma situação de disponibilidade para futuras intenções negociais do seu cliente.

IV. Mais complicada parecia ser a articulação entre o contrato bancário geral e os diversos contratos bancários singulares que, depois, fossem concluídos entre o banqueiro e o cliente. Numa versão mais radical, os contratos singulares não seriam, sequer, verdadeiros contratos: eles assumiriam a natureza de simples instruções dadas pelo cliente ao banqueiro, ao abrigo do contrato geral [435]. Em versões mais moderadas, o contrato bancário geral, para além dos deveres apontados do banqueiro, apenas daria lugar a um quadro no qual se iriam, depois, concretizar os diversos contratos singulares.

V. A questão em aberto, no tocante ao contrato bancário geral, tinha a ver com um eventual dever de contratar, por parte do banco. E designadamente: mercê do contrato em causa, ficaria o banqueiro obrigado a con-

---

[433] Decisão pioneira terá sido RG 18-Mai.-1904, RGZ 58 (1905), 151-156 (155), onde as cláusulas contratuais gerais bancárias são unitariamente referidas como *lex contractus*.

Seria, no entanto, no segundo pós-guerra, que a referência a um contrato bancário geral passa a ocorrer como forma de fundamentar os diversos deveres do banqueiro; assim, BGH 22-Nov.-1956, WM 1957, 30-33 – dever de tratamento cuidadoso –, BGH 31-Jan.-1957, BGHZ 23 (1957), 222-227 (223) – dever de informação –, BGH 17-Nov.-1960, BGHZ 33 (1961), 293-302 (298) – dever de prevenir quanto a riscos –, BGH 20-Fev.-1967, BGHZ 47 (1967), 207-217 – dever de prevenir, num financiamento para a compra dum automóvel, que o reembolso era exigível mesmo quando o bem adquirido não estivesse em condições –, BGH 20-Fev.-1967, BGHZ 47 (1967), 217-223 – dever de informação, num contrato de financiamento para a aquisição de tapetes –, OLG Karlsruhe 9-Abr.-1970, WM 1971, 486-488 (487, 2ª col.) e BGH 4-Jul.-1973, WM 1973, 892-894 (894, 1ª col.) – dever de sigilo, mas aqui procurando já apoio jurídico-positivo na boa fé.

[434] Cf., com indicações, FUCHS, *Zur Lehre vom allgemeinen Bankvertrag* cit., 12 ss..

[435] Trata-se duma afirmação que se poderia comprovar através do exemplo dos depósitos sucessivos.

ceder crédito futuro ao cliente? A resposta era negativa: mesmo no auge da concepção do contrato bancário, sempre se entendeu que o banqueiro era livre de celebrar contratos futuros, de acordo com os seus critérios próprios: apenas em situações peculiares lhe poderia ser oposto o abuso do direito, perante a recusa de contratar[436].

E foi justamente por esta via que a doutrina do contrato bancário perdeu terreno.

77. A doutrina da relação legal e de confiança

I. A construção da relação bancária geral era frágil: não resistia a uma ponderação monográfica do seu conteúdo[437]. Efectivamente, ela tinha uma consistência duvidosa e uma eficácia diminuta: no ponto delicado dos hipotéticos deveres de contratar dela emergentes, prevalecia uma resposta negativa.

Impunha-se a questão fulcral de saber se o contrato bancário geral preenchia os requisitos dum verdadeiro contrato. Também aqui a resposta era negativa. O contrato bancário geral não assentava, propriamente, num encontro de vontades destinado a instituir, entre elas, uma relação duradoura, fonte de novos contratos[438]. Salvo ficção, em nenhum momento do percurso bancário seria possível apontar uma vontade das partes – ou de alguma delas – a tanto dirigida.

O contrato bancário geral entrou, assim, em desgraça, vindo a ser criticado pela doutrina[439].

II. Em sua substituição surgiu a doutrina da relação legal, base de responsabilidade pela confiança.

---

[436] Cf. FUCHS, *Zur Lehre vom allgemeinen Bankvertrag* cit., 19-20.

[437] Cf. ALTJOHANN, *Der Bankvertrag* cit., 132-133, FUCHS, *Zur Lehre vom allgemeinen Banvertrag* cit., 196 e JOACHIM PANTEL, *Pflichten der Bank aus dem Kreditverhältnis, insbesondere bei der Kündigung* (1979), 108 ss. e 113.

[438] Em especial, CANARIS, *Bankvertragsrecht* 1, 3ª ed. cit., 7.

[439] Além da literatura referida nas duas últimas notas, com relevo para CANARIS, cf. RUDOLF LIESECKE, *Die Bankguthaben in Gesetzgebung und Rechtsprechung*, WM 1975, 214-230 (218), mudando a posição que antes adoptara, NORBERT HORN, em HEYMANN/ /*HGB*, vol. 4 (1990), Anhang § 372, Nr. 6 (319) e KÜMPEL, *Bank- und Kapitalmarktrecht* cit., 50-51.

Já em 1935, no seu estudo sobre as cláusulas contratuais gerais, LUDWIG RAISER havia afirmado a existência, entre o banco e o cliente, duma "ligação especial semelhante à que surge nas negociações contratuais e que constitui a base da *culpa in contrahendo*"[440].

CANARIS propôs o aproveitamento, neste domínio e no Direito bancário, da doutrina da "relação obrigacional legal sem dever de prestação primário", desenvolvida em Direito das Obrigações[441], e agora recuperada com novos argumentos[442]. Trata-se, de resto, de uma categoria pressuposta pela reforma do Direito das obrigações de 2001/2002, designadamente na parte em que se confinou a "eficácia" da impossibilidade inicial à não-efectivação da prestação (e não à nulidade do contrato)[443].

Em traços largos, podemos dizer que, nesta leitura, pactuada uma obrigação comum, as partes assumem, uma perante a outra, determinadas prestações – as prestações primárias. Mas para além disso, a regra da boa fé implica que elas fiquem adstritas a certos deveres de cuidado e de protecção, de modo a que não sejam provocados danos nas respectivas esferas. Tais deveres são claros na pendência contratual; a jurisprudência e a doutrina permitem também apurá-los *in contrahendo* e *post pactum finitum* bem como em situações caracterizadas pela nulidade do contrato de base – e, portanto, pela inexistência de qualquer dever principal válido. Desenvolvidos sectorialmente, os deveres de cuidado e protecção vieram a apresentar regimes diferentes consoante ocorressem na fase pré-contratual, na vigência do contrato, na sua nulidade, ou depois do seu cumprimento. A situação foi ultrapassada com a teorização geral do fenómeno, proposta há anos por CANARIS[444] e que, de então para cá, tem merecido um

---

[440] LUDWIG RAISER, *Das Recht der allgemeinen Geschäftsbedingungen* cit., 135, referido, também, em CANARIS, *Bankvertragsrecht* 1, 3ª ed. cit., n.º 12 (8).

[441] Cf. KARL LARENZ, *Lehrbuch des Schuldrechts*, I *Allgemeiner Teil*, 14ª ed. cit.,, 104 ss. e MÜLLER-GRAFF, *Die Geschäftsverbindung als Schutzpflichtverhältnis*, JZ 1976, 153-156 (154 ss.).

[442] CANARIS, *Bankvertragsrecht* 1, 3ª ed. cit., n.º 12 ss. (8 ss.) e KÜMPEL, *Bank- und Kapitalmarktrecht* cit., 51 ss..

[443] Cf. o nosso *A modernização do Direito das obrigações* II – *O direito da perturbação das prestações*, em publicação na ROA, com diversas indicações doutrinárias.

[444] CLAUS-WILHELM CANARIS, *Ansprüche wegen "positiver Vertragsverletzung" und "Schutzwirkung für Dritte" bei nichtigen Verträgen*, JZ 1965, 475-482. A problemática que levou ao trabalho de CANARIS vem referenciada em MENEZES CORDEIRO, *Da pós-eficácia das obrigações* cit., 50 ss. (52) e *Da boa fé no Direito civil* cit., 632 ss..

acolhimento global[445]: em situações de proximidade negocial – e, portanto, com contrato ou sem ele – as partes podem prejudicar-se mutuamente; surge, assim, um dever legal de não o fazer. CANARIS fala em dever legal de protecção baseado na confiança, utilizando, também, a nomenclatura de LARENZ: uma "relação obrigacional legal", "sem dever de prestação primário"[446].

III. A aplicação, ao relacionamento bancário, da doutrina da relação legal, permitiria, segundo os seus seguidores, resolver múltiplos problemas. Os deveres acima referenciados, desde o segredo à disponibilidade, poderiam encontrar base legal.

Pela nossa parte, no entanto, rejeitámos em tempo essa construção, à luz do Direito português[447]. A doutrina dos deveres de protecção unitários destinar-se-ia, como então sustentávamos, a suprir as insuficiências estruturais do sistema alemão de responsabilidade aquiliana. Tais insuficiências não afectariam o Direito português, tornando dispensável a congeminação de específicas obrigações legais.

A relação bancária complexa, seja ela explicada com base no discutível contrato bancário geral, seja ela derivada duma relação de confiança de base legal, mais não seria do que um expediente linguístico para exprimir sequências de actos e de negócios celebrados entre o banqueiro e o seu cliente, mas em que ambos conservariam plena liberdade. Adiantamos já que, hoje, defendemos uma orientação não inteiramente coincidente com a descrita, excepto na manutenção da "plena liberdade", cuja existência mantemos como tendencialmente certa.

---

[445] Assim: ULRICH MÜLLER, *Die Haftung des Stellvertreters bei culpa in contrahendo und positiver Forderungsverletzung*, NJW 1969, 2169-2175 (2172 ss.); WALTER GERHARD, *Die Haftungsfreizeichung innerhalb der gesetzlichen Schutzverhältnisses*, JZ 1970, 535-539 (535-536), e *Der Haftungsmassstab im gesetzlichen Schutzverhältnis (Positiver Vertragsverletzung, culpa in contrahendo)*, JuS 1970, 597-603 (598); WOLFGANG THIELE, *Leistungsstörung und Schutzpflichtverletzung – Zur Einordnung der Schutzpflichtverletzungen*, JZ 1967, 649-657 (654); F.-S. EVANS-VON KRBEK, *Nichterfüllungsregeln auch bei weiteren Verhaltens oder Sorgfaltspflichtverletzung?*, AcP 179 (1979), 85-152 (87-88); MARINA FROST, *"Vorvertragliche" und "vertragliche" Schutzpflichten* (1981), 212 e 241 e *passim;* KRAMER/*Münch-Komm*, 2ª ed. (1985) Vor § 241, 75 ss., ROTH/*Münch-Komm*, 4ª ed. (2001), § 242, Nr. 160 ss. (158 ss.) e PALANDT/HEINRICHS, *BGB*, 62ª ed. (2003), 247.

[446] CANARIS, *Bankvertragsrecht* 1, 3ª ed. cit., 12 ss. (8 ss.) e 15 ss. (9 ss.).

[447] MENEZES CORDEIRO, *Concessão de crédito e responsabilidade bancária*, BMJ 359 (1986), 5-66 (45 ss.) = *Banca, bolsa e crédito*, vol. 1.º (1990), 9-61 (49 ss.).

78. Posição adoptada: a abertura de conta

I. Desde o momento em que o cliente e o banqueiro concluam um primeiro negócio significativo – a abertura de conta! – estabelece-se, entre eles, uma relação social e económica. Essa relação tenderá a ter continuidade. Surgindo mais negócios entre ambos, ela intensificar-se-á. Ambas as partes terão deveres de conduta, derivados da boa fé, dos usos ou de acordos parcelares que venham a concluir.

Todos esses deveres surgem num conjunto que tem uma unidade económica e social evidente: há uma relação bancária contínua, susceptível de ser preenchida com os mais diversos negócios.

A unidade da relação bancária torna-se claramente perceptível no Direito alemão, mercê da existência de cláusulas contratuais gerais unitárias. Mas entre nós, apesar de faltar esse elemento, há que reconhecer, ainda, uma clara unidade.

II. Antes de prosseguir, devemos assinalar que, no final do século XX, renasceu um apelo ao contrato bancário geral[448]. Na verdade, se pensarmos um pouco, veremos que ele não é despropositado, desde que reconduzido a proporções mais adequadas.

Quando se inicie um relacionamento bancário – normalmente pela abertura de conta – ambas as partes têm uma clara intenção de prosseguir. O banqueiro existe, justamente, para desenvolver a sua actividade e, por isso, tem uma vontade explícita – pense-se na publicidade – de celebrar novos negócios bancários, enquanto o cliente, estando satisfeito, pretende precisamente obter do banqueiro os inúmeros produtos de tipo bancário que hoje se mostram imprescindíveis, no dia-a-dia.

Pois se ambas as partes já concluíram um negócio, com uma relação duradoura dele subsequente e com a vontade comum de completar essa relação com outros negócios, há uma clara fenomenologia contratual.

É certo que desta relação bancária, não resulta, para nenhuma das partes, o dever de celebrar novos contratos. E isso num duplo sentido:

---

[448] Assim: BAUMBACH/HOPT, *HGB* 30ª ed. (2000), A/6-A/7 (1306-1307), CARSTEN PETER CLAUSSEN/ROLAND ERNE, *Bank- und Börsenrecht*, 3ª ed. (2000), § 4, II (100 ss.), DAGMAR NUISSL, *Bankgeschäftsrecht* (1997), 7 e SCHWINTOWSKI/SCHÄFER, *Bankrecht* cit., § 1.º, Nr. 134 (47).

– observados os limites contratuais ou *ex bona fide*, qualquer das partes pode, a todo o tempo, pôr cobro à relação;
– qualquer novo negócio que uma das partes proponha à outra pode ser objecto de livre rejeição – dentro, naturalmente, dos aludidos limites.

Mas daqui não resulta o afastamento dogmático do contrato bancário geral: apenas se recusam, no naipe dos seus efeitos, deveres de contratar.

III. Uma das características da moderna contratação é a de admitir deveres de diligência, de acompanhamento, de disponibilidade para negociar e mesmo de negociação sem que, por este último, se entenda a obrigação de concluir qualquer contrato[449]. Não se trata, propriamente, de deveres enfraquecidos mas, tão-só, de deveres diferentes. Estes deveres podem ter natureza contratual.

Além deste aspecto, qualquer contrato é acompanhado de deveres acessórios, isto é, de deveres cominados pela boa fé e que adstringem as partes a regras de segurança, de informação e de lealdade[450] e que, no nosso Direito, resultam genericamente do artigo 762.º/2 do Código Civil. No Direito bancário, qualquer contrato vai propiciar uma concretização "bancária" da boa fé.

Finalmente, um contrato comercial – e, para mais, bancário – é sempre complementado pelas cláusulas contratuais gerais e pelos usos. Normalmente, estamos habituados a ver os usos invocados pelo banqueiro; mas o cliente também o poderá fazer. Ora a continuação do relacionamento bancário tem – no mínimo – apoio nos usos, quando não nas próprias cláusulas contratuais gerais.

IV. Com os apontados elementos, parece-nos possível indicar uma orientação e traçar uma construção para a relação bancária geral. Dois pontos básicos podem ser demonstrados pela observação: tal relação existe e ela tem origem contratual, embora seja complementada pela lei e pelos usos.

---

[449] Já tínhamos referido o tema em *Convenções colectivas de trabalho e alteração das circunstâncias* (1995); CLAUSSEN/ERNE, *Bank- und Börsenrecht*, 3ª ed. cit., 103-104.
[450] Com indicações, cf. MENEZES CORDEIRO, *Da boa fé* cit., 603 ss..

A relação existe: consumado um contrato duradouro entre o banqueiro e o cliente há, entre ambos, deveres de lealdade, com especial incidência sobre o profissional: justamente o banqueiro. *In concreto* se verificará o modo por que tais deveres se concretizam, sendo apenas certo que, salvo compromisso ou especial configuração da boa fé, eles não chegam ao ponto de obrigar seja quem for a contratar.

A relação tem origem contratual. Tudo se inicia porque as partes *o quiseram* e exteriorizaram vontades livres e válidas nesse sentido. Assim como não devemos ficcionar a existência de contratos, também não devemos remeter para a lei fenómenos que, manifestamente, ocorrem por opção livre e jurígena das partes, na área da sua autonomia privada. Naturalmente: consumado o acordo básico, há todo um conjunto de regras – legais, usuais ou assentes em cláusulas contratuais gerais – que, depois, encontram aplicação. A natureza contratual não se perde, por isso.

V. Resta uma questão: quando surge o tal "contrato bancário geral" e qual a sua extensão.

No Direito português faltam cláusulas contratuais gerais que dêem corpo à globalidade da relação bancária. Parece-nos, todavia, indubitável que a relação bancária geral surge precisamente com *o contrato de abertura de conta*. Ou noutros termos: o contrato de abertura de conta, tipicamente bancário embora sem desenvolvimento legal, compreende, entre os seus efeitos, o surgimento duma relação bancária duradoura. Esta, para além do que as partes exprimam, tem, pelo menos, o conteúdo – muito rico – que lhe advém dos usos e das cláusulas contratuais gerais e que implica uma vocação para a multiplicação subsequente dos actos jurídicos.

Todos eles ganham o seu sentido por se inserirem numa relação bancária complexa.

§ 21.º A RELAÇÃO BANCÁRIA COMO RELAÇÃO DURADOURA

79. Aspectos gerais e evolução

I. A relação bancária complexa é uma clara obrigação duradoura. Tem assim interesse recordar, dogmaticamente, essa categoria obrigacional. Veremos o contributo que a relação bancária poderá dar para o seu aprofundamento.

II. A distinção das obrigações em instantâneas e duradouras remonta a SAVIGNY. Este clássico põe em destaque o facto de, nas primeiras, o cumprimento se efectivar num lapso juridicamente irrelevante; pelo contrário, nas segundas, o cumprimento prolongar-se-ia no tempo, correspondendo à sua natureza[451]. Todavia, seria necessário aguardar pelos princípios do século XX para que a doutrina viesse ocupar-se das obrigações duradouras, aprofundando-as.

O mérito recaiu sobre OTTO VON GIERKE, em estudo publicado em 1914[452]. Este Autor chama a atenção para o seguinte fenómeno:

– nas obrigações instantâneas, o cumprimento surge como causa de extinção;
– nas duradouras, o cumprimento processa-se em termos constantes, não as extinguindo[453].

---

[451] FRIEDRICH KARL VON SAVIGNY, *Das Obligationenrecht / als Teil des heutigen römichen Rechts* (1851, 2ª reimp., 1987), § 28,2 (302). No Direito romano, não se documentam "obrigações douradouras", para as quais faltaria, além do mais, qualquer designação. Alguns autores já tentaram baseá-las no Direito germânico, sem êxito claro. Cf. FRANZ GSCHNITZER, *Die Kündigung nach deutschem und österreichischem Recht*, JhJb 76 (1926), 317-415 (319).
[452] OTTO VON GIERKE, *Dauernde Schuldverhältnis*, JhJb 64 (1914), 355-411.
[453] *Idem*, 357, 359 e 363.

As obrigações duradouras implicariam, designadamente, abstenções; mas poderiam redundar, também, em prestações positivas[454]. Um dos aspectos significativos das regras próprias das obrigações duradouras estaria nas formas da sua cessação. VON GIERKE distingue[455]:

– a determinação inicial da sua duração, seja pela aposição de um termo certo, seja pela de um termo incerto (p. ex., a vida de uma pessoa);
– a indeterminação inicial, podendo, então, sobrevir a denúncia, prevista na lei ou no contrato; a denúncia poderia operar com um prazo (pré-aviso) ou ser de efeitos imediatos;
– a impossibilidade superveniente.

As ideias de VON GIERKE foram retomadas pelo austríaco GSCHNITZER, que estudou, precisamente, a denúncia[456]. Precisões importantes advieram de BEITZKE, segundo o qual o mero decurso do tempo não equivale ao cumprimento[457].

III. Outros aspectos atinentes às relações duradouras foram aprofundadas por WIESE. Este Autor sublinha que também as relações duradouras são sensíveis ao cumprimento. Nelas, todavia, a excepção da prestação prolonga-se no tempo, o qual constitui um estádio inerente a cada uma[458]. Posteriormente, a dogmática das obrigações duradouras desenvolveu-se, sendo de sublinhar o escrito maciço de OETKER[459] e os desenvolvimentos de KRAMER[460] e de OTTO[461]. O tema passou a constar das obras ge-

---

[454] Idem, 359 e 360.
[455] Idem, 378-392.
[456] FRANZ GSCHNITZER, Die Kundigung nach deutschem und österreichischem Recht, já citada, publ. em JhJb 76 (1926), 317-415 e JhJb 78 (1927/28), 1-86.
[457] GÜNTHER BEITZKE, Nichtigkeit, Auflösung und Umgestaltung von Dauerrechtsverhältnissen (1948), 20.
[458] GÜNTHER WIESE, Beendigung und Erfüllung von Dauerschuldverhältnissen, FS Nipperdey I (1965), 837-851 (851).
[459] HARTMUT OETKER, Das Dauerschuldverhältnis und seine Beendigung / Bestandaufnahme und kritische Würdigung einer tradieten Figur der Schuldrechtsdogmatik (1994), num total de 757 páginas.
[460] ERNST A. KRAMER, no Münchener Kommentar, II, 4ª ed. (2001), Intr., Nr. 95 ss. (51 ss.).
[461] HANSJÖRG OTTO, no STAUDINGERS Kommentar, §§ 315-327, ed. 2001, § 326, Nr. 28 ss. (303 ss.).

rais[462], ainda que com poucas explicitações quanto ao seu regime. Esta última circunstância explica-se pela existência de muitas regras imperativas, dirigidas a situações particulares[463], com relevo para os contratos de trabalho e de arrendamento. Uma teoria geral das obrigações duradouras seria elaborada, sempre, à custa de uma grande generalidade.

80. Construção geral

I. As obrigações duradouras têm sido abordadas na doutrina portuguesa[464], constando de breves referências de todos os obrigacionistas[465]. Vamos tentar a sua construção geral.

À partida, a obrigação duradoura não se caracteriza pela multiplicidade de actos de cumprimento: qualquer obrigação instantânea, designadamente se tiver um conteúdo complexo, pode implicar cumprimentos que se analisem em múltiplos actos. Por isso, PESSOA JORGE propõe que, em vez de se atender ao número de actos realizados, se dê prevalência ao momento (ou momentos) em que é realizado o interesse do credor. Pela nossa parte, adoptamos essa ideia básica, embora convolando-a para a concretização do cumprimento. Nas obrigações duradouras – ao contrário das instantâneas – o cumprimento vai-se realizando num lapso de tempo alongado, em termos de relevância jurídica: uma ideia já presente, de resto, em SAVIGNY.

II. Na obrigação duradoura, ainda podemos encontrar duas situações:
 – ou a prestação permanente é contínua, exigindo uma actividade sem interrupção, *quotidie et singulis momentis*;

---

[462] P. ex., KARL LARENZ, *Lehrbuch des Schuldrechts*, I, 14ª ed. cit., 29 ss. e WOLF-GANG FIKENTSCHER, *Schuldrecht*, 9ª ed. cit., 38 ss..

[463] BEITZKE, *Nichtigkeit, Auflösung und Umgestaltung von Dauerrechtsverhältnissen* cit., 28 ss., estuda, em especial, 21 figuras de relações duradouras obrigacionais e 5 próprias dos direitos reais e de Direito da família, todas sensíveis à denúncia, e com regras específicas.

[464] Assim, VAZ SERRA, *Objecto da obrigação*, BMJ 74 (1958), 15 ss..

[465] MANUEL DE ANDRADE, *Teoria geral das obrigações* (1965), 159 ss., INOCÊNCIO GALVÃO TELLES, *Manual de Direito das obrigações*, I (1965), 36 ss., FERNANDO PESSOA JORGE, *Direito das obrigações*, I (1972), 69, ANTÓNIO MENEZES CORDEIRO, *Direito das obrigações*, 1.º vol. cit., 357 ss., JOÃO ANTUNES VARELA, *Das obrigações em geral*, vol. 1.º, 10ª ed. (2000), 94 ss. e ALMEIDA COSTA, *Direito das obrigações*, 9ª ed. cit., 644 ss..

– ou essa prestação é sucessiva, quando implique condutas distintas, em momentos diversos.

Encontramos prestações contínuas sobretudo nas abstenções; mas elas ocorrem, também, em obrigações positivas, com exemplo nas do depositário.

III. As obrigações duradouras apresentam algumas regras ditadas pela natureza das coisas. Desde logo, elas não se extinguem por nenhum acto singular de cumprimento. Tão-pouco elas podem dar lugar à repetição, na hipótese de ser anulado ou declarado nulo o contrato em que assentem: ou se restitui o valor (artigo 289.º/1, do Código Civil) ou não há quaisquer restituições, como sucede na hipótese de invalidade do contrato de trabalho.

81. A sujeição à denúncia; contratos de longa duração

I. As obrigações duradouras são, ainda, sensíveis à denúncia. Uma vez que elas não se extinguem pelo cumprimento, há que prever outra forma de extinção, diversa da resolução (unilateral, justificada e retroactiva), como vimos e da revogação, que exige mútuo acordo. E aqui ocorre a figura da denúncia.

A denúncia estará, em princípio, prevista por lei ou pelo próprio contrato[466]. O Direito preocupa-se com a matéria no âmbito de situações em que, de modo tipificado, procede à tutela da parte fraca: assim sucede no Direito do trabalho e no Direito do arrendamento. Outras áreas têm, também, regras explícitas, com relevo para o contrato de agência, regulado pelo Decreto-Lei n.º 178/86, de 3 de Julho, com as alterações introduzidas pelo Decreto-Lei n.º 118/93, de 13 de Abril: artigo 28.º[467]. Trata-se de um esquema aplicável, por analogia, à concessão e à franquia e que redunda no seguinte:

– na falta de prazo, qualquer das partes pode fazer cessar o contrato de agência;
– para tanto, há que fazer uma denúncia com pré-aviso: tanto maior quanto mais longa tiver sido a duração do contrato;
– na falta de pré-aviso, a denúncia é eficaz, mas há responsabilidade.

---

[466] Cf. ULRICH HUBER, *Leistungsstörungen*, II vol. (1999), 438.
[467] Cf. MENEZES CORDEIRO, *Manual de Direito comercial*, 1.º vol. cit., 505-506.

II. Põe-se o problema de saber o que sucede perante obrigações duradouras de duração indeterminada, quando as partes nada tenham dito sobre a denúncia e quando elas não possam ser reconduzidas a nenhum tipo contratual que preveja essa figura.

Ocorre, por vezes, a afirmação de que não poderia haver obrigações perpétuas, por contrariar vectores indisponíveis do ordenamento (ordem pública). A afirmação remonta ao Código Civil francês, de 1804, que a propósito da "locação de domésticos e de operários" – *grosso modo*, o contrato de trabalho – dispõe, no seu artigo 1780:

> Só se pode adstringir os seus serviços por duração limitada ou para um empreendimento determinado.

Com isso pretendia-se prevenir o regresso a situações de servidão, abolidas pela Revolução Francesa. Mas paradoxalmente, foi precisamente no sector do trabalho que a evolução posterior acabaria por (re)introduzir situações tendencialmente perpétuas, com clara ilustração no Direito português actual.

III. A proibição de relações perpétuas – que justificaria sempre a denúncia – surge apoiada na regra constitucional da liberdade de actuação[468]. Naturalmente, isso possibilitaria a livre denunciabilidade de relações duradouras de duração indeterminada, o que poderia atentar contra legítimas expectativas de continuação e de estabilidade e contra a regra do respeito pelos contratos. A solução teria de ser compatibilizada à luz da boa fé, numa ponderação a realizar em concreto[469].

IV. O problema da excessiva restrição à liberdade individual, por força da existência de relações duradouras indeterminadas, põe-se a propósito da prestação de serviço: daí a proibição napoleónica. Fora dessas situações e para mais num Direito que, como o português, perpetua, na prática, situações como os contratos de trabalho e de arrendamento, a afirmação da não-perpetuidade, embora soe bem, terá de ser verificada e comprovada. De resto, o artigo 18.°, *j*), da Lei sobre Cláusulas Contratuais Gerais, aprovada pelo Decreto-Lei n.° 446/85, de 25 de Outubro, veio proibir obrigações perpétuas, *quando* derivadas de cláusulas contratuais

---

[468] Cf., por todos, OETKER, *Das Dauerschuldverhältnis und seine Beendigung* cit., 258 ss..
[469] *Idem*, 279-289.

gerais; *a contrario*, elas pareceriam possíveis quando tivessem outra origem.

V. O problema tem conhecido uma abordagem recente diversa, graças à doutrina dos contratos de longa duração (*long term contracts*), de origem anglo-saxónica[470]. As partes podem, ao abrigo da sua autonomia privada, concluir contratos que durem ilimitadamente: basta que prevejam uma associação de interesses que tenha essa aspiração.

Nessa eventualidade, o facto de elas não terem previsto uma cláusula de denúncia, ainda que com um pré-aviso alongado, poderia significar:

– ou que houve erro ou esquecimento, seguindo-se o seu regime próprio;
– ou que há lacuna contratual, a integrar pela interpretação complementadora[471]; ainda aqui, poderão estabelecer-se cláusulas de renegociação.

Não se verificando nenhuma dessas hipóteses – ou, *a fortiori*, quando as partes excluam expressamente a denúncia ou equivalente – quedará o recurso à alteração das circunstâncias[472]. Fecha-se o círculo: no limite, a existência de relações perpétuas poderá, *in concreto*, defrontar os valores fundamentais do ordenamento, veiculados pela ideia de boa fé. O Direito português, justamente através do instituto da alteração das circunstâncias, tem meios para intervir.

82. A relação bancária; a personalização

I. O desenvolvimento anterior tem uma clara aplicação à relação bancária complexa – ou, se se quiser, ao contrato de abertura de conta que dele promane.

---

[470] Cf., em especial, e com indicações, KRAMER, ob. cit., 56 ss..

[471] Cf. JOACHIM GERNHUBER, *Hinausgeschobene Dauerschulden / Das Schuldverhältnis vor dem Anfangstermin*, FS Zöllner II (1998), 1119-1138 (1138).

[472] HELMUT KÖHLER, *Rückwirkende Vertragsanfassung bei Dauerschuldverhältnissen?*, FS Steindorf (1990), 611-641 (615 e 640). Tentámos concretizar esta via no domínio melindroso do Direito colectivo do trabalho; cf. MENEZES CORDEIRO, *Convenções colectivas de trabalho e alterações de circunstâncias* cit., 87 e *passim*.

A relação bancária não se extingue pelo cumprimento: antes se vai reforçando, com ele. Uma vez concluída, ela vai subsistir indefinidamente. Podemos até adiantar que ela é tendencialmente perpétua: as pessoas tendem a conservar, ao longo da sua vida, o primeiro banqueiro de que se tornaram clientes.

II. Devemos assinalar que a substituição de um banqueiro por outro coloca problemas práticos, ainda que solucionáveis. O particular visado terá de modificar numerosas ordens de pagamento permanentes – p. ex., as relativas a fornecimentos de electricidade, água, telefone e gás. Além disso, diversos "contratos" ligados à conta terão de cessar: cheques, cartões e créditos. Abordar um novo banqueiro pode levantar dúvidas: este questionar-se-á perante um desconhecido, podendo supor que, vindo de outro lado, não é recomendável.

III. Com o decurso do tempo, o banqueiro irá ficar com um conhecimento alargado da vida patrimonial e pessoal do seu cliente. Resulta, daí, toda uma confiança, que as partes devem respeitar.

O alongamento de uma relação bancária duradoura vai, no limite, forçar uma deslocação da situação do campo patrimonial para o pessoal. Denunciar uma conta *ad nutum* poderá ser atentatório do bom nome e da reputação do particular. Este estado de coisas é perfeitamente conhecido pela prática bancária: os banqueiros, perante clientes "antigos" em quem confiem, concedem facilidades à margem do estritamente contratado: descobertos em conta, créditos hipotecários em que a hipoteca é registada *depois* de libertados os fundos, acompanhamento personalizado, preferência na aquisição de certos produtos e auxílios especiais no estrangeiro.

IV. A área "pessoal" da relação bancária complexa não deve ser "invalidada" pelo Direito. A este compete, todavia, acompanhar o fenómeno, actuando nos casos de abuso manifesto da confiança assim criada. E isso pode suceder a favor de qualquer das partes[473].

Também a compensação bancária deve passar por este crivo.

---

[473] Cf. o interessante caso da RCb 12-Mai.-1998 (TÁVORA DIAS), nos *Estudos em Honra do Prof. Doutor Inocêncio Galvão Telles*, II vol. cit., acompanhado de excelente anotação de PAULA PONCES CAMANHO, 102-130: um banqueiro pagara, por erro, determinado cheque, assim originando um descoberto em conta que ele não pretendera.

CAPÍTULO III
A COMPENSAÇÃO BANCÁRIA

§ 22.º O DEPÓSITO BANCÁRIO

83. Generalidades; o depósito comum

I. A compensação bancária ocorre no âmbito de uma relação bancária complexa, subsequente a um contrato de abertura de conta e, muitas vezes, nos termos neste previstos.

A abertura de conta é, todavia, animada por depósitos e débitos bancários, articulados em conta-corrente. Trata-se de figuras cujo estudo é necessário, de modo a surpreender a realidade da compensação aqui em estudo.

Vamos principiar pelo depósito bancário.

II. O contrato de depósito vem definido no artigo 1185.º do Código Civil como

> (...) o contrato pelo qual uma das partes entrega à outra uma coisa, móvel ou imóvel, para que a guarde e restitua quando for exigida.

Na sua simplicidade, esta fórmula acolhe uma figura romana clássica. Com raízes muito antigas[474], o *depositum*[475] foi estruturado como *bonae*

---

[474] Cf. GIUSEPPE GANDOLFI, *Il deposito nella problematica della giurisprudenza romana* (1971), 39 ss.. Quanto ao antigo Direito grego, que previa o depósito, por exemplo, em templos, cf. UGO ENRICO PAOLI, *Deposito (Diritto attico)*, NssDI V (1960), 494-495 (494): παραπαταθηχη. Entre nós vide PAULA CAMANHO, *Do contrato de depósito bancário* cit., 98 ss..

[475] Em rigor, *depositum* é o objecto do depósito, de *deponere*; cf. CARLO LONGO, *Corso di diritto romano / Il deposito* (1946), 1 ss.. Quanto ao depósito no Direito romano, FRANCO BONIFACIO, *Deposito (diritto romano)*, NssDI V (1960), 495-497, GUIDO ASTUTI,

fidei iudicium[476] caracterizando-se, nessa medida, como um contrato consensual, dotado de acções recíprocas, universal, sensível à compensação e a outras excepções e – em suma – susceptível dum manuseio mais justo e menos formal. Tratava-se, ainda, dum contrato real – exigia, para a sua compleição, a entrega da coisa – e era essencialmente gratuito[477].

A estrutura básica do depósito conservou-se, através das diversas recepções do Direito romano. Podemos apontar uma certa diferenciação entre o estilo napoleónico e o alemão: enquanto, no primeiro, o depósito veio a perder a sua matriz real, admitindo-se, pois, a sua conclusão por simples acordo entre as partes, no segundo, a natureza real só mais recentemente tem sido questionada[478].

III. No Código de SEABRA, o depósito – artigos 1431.º e seguintes – era incluído entre os contratos de prestação de serviço – artigos 1370.º e seguintes[479]. Não obstante, a doutrina, pelo menos no início, manteve vivas as raízes do depósito enquanto contrato assente numa absoluta confiança do depositante sobre o depositário[480]. Procurando enumerar as características

---

Deposito (storia), ED XII (1964), 212-236 (217 ss.), GIOVANNI NEGRI, *Deposito nel diritto romano, medievale e moderno*, DDP/Sciv V (1990), 219-252 e MARGHERITA MARMO, *Il deposito bancario*, em ANNAMARIA AMBROSIO e outros, *I contratti bancari* (1999), 1-63 (3 ss.).

[476] Apenas numa fase já mais tardia do depósito integra o elenco das figuras *ex bona fide*, surgindo, nessa medida, no *Edictum perpetuum*. Cf., na reconstrução de OTTO LENEL, *Das Edictum Perpetuum / Ein Versuch zu seiner Wiederherstellung*, 3ª ed. (1927), §§ 106-112 (288-302). Vide, para outros elementos, MENEZES CORDEIRO, *Da boa fé* cit., 73 ss..

[477] LONGO, *Il deposito* cit., 5 ss..

[478] Cf., com elementos, PAOLO GALLO, *Deposito in diritto comparato*, DDP/SCiv V (1990), 274-278 (275 ss.). No Direito suíço, o depósito não tem natureza real; no Direito anglo-saxónico, o depósito tem de ser reconduzido à categoria mais ampla do *bailment*, numa dogmática muito diversa da continental.

[479] Os contratos de prestação de "serviços" – o Código actual usa "serviço" – eram, no Código de SEABRA, sucessivamente: o serviço doméstico, o serviço salariado, as empreitadas, os serviços prestados no exercício das artes e profissões liberais, a recovagem, barcagem e alquilaria, a albergaria ou pousada, a aprendizagem e o depósito. Como se vê, o Código Civil corresponde, também neste domínio, a um empobrecimento jurídico-cultural.

[480] Dizia DIAS FERREIRA, *Codigo Civil Portuguez Annotado*, vol. III, 2ª ed. (1898), 69:

D. Affonso de Castella, o Sabio, dizia deposito *quando um homem dava a outro as suas cousas a guardar fiando-se n'elle*; e os romanos formavam tão alta idéa d'este contracto, que o chamavam *sacer contractus*, porque mais que nenhum outro assentava na honradez e na proibidade pessoal.

§ 22.º *O depósito bancário*

do depósito sob o Código de SEABRA – ponto importante, pois foi sob ele que se moldou o Código Comercial ainda em vigor – temos as seguintes[481]:

– é um contrato gratuito – 1432.º – podendo, contudo, convencionar-se uma remuneração;
– é um contrato real: só se constitui com a entrega da coisa;
– é um contrato consensual ou formal, consoante o seu valor; o artigo 1434.º requeria um documento assinado pelo depositário e reconhecido pelo notário, quando o valor excedesse 1.000$, e escritura pública, se excedesse 2.000$ [482].

Quanto aos efeitos [483], deve apontar-se, no tocante às obrigações do depositário, os deveres de guardar a coisa, de não a usar ou devassar, de a restituir e, se necessário, de defender os direitos do depositário. Quanto às obrigações do depositante, referiam-se: a de indemnizar o depositário de todas as despesas e a de o remunerar, sendo esse o caso.

IV. O Código actual entendeu, no acima citado artigo 1185.º, adoptar a definição do artigo 1766 do Código Civil italiano [484]; este diploma foi, de resto, intensamente seguido, também neste domínio, pelo legislador de 1966 [485]. Logo daí retiram PIRES DE LIMA/ANTUNES VARELA a natureza

---

[481] O estudo do depósito tem sido gravemente prejudicado, entre nós, por não se leccionar, pelo menos até há pouco tempo, nas Faculdades de Direito, a matéria relativa aos contratos. A temática pode, assim, ser confrontada, sobretudo, nos comentaristas; cf. CUNHA GONÇALVES, *Tratado de Direito Civil*, vol. VIII (1934), 6 ss..

[482] Na reforma de 1930; a versão inicial do Código de SEABRA dispunha, respectivamente, os valores de 50 e de 100 mil réis.

[483] CUNHA GONÇALVES, *Tratado*, vol. VIII cit., 25 ss..

[484] PIRES DE LIMA/ANTUNES VARELA, *Codigo Civil Anotado*, vol. II, 4ª ed. (1997), 832.

[485] A doutrina italiana tem, assim, um interesse directo, entre nós, para o conhecimento do depósito; cf., em especial, ARTURO DALMARTELLO/GIUSEPPE B. PORTALE, *Deposito (diritto vigente)*, ED XII (1960), 236-274, ANGELO GALASSO/GIUSEPPE GALASSO, *Deposito* DDP/SCiv V (1990), 253-274 e PIETRO RESCIGNO (org.), *Codice Civile*, 2ª ed. (1994), 1912 ss..

Quanto à inabarcável doutrina alemã, referimos, em particular e no tocante ao depósito comum (*Verwahrungsvertrag*), hoje regulado nos §§ 688 e ss. do BGB, LARENZ, *Lehrbuch des Schuldrechts*, II, 1, *Besonderer Teil*, 13ª ed. (1986), 454 ss. e, por último, DIETER REUTER, no *Staudingers Kommentar BGB*, 13ª ed. (1995), §§ 652-704, 779 ss. e PALANDT/SPRAU, *BGB*, 62ª ed. cit., 1071 ss., onde podem ser confrontadas outras indicações.

real *quoad constitutionem* do depósito: seria essa a solução dominante em Itália[486]. Alguns autores italianos admitem, porém, a possibilidade de, ao lado do depósito real, se poder celebrar um depósito consensual, por mero acordo das partes[487]. Trata-se duma solução que temos vindo a preconizar para o Direito português e que funciona, de resto, em relação aos diversos contratos reais *quoad constitutionem*[488].

O artigo 1186.°, por remissão para o mandato, presume a gratuitidade do depósito. Trata-se, desta feita, da transposição do artigo 1767 do Código italiano o qual não impede, no entanto, a doutrina de reafirmar a gratuitidade como elemento natural do depósito.

84. Os deveres do depositário

I. Segundo o artigo 1187.° do Código Civil, o depositário fica essencialmente obrigado:

   a) A guardar a coisa depositada;
   b) A avisar imediatamente o depositante, quando saiba que algum perigo ameaça a coisa ou que terceiro se arroga direitos em relação a ela, desde que o facto seja desconhecido do depositante;
   c) A restituir a coisa com os seus frutos.

O dever de custódia suscita algumas dúvidas. Desde logo, ele não pode ser reconduzido a um dever de protecção: trata-se dum dever principal, *ex contractu* e não dum dever acessório, *ex bona fide*. Pela mesma linha de pensamento, também não é dever instrumental. No tocante à medida da diligência exigível, o artigo 1768 do Código italiano remete para o padrão do bom pai de família. O Código Civil, que vem seguindo à letra o Código em causa, omitiu, porém, esse preceito. ANTUNES VARELA infere, assim, com recurso aos artigos 487.°/2 e 799.°/2, relativos à responsabilidade, que se deve atender à *diligência, em abstracto*, do bom pai de família e não à diligência que, normalmente, o depositário ponha nas suas próprias coisas[489]. As teses que, para a definição do dever de custódia,

---

[486] PIRES DE LIMA/ANTUNES VARELA, *Código Civil Anotado*, vol. II, 4ª ed. cit., 834.
[487] Assim, DALMARTELLO/PORTALE, *Deposito* cit., 251.
[488] Cf. MENEZES CORDEIRO, *Tratado de Direito civil*, I, 1.°, 2ª ed. cit., 313.
[489] PIRES DE LIMA/ANTUNES VARELA, *Código Civil Anotado*, 2.° vol., 4ª ed. cit., 838.

apelam a um critério de responsabilidade, e não de prestação, vêm, contudo, sendo rejeitadas em Itália[490]. Parece-nos que bem: o Direito civil afirma-se pela positiva e não pela negativa; além disso, o critério de imputação de danos pressupõe a prévia determinação da ilicitude e da culpa, as quais variam com os contratos. Importa ter presente – o retorno aos clássicos é inevitável! – que o depósito é, antes do mais, um contrato *intuitu personae*, assente na confiança[491]. Quem entrega uma coisa à guarda de outrem fá-lo por estar convencido de que ela será bem guardada. E para isso, atenta nas *qualidades concretas* do depositário. Este, pela obrigação de custódia, assume um dever de resultado: não de meios[492]! Caso o resultado não seja alcançado, presume-se a *culpa*[493]. O depositário, para a ilidir, terá de provar, entre outras coisas, que pôs, no cumprimento, a diligência que, *in concreto*, lhe era exigível. E *in concreto* se verá – como entende a actual doutrina italiana – se a diligência tida em conta pelas partes era a comum ou qualquer outra[494].

II. O dever de aviso previsto no artigo 1187.º, *b)*, não se confunde com o dever de defesa da coisa. Basta ver que ele funciona sempre que o depositante desconheça o perigo e não, apenas, quando o depositário não possa assegurar, ele próprio, a defesa[495]. O depositante deve estar informado de quanto respeite à coisa depositada. Pensamos que, por maioria de

---

[490] Cf. DALMARTELLO/PORTALE, *Deposito* cit., 238.
[491] O papel da confiança no depósito é salientado – e bem – em STJ 21-Mai.- -1996 (MIGUEL MONTENEGRO), CJ IV (1996) 2, 82-83.
[492] Nesse sentido, RESCIGNO, *Codice Civile*, 2ª ed. cit., 1916.
[493] No sentido obrigacional de *faute*, isto é, de culpa/ilicitude/nexo de causalidade; cf. a nossa *Da responsabilidade civil dos administradores* cit., § 19 (451 ss.).
[494] Em RLx 15-Abr.-1997 (PINTO MONTEIRO), CJ XXII (1997) 2, 103-105 (105/2), entendeu-se que o depositário que deixa um *jeep* à entrada dum *stand* e com as chaves na ignição está a violar o dever de custódia, sendo responsável. Embora, formalmente, este acórdão pareça apelar às considerações feitas no *Código Anotado* de P. LIMA/A. VARELA, verifica-se, no nível fundamental da decisão, e bem, uma clara prevalência da apreciação *in concreto*. Fazendo também aplicação da regra da presunção de culpa, perante a subtracção dum veículo dado em depósito, como forma de responsabilizar um depositário, cf. RLx 16-Jun.-1986 (AZEVEDO BRITO), CJ XI (1986) 1, 87-90 (89-90) e STJ 7-Fev.-2002 (ÓSCAR CATROLA; vencido: NEVES RIBEIRO), CJ/Supremo IX (2002) 1, 81-86.
[495] Neste domínio, ocorre recordar o artigo 1188.º do Código Civil que, inclusive, atribuiu formalmente as acções possessórias ao depositário; quanto às dúvidas que esta solução suscita cf. os nossos *Direitos Reais* (1993, *reprint*), 705.

razão, o depositário deve avisar o depositante das pretensões que ele próprio, depositário, entenda poder deduzir em relação à coisa. Mal estaríamos se o depositário, julgando-se com direito à coisa, a aceitasse, placidamente, do depositante, como depósito, para, depois e de surpresa, exibir os seus direitos. Este raciocínio é aplicável às pretensões supervenientes. O depósito é um contrato sério, de confiança, não se admitindo o seu uso transversal ou não sério.

III. O dever de restituição opera *ex contractu*. Por isso, o depositário não pode recusar a restituição da coisa com o fundamento de que o depositante não é o verdadeiro titular: artigo 1192.º/1. Os números 2 e 3 desse preceito exceptuam, em certos termos, as hipóteses de se tratar de coisa objecto de reivindicação por terceiros ou de coisa supostamente proveniente de crime. Segundo o artigo 1194.º, o prazo de restituição presume-se estabelecido a favor do depositante: este pode, pois, a todo o tempo – e mesmo havendo prazo – *pedir a imediata restituição da coisa*; porém, sendo o depósito remunerado, o depositário tem, nessa hipótese, direito à remuneração convencionada por inteiro, salvo justa causa – *idem*. A coisa é restituída, no silêncio das partes, no local onde se encontrar – 1195.º – ficando as despesas a cargo do depositante – 1196.º.

IV. O depositário não pode usar a coisa nem subdepositá-la, sem autorização do depositante – artigo 1189.º. Ele pode guardar a coisa de modo diverso do convencionado quando deva supor que o depositante concordaria, perante as circunstâncias; o exercício de tal *ius variandi* deve ser comunicado ao depositante, logo que possível – artigo 1190.º, ambos do Código Civil.

O depósito cerrado não pode ser devassado pelo depositário, presumindo-se a culpa deste quando o invólucro ou o recipiente que contenha a coisa se mostre violado – artigo 1191.º.

V. Finalmente, o depositante tem os deveres de – artigo 1199.º:

– pagar a retribuição devida, quando esse seja o caso; quanto à retribuição dispõe o artigo 1210.º;
– reembolsar o depositário das despesas;
– indemnizá-lo do prejuízo, salvo se o depositante tiver agido "sem culpa".

85. O depósito irregular

I. Pela natureza das coisas, o depositário não pode consumir a coisa depositada: nessa altura a restituição não seria possível. Porém, desde a Antiguidade se tem verificado a transposição linguística e, depois, conceptual, das categorias do depósito para os casos em que o "depositário" recebe algo com o dever de restituir (apenas) o equivalente[496].

Desde o início surgiu, pois, um depósito particular: aí, o depositário, em vez de restituir a própria coisa depositada, teria de devolver o equivalente[497], o *tandumdem, eiusdem generis et qualitatis*. A esta figura vieram os comentadores chamar depósito irregular.

II. A natureza do depósito irregular é discutida[498]: querem uns que se trate dum verdadeiro depósito, outros dum mútuo e outros, por fim, de um contrato *sui generis*, com elementos do mútuo e do depósito. A primeira posição domina em Itália, com base na ideia da identidade do interesse do depositante, que prevalece sobre a mutabilidade da coisa. A terceira merece os favores da doutrina alemã – ou dalguma dela – por razões que se prendem com o seu regime[499]. De todo o modo, a solução, quer da lei italiana – artigo 1782 – quer da alemã – § 700/I, primeira parte, dos Códigos Civis respectivos – remeteu o regime do depósito irregular para as regras do mútuo.

III. O Código Civil vigente tem uma secção expressamente aplicável ao depósito irregular, dedicando-lhe dois preceitos: os artigos 1205.º e 1206.º.

O primeiro define depósito irregular como o "... que tem por objecto coisas fungíveis". Trata-se duma definição deficiente: as partes podem

---

[496] Cf. KLAUS GELGER, *Das Depositum irregulare als Kreditgeschäft* (1962) 22, referindo o fenómeno já na Grécia. Mencionando a Mesopotâmia, HANNU TAPANI KLAMI, "*Mutua magis videtur quam deposita*"/*Über die Geldverwahrung im Denken der römischen Juristen*, trad. alemã do Autor e de BERND ASSMUTH (1969), 5.

[497] ASTUTI, *Deposito* cit., 224. Cf. ERNESTO SIMONETTO, *Deposito irregolare* DDP/SCiv V (1990), 279-299 (279 ss.).

[498] Cf., quanto à discussão em Itália, referindo os autores que subscrevem as diversas opiniões, RESCIGNO, *Codice Civile*, 2ª ed. cit., 1924.

[499] UWE HÜFFER, *Münch-Komm* 3/2, 2ª ed. (1986), § 700 (363 ss) e DIETER REUTER, *Staudingers Kommentar*, 13ª ed. cit., § 700, Nr. 2 ss. (832 ss.).

perfeitamente celebrar um depósito comum relativo a coisas fungíveis: nessa altura o depositário não as poderá consumir, devendo restituir precisamente o que recebeu, de acordo com as regras normais do depósito. O artigo 1782/I do Código italiano – desta vez esquecido – parece mais esclarecedor uma vez que, sob a epígrafe de depósito irregular, dispõe:

> Se o depósito tiver por objecto uma quantia em dinheiro ou outras coisas fungíveis, com a faculdade, para o depositário, de se servir delas, este adquire a propriedade delas e fica obrigado a restituir outras tantas da mesma espécie e quantidade.

O artigo 1206.º manda aplicar, ao depósito irregular, na medida do possível, as regras do mútuo. São aplicáveis, por esta via, os artigos 1143.º (forma), 1144.º (transferência da propriedade para o depositário), 1148.º (prazo da restituição) e 1149.º (falta de género, não se tratando do dinheiro). São inaplicáveis, entre outras, as regras relativas ao mútuo oneroso – artigos 1145.º e seguintes [500].

IV. O depósito irregular não é um verdadeiro depósito. Basta ver que não se lhe aplicam as regras existenciais relativas ao dever de custódia. Mas também não é um mero mútuo [501]: o depósito, mesmo irregular, é celebrado no interesse do depositante que, assim, quer beneficiar da *conservação daquele preciso valor*, mantendo, sobre ele, uma *permanente disponibilidade* [502]; o mútuo visa o interesse do mutuário, que pretende gastar a coisa e, eventualmente, o do mutuante, mas através da recepção dos juros.

Temos, por nós, que é um contrato misto, com elementos do depósito e do mútuo e que, por estar há muito nominado e autonomizado, podemos apresentar como tipo próprio: precisamente o do depósito irregular.

---

[500] Cf. PIRES DE LIMA/ANTUNES VARELA, *Código Civil Anotado*, II vol., 4ª ed. cit., 862. Teria sido conveniente o Código Civil conservar, do anteprojecto GALVÃO TELLES, a regra de que a propriedade da coisa "depositada" passa para o depositário *ex contractu*. Nada se dizendo, a solução bem poderia ser a do artigo 1451.º/2 do Código Civil, relativa à do usufruto de coisas consumíveis, que é inversa. A propriedade só se transferiria, então, com o consumo, alterando profundamente o regime do risco. Aderimos à solução de transferência por ser o entendimento mais justo e por ser prevalecente nas doutrinas dadoras da nossa.

[501] Decisivo: DIETER REUTER, *Staudingers Kommentar*, 13ª ed. cit., § 700, Nr. 3 (832-833).

86. Depósito mercantil e depósito bancário

I. Antes de abordar directamente o depósito bancário, cabe ainda referir o depósito mercantil, regulado nos artigos 403.º e seguintes do Código Comercial. Esse preceito dispõe, logo à cabeça, que o depósito é considerado mercantil quando "... seja de géneros ou de mercadorias destinadas a qualquer acto de comércio". Trata-se, pois, dum acto objectivamente comercial.

II. No tocante ao regime, verifica-se que o depósito mercantil, ao contrário do comum, dá, como regra, azo a remuneração – artigo 404.º do Código Comercial[503]. Estando em causa um depósito de "papéis de crédito com vencimento de juros", o depositário é obrigado à cobrança e demais diligências necessárias para a conservação de um valor e efeitos legais, sob pena de responsabilidade – artigo 405.º. Temos, aqui, um importante dever secundário, de base legal.

Na vida do comércio, pode suceder que a celebração dum depósito mercantil seja acompanhada de permissão expressa para o depositário se servir da coisa, seja para si próprio, seja em operações recomendadas pelo depositante; nessa altura, por via do artigo 406.º, aplicam-se, respectivamente, as regras do empréstimo mercantil ou da comissão ou, ainda, do contrato que ao caso couber[504].

De todo o modo e no omisso aplicam-se, ao depósito mercantil, as regras relativas ao depósito comum[505]. Deve-se acrescentar que o contrato de depósito apresenta, no seu funcionamento, uma extraordinária versatilidade[506]. Ele vem, desta forma, apresentar múltiplas hipóteses de actuação, designadamente no campo bancário.

---

[502] Essa permanente disponibilidade – que não surge no mútuo – corresponde, aqui, à pretensão de restituição, essencial no depósito, mesmo irregular; cf. STJ 4-Out.-1994 (RAMIRO VIDIGAL), CJ/Supremo II (1994) 3, 81-83.

[503] CUNHA GONÇALVES, Comentário ao Código Comercial, 2.º vol. (1915), 471--472.

[504] Criticando esta fórmula, importada pelo artigo 309.º do Código de Comércio espanhol, CUNHA GONÇALVES, Comentário cit., 2.º vol., 473.

[505] CUNHA GONÇALVES, Comentário cit., 2.º vol., 472 (n.º 587).

[506] Cf. ROSARIO NICOLÒ, Deposito e contratto a favore di terzo, RDComm XXXVII (1939) 2, 451-459, em anot. a CssIt 10-Mar.-1939, idem, 451-459.

III. O artigo 408.º do Código Comercial refere os depósitos *feitos em bancos ou sociedades* os quais "... reger-se-ão pelos respectivos estatutos em tudo quanto não se achar prevenido neste capítulo e mais disposições legais aplicáveis". A referências aos "estatutos" deve ser convolada para uma referência aos usos.

Temos, aqui, uma primeira alusão ao depósito bancário. Tratar-se-ia, segundo a doutrina comum, de um depósito feito, em dinheiro, por um cliente – o depositante – junto dum banqueiro – o depositário [507]. Todavia, há, aqui, uma manifesta promiscuidade linguística: em bom rigor, o depósito bancário traduz não um contrato autónomo, mas uma operação que consiste em levar a uma conta bancária um movimento activo. Só caso a caso e depois de ponderada verificação, se poderá proceder à aplicação, a tais movimentos ("de depósito"), das regras atinentes ao depósito propriamente dito. Como vimos do enunciado acima efectuado: boa parte delas é puramente inaplicável.

87. Modalidades de depósito bancário

I. O Decreto-Lei n.º 430/91, de 2 de Novembro, apresenta-se como aprovando o "regime geral das contas de depósito"[508]. O seu artigo 1.º distingue "depósitos de disponibilidades monetárias nas instituições de crédito", referindo as seguintes modalidades:

– depósitos à ordem: são os exigíveis, a todo o tempo, pelo cliente;
– depósitos com pré-aviso: são exigíveis apenas após um pré-aviso escrito, feito com a antecedência fixada no contrato;
– depósitos a prazo: são exigíveis no fim do prazo para que forem acordados; as instituições de crédito podem conceder uma mobilização antecipada, nas condições acordadas;
– depósitos a prazo não mobilizáveis: não admitem tal antecipação;

---

[507] Quanto ao depósito bancário, cf. CARLOS LACERDA BARATA, *Ensaio sobre a natureza jurídica do contrato de depósito bancário* (1993, polic.), VASCO MATCHOCO, *O depósito bancário* (1995), e JOSÉ IBRAIMO ABUDO, *Depósito bancário*, em *Temas de Direito bancário* (1999), 381-434.

[508] Cf. CARLOS LACERDA BARATA, *Contrato de depósito bancário*, em *Estudos em Honra do Prof. Doutor Inocêncio Galvão Telles*, II vol. cit., 7-66 (15 ss.).

– depósitos em regime especial: todos os outros; a sua criação é livre devendo, contudo, ser dado conhecimento das suas características, com 30 dias de antecedência, ao Banco de Portugal – artigo 2.º.

Os depósitos a prazo e os depósitos a prazo não mobilizáveis dão azo a um título nominativo, a emitir pelas instituições depositárias, nos termos e com as características referidas no artigo 3.º. O artigo 4.º do Decreto-Lei n.º 430/91 refere, ainda, depósitos constituídos ao abrigo de legislação especial. Os diversos tipos de depósitos dão lugar a taxas de juros diferentes, devidamente publicitadas.

II. Os depósitos constituídos em instituições de crédito podem ser "representados" por certificados de depósito nominativos, emitidos pelas instituições depositárias – artigo 1.º do Decreto-Lei n.º 372/91, de 8 de Outubro. Estes certificados – ao contrário dos títulos nominativos relativos a depósitos a prazo, com ou sem possibilidade de mobilização antecipada –, são transmissíveis por endosso, com ela se transmitindo todos os direitos relativos aos depósitos que representem – artigo 2.º/1, do Decreto-Lei n.º 372/91, de 8 de Outubro. Este diploma regula, ainda, os prazos, remetendo-os para o acordo das partes contratantes, os juros, o depósito de certificados, os elementos obrigatórios que eles devem conter e as condições a fixar pelo BP – artigos 3.º a 7.º, respectivamente.

III. Diversa legislação especial fixa, ainda, outros tipos de depósito bancário [509]. Os diplomas falam em "contas" – tais depósitos ocorrem normalmente em contas específicas, abertas junto de contas comuns – e associam, por vezes, outros contratos aos depósitos em jogo. Assim, numa breve síntese, temos:

– *contas poupança-habitação* – Decreto-Lei n.º 27/2001, de 3 de Fevereiro: trata-se dum depósito com o prazo mínimo dum ano, com benefícios fiscais – dedutibilidade, até certo montante, no rendimento colectável, para efeitos de IRS – e cujo saldo só pode ser mobilizado para aquisição ou beneficiação de habitação pró-

---

[509] Cf., em Itália, GIACOMO MOLLE, *Deposito bancario*, NssDI V (1960), 518--528 (519 ss.), GIUSEPPE FERRI, *Deposito bancario*, ED XI (1964), 278-285 (280) e LINO GUGLIELMUCCI, *Deposito bancario*, DDP / SComm IV (1990), 255-261 (256-257).

pria[510]; quando a conta tenha mais de 3 anos, a instituição depositária fica obrigada a conceder crédito para habitação, em certas condições favoráveis;
– *contas poupança-reformados* – Decreto-Lei n.° 138/86, de 14 de Junho: reportam-se a depósitos a constituir por reformados com pensões médias/baixas e que apresentam alguns benefícios fiscais, prazos a fixar pelas partes e juros vantajosos;
– *contas de emigrantes* – Decreto-Lei n.° 323/95, de 29 de Novembro: trata-se de contas facultadas apenas a emigrantes e que visam o financiamento de habitação ou da instalação e desenvolvimento de actividades industriais, agro-pecuárias ou piscatórias – artigo 4.°; os depósitos na "conta-emigrante" podem ser expressos em escudos ou em moeda estrangeira – artigo 7.° tendo uma taxa de juros a acordar pelas partes – artigo 10.°. Tais contas podem beneficiar de empréstimos, em circunstâncias a regulamentar e em limites a fixar, com uma taxa de juro a negociar pelas partes – artigo 11.° e seguintes[511];
– *contas poupança-condomínio* – Decreto-Lei n.° 269/94, de 26 de Outubro[512]: são depósitos constituídos pelos condomínios de prédios em propriedade horizontal, exclusivamente destinadas a financiar obras em partes comuns e que tem (ligeiros) benefícios fiscais.

Podemos considerar que a matéria atinente aos depósitos e às suas modalidades apresenta uma regulamentação ainda extensa, nem sempre justificada pelos benefícios fiscais que, supostamente, a justificariam. Se bem pensarmos e, de todo o modo, todos estes "depósitos" têm a ver com o regime de contas bancárias: não de quaisquer contratos de depósito.

---

[510] A lei admite a mobilização para outros fins – artigo 5.°/3 – mas o depositante terá de repor os benefícios fiscais.
[511] O Decreto-Lei n.° 323/95, de 29 de Novembro, foi alterado pelo Decreto-Lei n.° 65/96, de 31 de Maio. A matéria das contas de emigrantes vem regulada na Portaria n.° 1476/95, de 23 de Dezembro, alterada pela Portaria n.° 1319/2001, de 30 de Novembro, sendo, ainda, de ter em conta as Instruções do BP n.° 64/96, n.° 65/96 e n.° 66/96, todas de 17 de Junho. Cf. JOSÉ MARIA PIRES, *Direito bancário*, 3.° vol. (1997), 603 ss.. A densidade normativa é, aqui, muito intensa.
[512] Alterado pelo artigo 48.° da Lei n.° 52-C/96, de 27 de Dezembro.

88. Regime e natureza

I. O depósito bancário em sentido próprio é um movimento de crédito em conta bancária previamente constituída junto de um banqueiro, como se viu. Trata-se, portanto, duma operação que decorre sempre de uma abertura de conta, de tal modo que, em regra, o banqueiro já deu o seu assentimento genérico à realização do correspondente movimento a crédito: ele mais não pode fazer do que aceitar as diversas manifestações da sua concretização.

Perante depósitos à ordem, podemos falar numa única convenção de depósito, ínsita na abertura de conta, e que obriga o banqueiro a receber, levando à conta, os diversos movimentos activos ou "de depósito"[513].

A partir daí, aplicam-se as regras estipuladas, especificamente ou por adesão, a propósito da abertura de conta. O acto de depósito, em si, não é nenhum contrato: apenas um acto de execução.

II. A forma dos "depósitos" bancários está, por vezes, condicionada por cláusulas contratuais gerais, ao preenchimento de impressos ou à actuação de esquemas informáticos. Trata-se de exigências de normalização; de todo o modo, cumpre distinguir entre a forma dos actos e a prova de que a tal forma foi seguida. Nos termos gerais, a forma em causa é *ad substantiam* e não *ad probationem*. Observada a forma, o acto é válido; a sua prova subsequente pode ser feita por qualquer via admitida em Direito.

O produto dos "depósitos" e o desconto dos créditos do banqueiro, nos termos relativos à conta-corrente bancária, abaixo examinada, permitem apurar o saldo. O saldo da conta funciona como um bem patrimonial, susceptível de diversas operações.

III. A natureza do depósito bancário já levantou muitas dúvidas[514]. O depósito bancário à ordem tem sido considerado, entre nós, na doutrina e, sobretudo, na jurisprudência, como um depósito irregular[515]: o banqueiro

---

[513] Em abono, CARLOS LACERDA BARATA, *Contrato de depósito bancário* cit., 48.
[514] Cf. PAULA CAMANHO, *Do contrato de depósito bancário* cit., 145-210, com múltiplos elementos; esta Autora acaba, todavia, por optar pela teoria do mútuo.
[515] STJ 8-Out.-1991 (MARTINS DA FONSECA), BMJ 410 (1991), 805-816 (813), STJ 9-Fev.-1995 (COSTA SOARES), CJ / Supremo III (1995) 1, 75-77 (76/2), RLx 27-Jan.-1995 (CABANAS BENTO), CJ XX (1995) 3, 136-137 (136/2) e RLx 12-Mai.-1998 cit., (PEREIRA DA SILVA), CJ XXIII (1998) 3, 94-96 (99/I) e RLx 7-Out.-1999 (SILVA PEREIRA), CJ XXIV

adquire a titularidade do dinheiro que lhe é entregue, sendo o cliente um simples credor. A pedra de toque está na disponibilidade permanente do saldo.

O risco do que possa suceder na conta do cliente, quando não haja culpa deste, cabe ao banqueiro: assim foi decidido num caso em que se provou ter sido efectivado determinado depósito nocturno, por certo valor, sem que, depois, na conferência, surgisse toda a importância depositada: o risco corria pelo banqueiro, proprietário das importâncias[516]; também pelo banqueiro corre o risco do aparecimento de cheques falsificados, com a assinatura muito semelhante à autêntica[517].

Já os depósitos a prazo – os depósitos de poupança – distinguir-se-iam dos depósitos a prazo: teriam a natureza de mútuos e não de depósitos irregulares[518]. Na verdade, aí já falta a ideia de restituição/disponibilidade.

IV. Todas estas considerações sobre o depósito bancário e a sua natureza são úteis, uma vez que lançam luz sobre diversas das suas facetas. No entanto, elas não devem fazer esquecer que o depósito bancário é a execução de um claro tipo contratual social, perfeitamente determinado por cláusulas contratuais gerais e pelos usos e que não corresponde, precisamente, a nenhuma figura pré-existente.

Apesar da argúcia das análises que a sustentam, repugna cindir dogmaticamente a categoria dos "depósitos bancários". Todos eles correspondem a modalidades de regimes próprios da abertura de conta. É certo que os "depósitos" a prazo não estão totalmente disponíveis; qualquer banco

---

(1999) 4, 118-122 (119/II)para citar apenas alguns exemplos mais recentes. Para um breve apanhado do tema noutros ordenamentos, cf. PAOLO GALLO, *Deposito bancario in diritto comparato*, DDP / SComm IV (1990), 261-263. A hipótese do depósito irregular é particularmente retida em Itália – cf. LINO GUGLIOLMUCCI, *Deposito bancario* cit., 256 –, com clara influência entre nós.

[516] RCb 21-Mai.-1996 (NUNO CAMEIRA), CJ XXI (1996) 3, 16-20 (19/2).

[517] STJ 21-Mai.-1996 (MIGUEL MONTENEGRO), CJ / Supremo IV (1996) 2, 82--83 (83). Trata-se duma orientação tradicional, no Direito bancário: recordamos BGH 13-Dez.-1967, DB 1968, 303-304 (303) e OLG Koblenz 9-Dez.-1983, WM 1984, 206--209; em França e na mesma linha, cf. as indicações de LAMY, *Droit du financement* (2001), n.º 2051.

[518] Cf. UWE HÜFFER, *Münch-Komm* 3/2, 2ª ed. cit., 367. Entre nós, é esta, também, a orientação de CARLOS BARATA, *Depósito bancário* cit., *maxime* 283, e *Contrato de depósito bancário* cit., 50 ss., com múltiplas indicações.

admite, porém, a sua mobilização antecipada ou o seu resgate, ainda que com perda de juros para o cliente. Pois bem: nessa ocasião, um mútuo transformar-se-ia em depósito irregular?! Além disso, as regras específicas que tutelam o mutuário não operam em prol do banqueiro. Os bancos também podem contrair empréstimos: não o fazem, porém, sob a forma de depósitos a prazo. Finalmente: o sentir social, importante para moldar tipos sociais e, ainda, figuras assentes nos usos, não trata o cliente que constitui um depósito a prazo como um mutuante: é um "depositante" ou cliente do banqueiro, ainda que especial.

Mantemos, pois, o depósito bancário como figura unitária, típica, autónoma e próxima, historicamente, do depósito irregular, mas que o Direito bancário acabou por dissolver como acto de execução integrado no contrato mais vasto que é a abertura de conta.

§ 23.º A CONTA-CORRENTE BANCÁRIA

89. Generalidades; a conta-corrente comum

I. Como vimos, a abertura de conta não deve ser tomada como um simples contrato bancário, a ordenar entre diversos outros contratos dessa natureza: ela opera como um acto nuclear cujo conteúdo constitui, na prática, o tronco comum dos diversos actos bancários subsequentes[519].

No seu funcionamento como na sua estruturação, a abertura de conta pressupõe elementos próprios da conta-corrente. Trata-se dum contrato concluído em torno de uma técnica contabilística com raízes na mais alta Antiguidade: uma representação expedita em duas colunas, duma sequência marcada por entregas mútuas e na qual, à primeira, são levadas o *meu* e, na segunda, o *teu*, permitindo, depois, o encontro de ambas[520]. Na Grécia antiga, bem como em Roma, surgem práticas comerciais próximas duma conta-corrente contabilística, num hábito retomado na baixa Idade Média e na Renascença italiana[521].

II. A conta-corrente retratava apenas, de forma gráfica sintética, uma sucessão de actos. Cedo, porém, se verificou que a relação de proximidade entre eles propiciava regras comuns e uma interacção entre todos. Assim, no século XIX, acabaria por se passar de simples conta-corrente contabilística ao contrato de conta-corrente, propriamente dito[522-523].

---

[519] Além dos elementos já referidos, *vide* o importante acórdão da RCb 16-Mar.- -1999 (NUNO CAMEIRA), CJ XXIV (1999) 2, 21-24 (23/I). Cf., ainda, USSUMANE ALY DAUTO, *Abertura de conta bancária*, em Temas de Direito bancário (1999), 317-379.

[520] Cf. SCHWINTOWSKI/SCHÄFER, *Bankrecht* cit., 143.

[521] TORQUATO GIANNINI, *I contratti di conto corrente* (1895), 103 ss., VITTORIO SALANDRA, *Conti correnti bancari e contratto di conto corrente*, RDComm XXIX (1931) 1, 707-737 (715), GIACOMO MOLLE, *Conto corrente bancario*, NssDI IV (1959), 414-424 (415 e 416) e UWE BLAUROCK, *Das Kontokorrent*, JA 1980, 691-696 (691 ss.), que começa por referir antecedentes no Egipto e na Babilónia.

[522] GUSTAVO BONELLI, *Sulla teoria del conto corrente*, RDComm XII (1914) 1,

III. Na autonomização do contrato de conta-corrente formaram-se, no século XIX, duas grandes tradições: a francesa e a alemã.

Nascida dos usos [524], a conta-corrente não obteve, no *Code de Commerce* de 1807, mais do que uma breve referência. A dinamização dos negócios levou a um desenvolvimento marcante e, depois, a largo interesse doutrinário [525]. A doutrina veio a chamar a atenção para três dos seus elementos e sucessivamente: as entregas recíprocas, o efeito novatório e a compensação mútua. Partindo de entregas mútuas de bens ou de valores, as partes abdicariam da individualidade de cada uma delas, novando as respectivas obrigações em vínculos obrigacionais de sinal contrário; no final, através de compensações, apurar-se-ia o saldo: apenas este seria devido. Na evolução subsequente o aspecto novatório veio a diminuir[526], numa aproximação ao esquema alemão.

A tradição alemã vê, na conta-corrente, uma simples posição de crédito ou de débito, consoante a parte que detenha um saldo positivo [527].

A orientação italiana surgiria como um misto das duas anteriores [528]. O Código de Comércio de 1882 receberia uma ideia de conta-corrente como assumindo um efeito novativo pressupondo, ainda, um papel creditício[529].

825-834 (825-826) e OBERDAN TOMMASO SCOZZAFAVA/GIUSEPPE GRISI, *Conto corrente*, DDP/SComm IV (1990) 1-7 (1). Um importante desenvolvimento pode ser, ainda, confrontado em VITTORIO SANTORO, *Il conto corrente bancario* (1992), 7 ss..

[523] Deve-se notar que, ainda hoje, uma conta-corrente contabilística não é, necessariamente, um contrato de conta-corrente: este pressupõe um acordo, entre as partes, destinado a produzir efeitos que transcendem a soma das operações retratadas; cf. STJ 12--Jun.-1986 (SOLANO VIANA), BMJ 358 (1986), 558-563 (561), RCb 23-Fev.-1994 (MOREIRA CAMILO), BMJ 434 (1994), 697 (o sumário), REv 14-Mar.-1996 (PITA DE VASCONCELOS), CJ XXI (1996) 2, 273-275 (274) e RLx 15-Abr.-1999 (NUNES DA COSTA), BMJ 486 (1999), 357-358 (o sumário).

[524] Cf. JEAN ESCARRA, *Cours de droit commercial* (1952), 42.

[525] Cf., com múltiplas indicações, SALANDRA, *Conti correnti* cit., 716 e ss..

[526] Cf. RICHARD DESGORCES, *Relecture de la théorie du compte courant*, RTD-Comm 50 (1997), 383-394 (385).

[527] *Idem*, 720. A *Kredittheorie* surge, ainda hoje, nas fórmulas destinadas a definir a conta-corrente; cf. CANARIS, *Bankvertragsrecht* 1.º vol., 3 ed. cit., Nr. 142 (104-105).

[528] SALANDRA, *Conti correnti* cit., 723. Na doutrina da época, cumpre referir TORQUATO GIANNINI, *I contratti di conto corrente* (1895).

[529] ADRIANO FIORENTINO, *Conto corrente*, NssDI IV (1959), 408-414 (409).

O Código de Comércio italiano de 1882 influenciou o nosso Código de VEIGA BEIRÃO: um dos poucos que trata, explicitamente, o contrato de conta-corrente[530]. Segundo o seu artigo 344.º,

> Dá-se contrato de conta-corrente todas as vezes que duas pessoas tendo de entregar valores uma à outra, se obrigam a transformar os seus créditos em artigos de "deve", e "há-de haver", de sorte que só o saldo final resultante da sua liquidação seja exigível.

O Código Comercial apresenta um regime de conta-corrente um tanto arcaico. Por isso, antes de o examinar, parece oportuno verificar o estado actual da dogmática relativa ao contrato de conta-corrente comum.

90. Dogmática actual

I. Qualquer discussão sobre a natureza do contrato de conta-corrente deve ser precedida pela fixação das suas funções e do seu regime. Estes dois aspectos estão, de resto, imbricados.

Em traços largos, de acordo com o sistema de CANARIS, podemos ajustar três funções para a conta-corrente[531]:

– uma função de simplificação e de unificação;
– uma função de segurança;
– uma função de crédito.

O contrato de conta-corrente implica, antes de mais, uma obrigação assumida pelas partes de manter uma determinada relação de negócios sob a forma contabilística duma conta-corrente. Resulta, daí, uma simplificação e uma normalização no modo de apresentar um conjunto complexo de operações.

---

[530] Noutros ordenamentos, esta matéria é lacunosa. No direito alemão, a conta-corrente (*Laufende Rechnung* ou *Kontokorrent*) é parcialmente tratada nos §§ 355 ss. do *HBG*; a sua maior aplicação ocorre, contudo, no Direito bancário, onde tem vindo a desenvolver uma dogmática própria; cf. BAUMBACH/HOPT, *Handelsgesetzbuch*, 30.ª ed. cit., 1018 ss.

[531] CLAUS-WILHELM CANARIS, *Funktionen und Rechtsnatur des Kontokorrents*, FS Hämmerle (1972), 55-78 (55 ss., 64 ss. e 67 ss.) ; uma orientação similar aparece em UWE BLAUROCK, *Das Kontokorrent* cit., 692.

A conta-corrente tem, de seguida, a virtualidade de consignar determinados valores à satisfação de certos débitos. Em termos práticos, resulta daqui que o credor de parcelas incluídas em conta-corrente, pelo maquinismo da compensação[532], vai ser preferencialmente satisfeito pelo desaparecimento dos seus próprios débitos para com o devedor: em relação a eles, não há concurso de credores.

Finalmente, a conta-corrente tem, ínsita, uma função de crédito: consoante o sentido do saldo, e até ao encerramento da conta, as partes poderão ficar, reciprocamente, na situação de credor e de devedor.

II. Se tentarmos reduzir dogmaticamente os efeitos da conta-corrente, encontraremos factores próprios de diversos contratos. Recorrendo novamente, ainda que de modo adaptado, à análise de CANARIS, encontramos vários elementos: um contrato de base que faculte os diversos movimentos; um acordo no sentido de levar as posições a uma conta-corrente, em sentido contabilístico; um acordo de compensação ou de "liquidação"; um acordo de reconhecimento do saldo[533]. Tudo isto deve, contudo, ser entendido em termos unitários.

A ideia de novação, desenvolvida pela doutrina francesa do século XIX e presente no Código de Comércio italiano de 1882, recebeu algum acolhimento jurisprudencial alemão[534]. No entanto, a jurisprudência de além- - Reno evoluiu em sentido inverso: primeiro entendeu que a referência a uma fenomenologia novativa era puramente explicativa[535] acabando por descobrir, na conta-corrente, meras virtualidades compensatórias[536]. A dou-

---

[532] Veremos que, em rigor, não se trata de verdadeira compensação.
[533] CANARIS, *Funktionen und Rechtsnatur des Kontokorrents* cit., 69 ss.. Em relação ao reconhecimento do saldo surgem, ainda, outras orientações: alguma jurisprudência alemã – BGH 28-Jun.-1968, BGHZ 50 (1969), 277-284 (279) – opina por um reconhecimento abstracto de dívida, enquanto, UWE BLAUROCK, *Das Anerkenntnis beim Kontokorrent*, NJW 1971, 2206-2209, se inclina para um contrato confirmativo. Cf. BLAUROCK, *Das Kontokorrent* cit., 693/2.
[534] RG 21-Set.-1883, RGZ 10 (1884), 53-56 (55), referindo expressamente a doutrina francesa, segundo a qual o saldo traduziria, por via da novação, uma realidade inteiramente nova. Em RG 1-Fev.-1887, RGZ 18 (1887), 246-250 (249), admitiu-se que o saldo fosse uma realidade nova, embora afirmando que seria muito duvidoso falar-se em novação.
[535] RG 7-Jan.-1916, RGZ 87 (1916), 434-440 (437).
[536] RG 25-Mar.-1931, RGZ 132 (1931), 218-223 (221).

trina alemã acabaria, igualmente, por rejeitar a hipótese da novação, acolhendo-se à simples compensação entre créditos contrapostos [537].

III. Também em Itália, a hipótese da novação foi abandonada. Referida ainda no princípio do século XX por BONELLI – embora com o acrescento importante de se tratar dum contrato normativo e, portanto: dum contrato destinado a produzir ulteriores efeitos através de novos actos que o viessem executar [538] – a ideia de novação veio sendo substituída pela de dilacção de pagamento de créditos recíprocos, com compensação [539].

O Código Civil italiano de 1942 evitou qualquer referência à novação [540].

O seu artigo 1823 dispõe nos seguintes termos [541]:

> A conta-corrente é o contrato pelo qual as partes se obrigam a anotar em conta os créditos derivados de remessas recíprocas, considerando-os inexigíveis e indisponíveis até ao fecho da conta.
> O saldo da conta é exigível aquando do termo estabelecido. Se não for solicitado o pagamento, o saldo é considerado como a primeira remessa de uma nova conta, entendendo-se o contrato renovado por tempo indeterminado.

O artigo 1824 exclui da conta os créditos que não possam ser compensados.

---

[537] WOLFGANG HEFERMEHL, *Grundfragen des Kontokorrents*, FS Lehmann (1956), 547-562 (546 ss., 562).

[538] GUSTAVO BONELLI, *Sulla teoria del conto corrente* cit., 831-834; este Autor conclui, na linha de COVIELLO, tratar-se dum *pactum de novando*. Anteriormente e no sentido da novação, cf. GIANNINI, *I contratti di conto corrente cit.*, 155 ss..

[539] Cf. SALANDRA, *Conti correnti bancari* cit., 737 e RDComm XXXI (1933) 1, 6--40 (6); este Autor não excluía formalmente a novação, dada a sua consagração expressa no Código de Comércio de 1882, então vigente.

[540] ADRIANO FIORENTINO, *Conto corrente* cit., 409.

[541] Cf. as anotações de CIAN/TRABUCCHI, *Commentario breve al Codice Civile*, 4ª ed. (1992), 1477 ss..

91. O regime de VEIGA BEIRÃO; a) Os efeitos

I. Vigora, entre nós, o dispositivo inserido no Código Comercial de 1888[542]. Nenhum inconveniente existe em proceder a uma interpretação actualista dos preceitos em jogo, mormente quando estejam em causa opções puramente doutrinárias, com reflexos nas soluções concretas pretendidas pelos textos legislativos.

Assim, se atentarmos na definição do artigo 344.º , veremos que o objectivo aí apontado à conta-corrente é o de só permitir a exigibilidade do saldo: "... de sorte que só o saldo final da sua liquidação seja exigível." Trata-se dum aspecto que prevalece sobre o *iter*: "... obrigam a transformar os seus créditos ...".

II. O objecto da conta-corrente é muito lato: "todas as negociações entre pessoas domiciliadas ou não na mesma praça ..." e "... quaisquer valores transmissíveis em propriedade ...", segundo o artigo 345.º. Ou seja: a conta-corrente pode recair sobre operações patrimoniais sucessivas, em dinheiro ou em outros bens.

Os efeitos vêm enumerados no artigo 346.º. Neste ponto, como bem se compreende, a linguagem do Código Comercial atinge um máximo de desactualização. Nenhum inconveniente existe na sua actualização dogmática, com respeito pelas soluções. Assim:

1.º *A transferência de propriedade do crédito indicado em conta-corrente para a pessoa que por ele se debita*: em rigor, a titularidade aí visualizada foi proporcionada pelo acto subjacente à remessa e não pela conta-corrente em si, que apenas a exprime;
2.º *A novação entre o creditado e o debitado da obrigação anterior, de que resultou o crédito em conta-corrente*: temos, aqui, um reflexo directo do Código de Comércio italiano de 1882, com a doutrina subjacente; a novação permitiria explicar a conversão em dinheiro – ou noutra realidade homogénea equivalente – dos bens levados à conta-corrente: de outra forma, não haveria compensação possível; porém, essa conversão terá de resultar do negócio (ou negócios) subjacente à conta e não da própria conta

---

[542] Tem interesse confrontar CUNHA GONÇALVES, *Comentário ao Código Comercial Português*, vol. II cit., 334 ss. e MÁRIO DE FIGUEIREDO, *Contrato de conta-corrente* (1923).

em si; esta não tem espaço normativo para versar os múltiplos meandros da pretendida "novação"; além disso, esta não opera nas hipóteses largamente dominantes das contas-correntes que traduzam, apenas, movimentos recíprocos de dinheiro;

3.º *A compensação recíproca entre os contraentes até à concorrência dos respectivos crédito e débito ao termo do encerramento da conta-corrente*: trata-se do efeito fundamental da conta-corrente: no encerramento ou fecho, extinguem-se, até ao ponto em que se sobreponham, os créditos e os débitos recíprocos, ficando apenas o saldo; deve sublinhar-se que este tipo de compensação dispensa qualquer declaração: opera *ipso iure*, à medida que ocorram os diversos movimentos; não tem, além disso, eficácia retroactiva surgindo, assim, como compensação anómala, como vimos;

4.º *A exigibilidade só do saldo resultante da conta-corrente*: trata-se duma decorrência da compensação: tudo o mais se extinguiu;

5.º *O vencimento de juros das quantias creditadas em conta-corrente a cargo do debitado desde o dia do efectivo recebimento*: estamos no domínio comercial; este preceito opera como uma concretização da regra geral do artigo 102.º do Código Comercial.

III. A conta-corrente possibilita um fluxo contínuo de compensações automáticas. Perante esta realidade, podem surgir três ordens de explicações:

– o contrato de conta-corrente, tal como resulta do Código VEIGA BEIRÃO, seguiu o modelo então disponível: o napoleónico, assente na compensação *ipso iure*;
– o contrato de conta-corrente postula uma compensação convencional: esta dispensa a declaração compensatória, de acordo com o modelo escolhido pelas partes;
– no contrato de conta-corrente não há, na verdade, qualquer compensação: apenas um encontro de contas ou dedução de valores (*Anrechnung*).

O Código Comercial fala em "compensação". Não se trata, por certo, da figura prevista nos artigos 847.º e seguintes: dispensa-se a declaração e os seus efeitos operaram apenas a partir do momento dos movimentos na conta. A ideia de uma "compensação convencional", própria da conta-corrente, poderia ser razoável, como vimos. Todavia, surge irreal admitir, por parte dos celebrantes de uma conta-corrente, uma vontade autónoma de operar compensações futuras. Fica-nos, assim, a hipótese do encontro de contas (*Anrechung*), a operar nos termos de uma cláusula típica do contrato global de conta-corrente. De todo o modo e com essa ressalva, nenhum inconveniente existe em que se continue a falar em "compensação".

IV. Nos termos do parágrafo único do artigo 346.º do Código Comercial, o lançamento em conta-corrente de mercadorias ou títulos de crédito presume-se sempre feito com a cláusula "salva cobrança". Trata-se dum preceito destinado a facilitar o funcionamento da conta-corrente; mercê da compensabilidade, os bens levados à conta devem ter uma expressão monetária, pressupondo-se uma troca por dinheiro; a cobrança é, assim, condição (resolutiva) do lançamento.

V. A conta-corrente não visa, só por si, modificar as relações jurídicas subjacentes. Por isso, se estas originarem outras posições jurídicas – "... remuneração ..." e "... reembolso das despesas das negociações ..." nas palavras do artigo 397.º do Código Comercial, há que respeitá-las, como resulta desse mesmo preceito. A conta-corrente é uma forma de extinção de obrigações sucessivas, por compensação: não faculta por si, outras extinções ou beneficiações.

92. Segue; b) Vicissitudes

I. Quanto às vicissitudes, cabe distinguir o encerramento ou fecho e o termo do contrato[543]. O encerramento ou fecho da conta é o facto e o efeito de actuar a compensação por ela prevista, com vencimento do saldo. Desaparecem, assim, os créditos e débitos recíprocos, até ao limite da sua concorrência, sobejando (eventualmente) um saldo, que se torna exigível. Nos termos do disposto no artigo 350.º do Código Comercial, antes do encerramento, nenhum dos correntistas é considerado como credor ou devedor do outro; com o encerramento, fixam-se as relações entre as partes e determina-se, sendo esse o caso, as pessoas do credor e do devedor[544].

---

[543] Cf. ADRIANO FIORENTINO, *Conto corrente* cit., 412.

[544] Quanto ao fecho da conta, FEDERICO MARTORANO, *Contratto di conto corrente*, ED IX (1961), 658-666 (664).

II. Segundo o artigo 348.º do Código Comercial, o encerramento e subsequente liquidação da conta operam no termo fixado pelas partes ou, supletivamente, no fim do ano civil. O legislador não dispôs para a hipótese de, expirado o prazo, as partes prosseguirem na relacionação da conta-corrente, sem procederem à liquidação e pagamento do saldo. Nessa altura, com recurso ao sistema, poderemos atingir uma solução semelhante à italiana: a conta prossegue até ao termo do (próximo) ano civil, funcionando o saldo anterior como o primeiro movimento do novo ciclo.

III. O termo do contrato põe cobro ao próprio relacionamento em termos de conta-corrente. Ele acarreta necessariamente o fecho da conta, com aplicação dos artigos 348.º e 350.º do Código Comercial; além disso, ele impede a retoma de novo ciclo, salvo celebração, expressa ou tácita, de novo contrato.

O termo do contrato ocorre – artigo 349.º do Código Comercial – no prazo estipulado pelas próprias partes ou por morte ou interdição de alguma delas: trata-se, como se vê, dum contrato *intuitu personae*. Na hipótese de nada se ter estipulado, qualquer das partes pode pôr-lhe fim, no que surge como concretização da regra do artigo 777.º/1. Mas com dois limites:

– havendo prazo estipulado para o encerramento da conta, nenhuma parte pode pôr cobro ao contrato em termos que contundam com o acordado; esta regra não prevalece quando se trate do prazo supletivo do fim do ano civil, salvo se outra coisa resultar da vontade das partes;
– em qualquer caso, o termo imediato e *ad nutum* da conta-corrente, que apanhe a outra parte desprevenida em termos de a prejudicar, atentando contra a sua confiança legítima, é contrário à boa fé; seria, então, de requerer um pré-aviso minimamente razoável; esta restrição requer, nos termos gerais, que o beneficiário tivesse razões objectivas, imputáveis à outra parte, para crer que a conta-corrente iria prosseguir.

Não se trata, nesta hipótese, de uma verdadeira denúncia, mas de funcionamento, *in casu*, de regras próprias de Direito das obrigações: qualquer das partes pode exigir o que lhe devem e/ou pagar o que deve, abstendo-se, depois, de levar um movimento à conta. Necessário é que o contrato de base, subjacente à conta-corrente, o permita.

93. Conta-corrente bancária; terminologia e particularidades

I. A conta-corrente bancária é uma espécie da conta-corrente comum, integrada num contrato mais vasto: a abertura de conta. Carecida de base legal, ela é ainda vitimada por imprecisões terminológicas, que cumpre remover[545]. Assim, vamos distinguir muito claramente – em consonância de resto, com o que resulta das cláusulas contratuais gerais dos bancos e com os desenvolvimentos anteriores –, as seguintes situações:

– abertura de conta: é um contrato nuclear do Direito bancário; dá azo à relação bancária duradoura e complexa e integra diversos elementos, eventuais – como o depósito bancário – ou necessários, como a conta-corrente;
– conta-corrente bancária: é um elemento necessário de um contrato de conta-corrente, celebrado com um banqueiro, e com determinadas especificidades, abaixo examinadas;
– depósito bancário: é um movimento a crédito do cliente, realizado na conta; tem alguns elementos de um depósito especial, celebrado com um banqueiro e sujeito a regras próprias[546], a verificar caso a caso: no fundo, ele não tem autonomia, antes decorrendo de uma abertura de conta.

Por vezes usa-se a expressão "conta-corrente bancária" com o sentido de abertura de conta[547]; também o depósito surgia na mesma acepção[548]. A leitura das condições gerais da abertura de conta, de qualquer banco, mostra que, nesta, se incluem elementos totalmente irredutíveis à

---

[545] Sustentando que a conta-corrente bancária tem base legal, NICCOLÒ SALANITRO, *Conto corrente bancario*, DDP / SCom IV (1190), 8-26 (10). Cf., ainda, VITTORIO SANTORO, *Il conto corrente bancario* cit., 14 ss..

[546] Quanto à diferença entre conta-corrente bancária e depósito, cf. GIACOMO MOLLE, *Conto corrente bancario* cit., 417; para uma noção mais precisa, MOLLE/DESIDERIO, *Manuale di diritto bancario*, 5ª ed. (1997), 177 ss..

[547] Cf. LUÍS MANUEL BAPTISTA BRANCO, *Conta-corrente bancária / da sua estrutura, natureza e regime jurídico*, RB 39 (1996), 35-85 (35) e, anteriormente, STJ 25-Out.-1990 (MARQUES CORDEIRO), BMJ 400 (1990), 583-590 (589).

[548] Cf. RICARDO BENOLIEL CARVALHO, *Aspectos do regime legal do depósito bancário*, RBr 25 (1971), 37-65 (37). Em PAULA PONCES CAMANHO, *Do contrato de depósito bancário* cit., 95 ss., parece-nos haver já uma tendência para evitar a aproximação entre depósito e conta. E em RLx 15-Abr.-1999 (MARCOS RODRIGUES), CJ XXIV (1999) 2, 104-106, fala-se em "depósito bancário amplo".

conta-corrente e ao depósito. Aliás, pode ser aberta conta sem se realizar qualquer depósito: o saldo ficará a zero ou será provido com recurso ao crédito, numa situação muito frequente sempre que, para determinado financiamento, se providencie uma conta específica. O progresso do Direito bancário exige, seguramente, que a realidades diferentes se façam corresponder conceitos próprios e, tanto quanto possível idóneos, perante o objectivo pretendido. E quando se recorra a conceitos verbais antigos, há que ter todo o cuidado para fazer a competente diferenciação, sem incorrer em poluições linguísticas.

II. Feita esta precisão, ficaremos com a noção estrita de conta-corrente bancária: é uma conta-corrente tendencialmente inspirada no artigo 344.º do Código Comercial, mas integrada num contrato mais vasto – a abertura de conta – celebrado entre o banqueiro e o seu cliente. Ela é essencial para o andamento das relações bancárias[549].

Como especialidades, notaremos as seguintes[550], de resto decorrentes da diferenciação básica inicial ou seja, da integração na abertura de conta:

– ela reporta-se, apenas, a movimentos em dinheiro;
– ela inclui-se, normalmente, num negócio mais vasto – a abertura de conta;
– ela postula uma emissão contínua de saldos: estes surgem sempre que alguma remessa seja levada à conta;
– salvo convenção em contrário, o banqueiro nunca surge como credor: o saldo deve ser favorável ao cliente ou, no máximo, igual a zero;
– o cliente pode dispor, permanentemente, do seu saldo[551];
– ela pressupõe um dever a cargo do banqueiro, de a organizar e apresentar;
– ela dá lugar a extractos, a emitir pelo banqueiro e cuja aprovação pelo cliente, em regra tácita, consolida os movimentos dele constantes.

---

[549] FISCHER/KLANTEN, *Bankrecht*, 3ª ed. (2000), 126 ss..
[550] ALDO CAVALLO, *Le operazioni bancarie in conto corrente*, em ANNAMARIA AMBROSIO, *I contratti bancari* (1999), 275-329, bem como ANNAMARIA AMBROSIO, *Il conto corrente bancario: le vicende del rapporto*, idem, 331-368.
[551] Cf. Matosinhos 19-Abr.-1996 (NUNO RIBEIRO COELHO), CJ XXI (1996) 3, 303--307 (305/1), com indicações bibliográficas.

Estes aspectos correspondem a afloramentos, neste instituto, dos princípios tipicamente bancários, que acima examinámos.

III. Uma vez integrada na abertura de conta e por força dela, a conta-corrente postula a prestação de diversos serviços bancários, com relevo para o serviço de caixa. No que as partes não tenham disposto de outra forma e dentro das hipóteses dadas pela integração em negócio mais vasto, há que ter presente o regime de conta-corrente comum, derivado do Código de VEIGA BEIRÃO.

IV. Como elemento particularmente vital da conta-corrente bancária, emerge o saldo. Este constitui uma posição jurídica de relevo, particularmente autónoma em relação aos créditos que o antecedem.

Só o saldo é disponível, no todo ou em parte[552]; só o saldo é penhorável; só o saldo representa, por fim, o valor social e económico de certa conta[553].

---

[552] STJ 8-Nov.-2001 (QUIRINO SOARES), CJ/Supremo IX (2001) 3, 115-118, relativo ao "cativo": por ordem do titular, parte ou a totalidade do saldo é colocado numa situação de indisponibilidade; podendo ser a favor de terceiro terá, então, natureza abstracta.
[553] Cf. UWE BLAUROCK, *Das Kontokorrent* cit., 695-696.

§ 24.º A COMPENSAÇÃO BANCÁRIA EM GERAL

94. Generalidades; os problemas

I. No termo dos elementos coligidos, podemos agora considerar mais detidamente o tema da compensação bancária[554].

Na origem, cumpre ter presente que o tema da compensação está ligado à própria génese do comércio bancário. O banqueiro, justamente por trabalhar na base de grandes números, pode operar compensações em série, assim retirando uma relevante mais-valia para a sua função. Por seu turno, o cliente do banqueiro beneficia igualmente do fluxo de compensações, sendo confrontado apenas com o saldo. Vimos como, logo no Direito romano, o *argentarius* estava sujeito à compensação, apenas podendo demandar o seu cliente pelo saldo.

II. No presente estudo, como dissemos, consideramos tão-só a compensação que ocorra ou possa ocorrer entre o banqueiro e o seu cliente. Todavia, mesmo a esse nível restrito, podem colocar-se problemas diferenciados[555]. Em primeiro lugar, temos a possibilidade de, entre o banqueiro e o seu cliente, serem celebradas convenções de compensação. De seguida, temos a compensação imprópria que ocorre na conta-corrente, que acompanha sempre as aberturas de conta e que podem estar subjacentes ainda a outros negócios bancários, com relevo para a abertura de crédito. Finalmente, temos a compensação comum, que poderá verificar-se sempre que, a qualquer título, o banqueiro e o seu cliente, sejam, reciprocamente, credores e devedores.

---

[554] Publicámos uma primeira versão desta rubrica na CJ/Supremo XI (2002) 1, 5-10 e nos *Estudos em Honra do Prof. Doutor Inocêncio Galvão Telles*, II vol. cit., 90-102.

[555] Cf. a enumeração de PAULA CAMANHO, *Do contrato de depósito bancário* cit., 213 ss..

III. Antes de ponderar cada um deste problemas, cumpre lembrar que eles se põem, em princípio, na ambiência própria de uma relação bancária complexa. Nesse nível, ambas as partes estão ao corrente da globalidade das suas posições e devem agir, trocando, entre si, todas as informações úteis. Ninguém deve ser surpreendido com actos que contrariem situações de confiança legítima. E igualmente: ninguém, que deva certas importâncias, se poderá considerar credor do seu credor sem as abater daquilo a que tenha direito.

95. Facilidade de compensação e custos do crédito

I. Ainda em sede de considerações gerais, devemos frisar um ponto que ocorre igualmente a propósito da responsabilidade bancária: o significado macro-económico dos entraves que se possam pôr à compensação.

Num determinado caso concreto, a condenação de um banqueiro por ter efectuado uma compensação determinada poderá ter um sentido distributivo: o banqueiro é uma entidade poderosa, com recursos económicos consideráveis, enquanto o seu cliente poderá ser um pequeno consumidor.

II. Todavia, o comércio bancário opera na base de factores de multiplicação e de generalização. Coarctado na garantia que sempre significa a possibilidade de compensar, o banqueiro irá ser mais parcimonioso na concessão de crédito; poderá, ainda, exigir mais garantias ou elevar as taxas de juro, num conjunto de medidas que dificultarão o desenvolvimento do comércio e da economia. Estes aspectos mais se acentuam na actual situação de depressão dos mercados[556].

A compensação, devidamente assumida, será um dos instrumentos mais naturais, mais justos e mais inóquos de fazer baixar os custos do crédito e, em geral, dos serviços financeiros.

---

[556] Sobre a "crise" e os reflexos bancários, OTTMAR WOLF, *Börsenkrisen: Was kommt nach der Baise?*, Die Bank 2002, 748-752; quanto aos cuidados com o controlo (de onde retiramos um reforço de cautelas com a compensação e a sua efectivação), HANSRUDI LENZ, *Der Fall Enron – Rechnungslegung und Wirtschaftsprüfung im Kreuzfeuer der Kritik*, BB 2002, 1 e SIEGFRIED UTZIG, *Corporate Governance, Schareholder Value und Aktienoptionen – die Lehre aus Enron, Worldcom und Co*, Die Bank 2002, 594-597.

96. A compensação convencional

I. O primeiro problema é constituído pela aplicabilidade, no campo bancário, da compensação convencional. Essa aplicabilidade não levanta dúvidas e é total. O banqueiro pode, livremente, ajustar com o seu cliente a realização de operações de compensação fora de quaisquer requisitos legais: com ressalva, todavia, das regras imperativas que, porventura, possam ocorrer.

II. Esse tipo de convenção pode ser implícito: advém, muitas vezes, de regras de funcionamento da conta-corrente, resultantes de cláusulas contratuais gerais, seja da própria abertura de conta, seja de outros negócios que possam ser celebrados, designadamente no tocante à concessão de crédito. Tais cláusulas dispõem, com frequência, nos termos seguintes:

> O BANCO poderá debitar as importâncias que lhe sejam devidas em quaisquer contas de que o mutuário ou os garantes (fiadores, avalistas ou subscritores) sejam titulares, únicos ou no regime de solidariedade.

Ao proceder a tais débitos, a compensação é inevitável. É possível apurar ou aprontar cláusulas de compensação ainda mais amplas.

III. Como vimos, a Lei das Cláusulas Contratuais Gerais impede o afastamento da compensação (legal). Ela não veda a sua facilitação.

Devemos ter presente que, à partida, a compensação é uma vantagem para ambas as partes. No tocante ao comércio bancário, essa consideração elementar poderá, numa primeira leitura, parecer menos evidente. Com efeito, o regime institucional vigente torna praticamente impossível a falência do banqueiro, garantindo, mesmo nessa ocorrência e em certos termos, os depósitos dos particulares[557]. Já a falência do cliente do banqueiro poderá ocorrer. Nesse prisma, a compensação poderá parecer mais aliciante para os bancos. Todavia, o bloquear das compensações bancárias obrigaria o cliente a uma multiplicação de operações, com os inerentes custos. Muitas das operações bancárias são acompanhadas de compensações, evitando que o cliente tenha de pagar avulso ou, por distracção, incorra em moras, com todos os encargos inerentes.

---

[557] Cf. o nosso *Manual de Direito bancário*, 2ª ed., cit., 214 ss..

IV. A compensação convencional, previamente acordada em abertura de conta, em abertura de crédito ou em quaisquer outros negócios de onde possam resultar créditos, para o banqueiro, sobre o seu cliente, é a solução mais indicada e mais desejável. Previne litígios e, sendo devidamente acompanhada das competentes informações, protege totalmente os particulares.

97. A compensação em conta-corrente

I. Independentemente de compensações convencionais, cumpre ter em conta a compensação em conta-corrente.

Como vimos, a conta-corrente é um elemento estrutural do contrato de abertura de conta, ele próprio um factor nuclear de toda a relação bancária complexa. A conta-corrente bancária está na base do serviço de caixa e de todo o giro tecido através da banca. Não será arriscado adiantar que, a não haver contas-correntes bancárias, o comércio bancário, enquanto profissão de grandes números, hoje acessível a todos, não seria pensável.

II. Um dos elementos básicos da conta-corrente é, precisamente, o fluxo contínuo de compensações anómalas que permite, em cada momento, disponibilizar um saldo. O próprio Código Comercial, no seu artigo 346.º, 3.º, refere a compensação como um dos efeitos da conta-corrente comum. Tal compensação é generalizada, na conta-corrente bancária, não tendo de aguardar pelo fecho. Tem um regime diferenciado, como vimos: mas não deixa de ser compensação.

A não haver tais compensações, nunca o banqueiro poderia trabalhar com os depósitos que recebesse: estes poderiam, a todo o momento, sofrer o concurso dos possíveis credores do depositante.

III. Temos de entender que a compensação, enquanto efeito natural (e legal) da conta-corrente e, daí, da própria abertura de conta, não tem restrições: tudo o que seja levado à conta pode ser compensado.

Em particular, não é oponível ao banqueiro qualquer relação subjacente ao depósito. Se este for fiduciário – portanto e como vimos: se o "dinheiro" depositado não "pertencer" ao titular da conta mas a um terceiro –, essa situação é inoponível ao banqueiro. Este não sabe – nem deve saber – que negócios poderão estar subjacentes a qualquer depósito: uma vez realizado, ele entra na lógica da abertura de conta, da conta-corrente e das compensações que a animam.

Digamos, num outro prisma, que tudo o que seja devido a uma conta-corrente bancária é – ou se torna – homogéneo.

IV. Esta afirmação pode ser testada perante hipóteses concretas de incompensabilidade. Recordemos o crédito de salários: pode o banqueiro levá-lo à conta e compensá-lo? Na pureza dos princípios, a resposta não pode deixar de ser positiva. Uma vez em conta, o crédito de salários mais não é do que um movimento, idêntico a quaisquer outros.

Assim não será em três situações:

- a de o próprio banqueiro ser a entidade patronal, altura em que a sub-rogação real prevista no artigo 824.º-A do Código de Processo Civil é oponível ao banqueiro;
- a de, por interpretação da abertura de conta, se concluir por um regime especial para os movimentos de salários;
- a de, por mera tolerância do banqueiro, se dispensar um tratamento especial a tais créditos.

O Direito bancário e a prática dos banqueiros vai criando as suas próprias categorias mentais.

§ 25.º A COMPENSAÇÃO NOS DIVERSOS TIPOS DE CONTAS BANCÁRIAS

98. Contas diferentes do mesmo titular

I. Fixados os parâmetros da compensação bancária em geral, cumpre agora considerar o seu funcionamento perante situações bancárias dotadas de regimes específicos.

O primeiro problema põe-se perante a existência, junto de um mesmo banqueiro e de um mesmo titular, de contas diferentes. Pode haver compensações entre elas?

II. De acordo com as regras próprias da abertura de conta, o cliente do banqueiro pode dispôr, em permanência, do saldo. Assim sendo, ele estará sempre em condições de efectuar as compensações que entender, desde que dê as ordens correspondentes à declaração de compensação. Procedimento ainda mais fácil será o de, simplesmente, transferir fundos de uma conta para a outra, dando as competentes ordens, nos termos da(s) abertura(s) de conta.

III. No que tange ao banqueiro, cumpre distinguir. Cada abertura de conta funciona como um espaço próprio para as compensações que decorram no seu âmbito. Assim sendo, o banqueiro só poderá operar as compensações próprias da conta-corrente desde que efectue movimentos de uma conta para a outra. Saber se o pode fazer é questão de interpretação do contrato de abertura de conta. Se este nada disser, somos levados a pensar que o banqueiro não pode empreender a miscegenação de contas bancárias: uma vez que aceitou aberturas separadas, tem de respeitar essa separação,

O ideal, para prevenir litígios, seria, justamente, que os contratos de abertura de conta especificassem claramente em que condições os banqueiros poderiam efectuar movimentos "inter-contas".

IV. O expendido significa que, na falta de outra convenção, o banqueiro não pode operar movimentos entre contas, de modo a fazer funcionar a "compensação" automática própria da conta-corrente.

Mas esse tipo de compensação anómala não se confunde, como vimos, com a compensação civil regulada nos artigos 847.º e seguintes. Esta compensação funciona sempre, dependendo dos seus requisitos. Uma abertura de conta, só por si, não envolve qualquer renúncia à compensação comum[558]. Tal renúncia sempre seria, de resto, nula, por via do artigo 18.º, *h*), da Lei sobre Cláusulas Contratuais Gerais[559]. E pela mesma ordem de ideias: não é necessária qualquer convenção suplementar para tornar aplicável o que já resulta da lei geral[560].

V. O banqueiro é devedor do saldo (positivo) que o seu cliente apresente numa sua conta. Tal débito poder-lhe-á, a todo o tempo, ser exigido. Quando isso suceda – ou independentemente de uma concreta exigência – pode o banqueiro livrar-se do seu débito invocando a compensação quando, a qualquer outro título, detenha um crédito sobre o seu credor.

Vimos que a homogeneidade das prestações pecuniárias não é perturbada pelo facto de elas resultarem de fontes diversas. A compensação só não seria viável se operasse alguma das cláusulas de exclusão previstas no artigo 853.º ou se se verificasse a aplicabilidade de alguma regra concreta impeditiva da compensação[561]. Para operar tal compensação, o banqueiro teria, todavia, de dirigir uma declaração autónoma ao seu cliente, feita nos termos do artigo 848.º.

---

[558] No Direito francês esta é, em geral, admitida: CHRISTIAN GAVALDA/JEAN STOUFLET, *Droit bancaire*, 2ª ed. (1994), 111. O mesmo sucede no Direito italiano: MARGHERITA MARMO, *Il deposito bancario*, em *I contrati bancari* (1999), 36, bem como no Direito alemão: REINFRID FISCHER/THOMAS KLANTEN, *Bankrecht/Grundlage der Rechtspraxis*, 3ª ed. (2000), Nr. 3.62 (133).

[559] Não podemos, assim e de modo algum, salvo o devido respeito, adoptar a opção de RPt 12-Out.-1989 (LOPES FURTADO), CJ XIV (1989) 4, 215-217 (216) e que ainda fez vencimento em RCb 3-Dez.-1996 (EDUARDO ANTUNES), CJ XXI (1996) 5, 35-38 = BMJ 462 (1996), 499 (o sumário) e segundo o qual o "contrato de conta bancária" envolveria uma renúncia tácita à compensação; essa asserção obteve, aliás, declarações de não-concordância dos Desembargadores NUNO CAMEIRO e RUA DIAS.

[560] Contra: RPt 15-Out.-1998 (COELHO DA ROCHA), BMJ 480 (1999), 541.

[561] Com exemplo claro no artigo 95.º da LCT, nos especiais casos em que tenha aplicação.

99. Débitos avulsos do titular de conta

I. As considerações acima expendidas podem ser transpostas para a hipótese de compensação entre o saldo do cliente (débito do banqueiro) e um crédito avulso do banqueiro sobre esse mesmo cliente, isto é, um crédito que não se inserisse, *ab initio*, numa conta-corrente bancária.

Por exemplo: o cliente parte uma cadeira numa agência bancária: pode o banqueiro compensar o valor do crédito da indemnização com o saldo que deva ao cliente?

II. Reunidas as condições da compensação (civil), nada o impede[562]. A ideia de que o depósito envolveria o afastamento da compensação – e que ainda surgia no artigo 767.°, 4.°, do Código de SEABRA –, não se aplica ao "depósito" irregular pressuposto pela abertura de conta. O banqueiro não é "guardião" do dinheiro, numa visão empiricamente arcaica da banca: ele é "proprietário" do dinheiro e devedor do saldo.

III. Queda, agora, interpretar o contrato de abertura de conta, para saber se o banqueiro pode, pura e simplesmente, debitar na conta-corrente o crédito que quer compensar ou se deve, primeiro (ou em simultâneo) proceder à declaração do artigo 848.°, do Código Civil.

No silêncio do contrato, optamos por esta última hipótese. O cliente do banqueiro deve, aliás, ser informado da existência do seu débito, da sua origem e do tipo de cálculo que foi realizado.

100. Depósitos com regimes diferenciados; depósitos a prazo

I. O problema seguinte coloca-se perante depósitos em regime diferenciado: poderá o banqueiro compensar débitos de depósitos sujeitos a regimes diferenciados com créditos que detenha sobre clientes seus? O problema põe-se perante contas de poupança-habitação, de poupança--reformados e, em especial, perante depósitos a prazo.

---

[562] Assim, RCb 15-Dez.-1992 (CARLINDO COSTA), BMJ 422 (1993), 437 e RPt 21-Nov.-1996 (PIRES RODRIGUES), BMJ 461 (1996), 521. Na doutrina e no mesmo sentido: FERRER CORREIA/ALMENO DE SÁ, *Cessão de créditos/Emissão de cheque/Compensação*, CJ XV (1990) 1, 39-56 (50 ss.) e PAULA CAMANHO, *Do contrato de depósito bancário* cit., 226.

Em tese, a solução é a seguinte: quando se esteja em face de um depósito sujeito a um regime diferenciado, faltará, em regra, o requisito de homogeneidade previsto no artigo 847.°/1, b). A compensação não será possível, por essa via. Já assim não será – ou não será necessariamente – quando o banqueiro possa "modificar" unilateralmente a natureza do depósito, designadamente tornando-o mobilizável. É o problema que se põe nos casos dos depósitos a prazo.

II. A jurisprudência está aparentemente dividida. A favor da compensação decidiu STJ 7-Fev.-1991[563]. Contra decidira STJ 19-Jul.-1979[564], mas num quadro muito específico: na altura vigorava o artigo 51.°, § 7.°, do Decreto-Lei n.° 42 641, de 12 de Novembro de 1959, na redacção dada pelo Decreto-Lei n.° 2/75, de 7 de Janeiro: ora este diploma, "a fim de evitar a instabilidade de depósitos a prazo", determinou que as instituições de crédito não pudessem "... acordar com os clientes qualquer forma de mobilização antecipada dos dinheiros depositados a prazo que consista na anulação ou redução do prazo de depósito constituído". Este preceito impedia, como era evidente, qualquer compensação, tendo sido igualmente aplicado por RLx 5-Ago.-1978[565]. Já RCb 24-Set.-1991[566], ao decidir "manter esta posição jurisprudencial", mas agora depois da revogação dessa lei, não parece de acolher[567].

---

[563] STJ 7-Fev.-1991 (FIGUEIREDO SOUSA), BMJ 404 (1991), 397-402 (401): o banqueiro pagara um cheque a descoberto, tornando-se credor do cliente: diz o Supremo "E como é prática corrente nestes casos, o Banco operou depois a respectiva compensação de créditos com a transferência dos depósitos a prazo de que o autor era titular no mesmo estabelecimento".

[564] STJ 19-Jul.-1979 (DANIEL FERREIRA), BMJ 289 (1979), 345-349 (347).

[565] RLx 5-Ago.-1978 (CAMPOS COSTA), CJ III (1978) 5, 1571-1574 (1573); o preceito em causa já então havia sido revogado pelo Decreto-Lei n.° 75-B/77, de 28 de Fevereiro; mas a revogação não se aplicava, ainda, aos factos aí decididos.

[566] RCb 24-Set.-1991 (VICTOR ROCHA), CJ XVI (1991) 4, 100-103 (102/II) = BMJ 409 (1991), 881 (o sumário).

[567] Este acórdão invoca, também, os deveres de guarda do banqueiro; todavia, tal orientação não corresponde à construção do depósito bancário como depósito irregular ... nem, muito menos, à do depósito a prazo como mútuo. Pelas razões constantes do texto, não podemos acompanhar, neste ponto, PAULA CAMANHO, Do contrato de depósito bancário cit., 225: recordamos que embora o prazo tenha sido estabelecido também a favor do depositante (aqui em posição similar à do mutuante), o mutuário (isto é: o banqueiro) pode antecipar o pagamento, desde que satisfaça os juros por inteiro – artigo 1147.°.

III. No chamado depósito a prazo, a solução favorável à compensação resulta directamente da lei. Como vimos, parte da doutrina vê, nele, um verdadeiro mútuo. Pela nossa parte, temo-lo como "depósito bancário" no qual, todavia, haverá que aplicar as regras do mútuo e na medida do possível – artigo 1206.º.

O banqueiro, que recebe os fundos e deve o capital e os juros, é o "mutuário"; o cliente, que entrega os fundos e recebe juros, o "mutuante". O prazo é estabelecido em benefício dos dois: todavia, o artigo 1147.º permite ao mutuário antecipar o pagamento, desde que satisfaça os juros por inteiro. Pois bem: desde que satisfaça tais juros, o banqueiro pode pagar antecipadamente; podendo pagar, os créditos tornam-se homogéneos, nenhum obstáculo existe a que o faça por compensação.

IV. Podemos concluir que, no tocante a depósitos a prazo, o banqueiro pode usar o correspondente crédito para efeitos de compensação:

– sem condicionalismos, logo que o prazo se tenha vencido[568];
– pagando antecipadamente os juros, antes do vencimento, por via dos artigos 1147.º e 1206.º, do Código Civil.

101. Contas solidárias

I. Como vimos, pode haver contas bancárias colectivas ou com mais de um titular: serão solidárias quando qualquer dos titulares possa movimentar sozinho e livremente a conta, exonerando-se o banqueiro entregando a totalidade do saldo a quem o pedir; serão conjuntas quando os movimentos exijam a intervenção simultânea de todos os seus titulares. Também apurámos que a "solidariedade" aqui em jogo é uma categoria tipicamente bancária: não corresponde, de modo linear, à solidariedade das obrigações, antes traduzindo o regime da movimentação e dos débitos em conta, livremente adoptado pelas partes aquando da celebração do contrato de abertura de conta. Prevenimos, pois, formalmente, contra transposições apressadas.

---

[568] Assim, REv 4-Abr.-1989 (MATOS CANAS), CJ XIV (1989) 2, 279-282 (279/II e 282/I) e RPt 14-Jan.-1998 (SALEIRO DE ABREU), CJ XXIV (1998) 1, 183-186 (184/II).

O problema da compensação põe-se nestes termos: quando o banqueiro seja credor de apenas um dos titulares, poderá ele operar a compensação com o saldo de uma conta colectiva?

II. A jurisprudência é, aparentemente, algo restritiva. Nalguns casos, parece responder pela negativa: a compensação não seria, de todo, possível, na falta de autorização de todos os contitulares: RLx 27-Jun.-1995[569] e RCb 3-Dez.-1996[570]. Não conseguimos depreender, da leitura dos textos publicados destes acórdãos, se se tratava de contas conjuntas ou solidárias, o que é relevante para a decisão. Trata-se de uma orientação que reaparece em STJ 11-Mar.-1999[571], embora num caso de "conta poupança-reformado", em RLx 6-Mai.-1999[572], em RCb 23-Nov.-1999[573], numa hipótese de um casal de idosos, e em RCb 24-Out.-2000[574]. Nestes casos, o óbice à compensação reside, todavia e na realidade, no facto de estarmos perante créditos não-homogéneos ou não-fungíveis, na linguagem do artigo 847.º/1, b): não na natureza "solidária" do depósito.

Noutros casos, a jurisprudência assume uma posição intermédia: a compensação seria possível, mas apenas nos limites do depósito que couberem ao devedor do banqueiro: STJ 1-Out.-1996[575], RLx 12-Mai.-1998[576] e RPt 14-Jan.-1999[577].

---

[569] RLx 27-Jun.-1995 (Cabanas Bento), CJ XX (1995) 3, 136-137 (137), invocando a falta de reciprocidade.

[570] RCb 3-Dez.-1996 (Eduardo Antunes), CJ XXI (1996) 5, 35-38 (37), invocando a natureza do depósito, a renúncia tácita à compensação e o não se ter avisado previamente os clientes; as duas primeiras razões foram, como já se disse, rejeitadas pelos Desembargadores Nuno Cameira e Rua Dias, num voto que acompanha o acórdão.

[571] STJ 11-Mar.-1999 (Miranda Gusmão; vencido: Nascimento Costa), CJ/Supremo VII (1999) 1, 147-150 (149) = BMJ 485 (1999), 446-453 (450); a este acórdão, como faz notar o bem documentado voto de vencido, subjaz a ideia de que os créditos do depósito não admitem compensação (artigo 767.º, 4.º, do Código de Seabra): é uma postura inaplicável ao depósito bancário.

[572] RLx 6-Mai.-1999 (Soares Curado), CJ XXIV (1999) 3, 84-86 (85/I), invocando falta de fungibilidade.

[573] RCb 23-Nov.-1999 (Gil Roque), CJ XXIV (1995) 5, 32-34 (33/II), numa orientação que se poderia acompanhar, mas apenas com base na boa fé, salvo se demonstrar a falta de homogeneidade.

[574] RCb 24-Out.-2000 (Monteiro Casimiro), CJ XXV (2000) 4, 41-43 (42/II), com uma valoração equivalente à do acórdão citado na nota anterior.

[575] STJ 1-Out.-1996 (Fernando Fabião), CJ/Supremo II (1996) 3, 33-34 (34).

[576] RLx 12-Mai.-1996 (Pereira da Silva), CJ XXIII (1996) 3, 94-96 (95/I).

[577] RPt 14-Jan.-1999 (Saleiro de Abreu), CJ XXIV (1999) 1, 183-186 (185/I).

§ 25.º A compensação nos diversos tipos de contas bancárias 253

Noutros, finalmente, a jurisprudência aceita a compensação de débitos de um cliente em conta solidária, sem restrições[578].

Quanto à doutrina: ALBERTO LUÍS parecer optar pela não possibilidade de compensação, com contas colectivas, salvo estipulação nesse sentido[579], enquanto PAULA CAMANHO, ao fazer depender a compensação de iniciativa de reembolso pelos depositantes (ou por algum deles), parece tomar idêntica opção[580]. ANTUNES VARELA, embora escrevendo sobre a solidariedade em geral, elege a solução intermédia: compensação apenas na medida do direito do credor adstrito ao débito[581].

III. A solução deste problema exige uma clarificação prévia: é importante, designadamente a propósito da apreciação jurisprudencial, considerar os acórdãos no seu todo, examinando as respectivas matérias de facto. Por vezes, o sentido do decidido afigura-se correcto, mas não a justificação.

Por exemplo: o banqueiro, sem qualquer aviso prévio, compensa uma dívida com o saldo de uma conta poupança-reformados, deixando um casal idoso no desamparo. A compensação seria impossível se o saldo não for mobilizável ou se exigir, para tanto, condições não verificadas: faltaria a homogencidade. Admitindo que o problema não se ponha ou esteja ultrapassado: uma evidente jurisprudência do sentimento tentará inviabilizar esta operação. E será possível: porventura, através da boa fé e do abuso do direito, explicando que dadas as circunstâncias, os idosos foram levados a crer, até pela designação eventualmente enganosa "poupança-reformados", que o correspondente saldo era intocável e que cabia ao banqueiro ter dado as explicações necessárias.

Agora essa jurisprudência de sentimento – que também tem lugar no Direito, desde que cientificamente reduzida, através dos institutos que a possam conter e controlar, como o da boa fé – não deve levar o intérprete-aplicador a distorcer os institutos jurídicos civis e comerciais. Como já se adiantou, decidir "de sentimento" contra o banqueiro joga, a prazo, contra os particulares consumidores de serviços financeiros.

---

[578] STJ 8-Out.-1991 (MARTINS DA FONSECA), BMJ 410 (1991), 805-816 (816).
[579] ALBERTO LUÍS, Direito bancário (1985), 167-168.
[580] PAULA CAMANHO, Do contrato de depósito bancário cit., 247.
[581] ANTUNES VARELA, Das obrigações em geral, 2.º vol., 7ª ed. cit., 703.

102. Segue; o regime aplicável

I. As contas bancárias solidárias têm um regime que resulta das respectivas aberturas de conta. Não se trata de uma verdadeira solidariedade civil, cujos interesses e valorações não coincidem com o que aqui se discute.

Como ponto de partida, importa refutar a ideia de que a solidariedade, nos depósitos bancários, tenha sido estabelecida "no interesse dos depositantes"[582]. A solidariedade, tal como qualquer outra cláusula contratual, é sempre estabelecida no interesse de ambos os contratantes: quer directamente, porque a propuseram, quer indirectamente, porque, aceitando-a, conseguiram vantagens noutros pontos. Qualquer paralelo com o "benefício do prazo" seria meramente vocabular: o "benefício do prazo" é a fórmula linguística tradicional para dispor sobre a antecipação de cumprimento das obrigações. Também o "favor do devedor" referido no artigo 528.º/2 do Código Civil tem, apenas, a ver com o regime aí estabelecido: não se pode extrapolar um "a favor do credor".

Nos depósitos bancários, a solidariedade é uma cláusula de funcionamento da conta: opera seja no interesse dos depositantes, seja no interesse do banqueiro; paralelamente, tem desvantagens para todos eles. Com efeito, cada depositante tem a vantagem de poder movimentar, sozinho, o saldo; tem a desvantagem de poder ser despojado do seu valor, por acto unilateral do seu parceiro. Quanto ao banqueiro: tem a vantagem de poder exonerar-se perante um único depositante, com toda a simplificação burocrática e jurídica que isso implica; tem a desvantagem de poder ver aumentar a volatilidade dos depósitos.

---

[582] Esta afirmação tem uma história e um trajecto que importa referir. Ela ocorre num parecer de ANTUNES VARELA, publicado sob o título *Depósito bancário / Depósito a prazo em regime de solidariedade / Levantamento antecipado por um titular*, publicado na Revista da Banca 21 (1992), 41-75 (51); ANTUNES VARELA refutava, aí, a orientação assumida por um acórdão da Relação do Porto e segundo o qual, havendo uma conta colectiva de depósito a prazo, a cláusula de solidariedade apenas autorizaria o titular isolado a movimentar, sozinho, os juros não capitalizáveis: não a proceder, sozinho, ao levantamento do depósito no fim do prazo ou a movimentá-lo, antecipadamente. Nesse contexto afirma que a "solidariedade" estabelecida não o foi no interesse do banco – que até preferiria conservar o dinheiro mais tempo. Mais tarde, a ideia é retomada por PAULA CAMANHO no seu, de resto excelente, livro *Do contrato de depósito* cit., 239, e em *Contrato de depósito bancário* cit., 124 ss., mas já sem ligação ao contexto factual que a originou. E desta última obra, ela seria respigada para algumas decisões judiciais. Ora impunha-se reflectir no tema desde o princípio.

§ 25.° A compensação nos diversos tipos de contas bancárias 255

II. Outra ideia a afastar é a de que os bancos não teriam a faculdade de escolher perante qual dos depositantes solidários se poderiam exonerar[583]. O artigo 528.° do Código Civil não se lhes aplicaria. Não é, de todo, assim. O banqueiro não pode, de facto, escolher perante qual dos depositantes solidários se pode exonerar porque, em regra, ele não pode ... exonerar-se, pura e simplesmente. Ligado por um contrato de abertura de conta, fonte de uma situação essencialmente duradoura, o banqueiro deve tolerar (porque a isso se obrigou contratualmente) todos os depósitos que os seus clientes queiram fazer nas respectivas contas, não os podendo devolver à procedência. Agora: nos casos, contratualmente previstos, em que o banqueiro possa pôr termo ao contrato de abertura de conta, encerrando a conta-corrente bancária e dando por terminada a relação bancária complexa, não temos qualquer dúvida: o banqueiro pode prevalecer-se do artigo 528.°/1 para entregar o saldo a algum dos depositantes solidários, assim se exonerando. Nem faria sentido exigir que ele procurasse, porventura em remotas paragens, todos os depositantes solidários.

A questão não está em saber se o banqueiro se pode exonerar apenas perante um dos depositários: havendo solidariedade, pode por certo fazê--lo, dado o regime acordado para a movimentação da conta e, se necessário, o artigo 528.°/1 do Código Civil; a questão reside, sim, em saber se, de todo em todo, ele pode exonerar-se ou quando pode fazê-lo.

E é na resposta a esse ponto que poderá surgir a compensação.

---

[583] Também esta afirmação tem a sua história. Na origem temos VAZ SERRA, *Pluralidade de devedores ou de credores*, sep. do BMJ 1957, 321, que explica ser a solidariedade entre credores rara, por representar um perigo para estes: qualquer deles poderia receber integralmente a prestação, sem a entregar aos restantes; em nota de rodapé – a nota 657; cf. no BMJ 70 (1957), 6 – VAZ SERRA, depois de referir as "operações bancárias", afirma que os credores podem ter vantagem nesta espécie de solidariedade, por se dispensar a intervenção dos outros, que pode ser difícil de conseguir. ANTUNES VARELA, desta feita em *Das obrigações em geral*, vol. 1.°, 9ª ed. (1996), 780, nota 1 (n.° 210), depois de citar VAZ SERRA, acrescenta que nas tais operações bancárias "... se não confere, em regra, ao Banco a faculdade de cumprir junto do credor que lhe aprouver, mas se impõe o dever de pagar àquele que exigir a prestação". Acrescenta, retomando VAZ SERRA, que o regime seria útil quando haja mútua confiança entre os credores. Ocorre, aqui, a citação de LARENZ (mais precisamente: KARL LARENZ, *Lehrbuch des Schuldrechts*, Band 1, *Allgemeiner Teil*, 14ª ed. (1987), § 36, I, c), p. 625) que explica isso mesmo, dá como exemplo os cônjuges e contrapõe depois que, aqui, não cabe ao devedor exonerar-se perante o credor que entender: veja-se A. VARELA, *Depósito bancário* cit., 51, nota 18. Tudo isto é retomado em PAULA CAMANHO, *Do contrato de depósito* cit., 239-240, mas agora para afirmar que o artigo 528.° do Código Civil não se aplica aos depósitos bancários solidários.

III. Ao celebrar uma abertura de conta conjunta com solidariedade, todos sabem que qualquer dos seus titulares pode esgotar o seu saldo (e, até, sacar a descoberto, em certos casos!), independentemente de, na origem, os fundos serem seus. Trata-se, sempre, entre os contitulares, de uma situação fiduciária, que não pode ser oposta ao banqueiro. Este não sabe quem era dono dos fundos (pode, até, ser um terceiro) nem é bom que saiba, no interesse de todos.

Ora se um titular pode, sozinho, esgotar o saldo, também poderá, sozinho, constituir débitos, junto do banqueiro que impliquem, por via da compensação, esse mesmo esgotamento[584].

A lei geral não conduz a outra solução: o banqueiro (enquanto devedor) pode escolher o cliente solidário a quem satisfaça a prestação – artigo 528.º/1, do Código Civil.

Esta situação não é mais chocante do que a comum solidariedade, em que uma pessoa responde imediatamente por débitos que não são seus, do que a comum garantia geral sem benefício de excussão ou do que uma conta solidária, em que um dos titulares (que pode não ser dono de nada) pode esgotar o saldo, em proveito próprio. As pessoas apenas devem ser informadas das possíveis consequências legais das soluções que tomem: depois, terão de as acatar, ou nenhum comércio é possível.

IV. O banqueiro, perante uma conta solidária, pode compensar o crédito que tenha sobre algum dos seus contitulares, até à totalidade do saldo.

O único aspecto restritivo poderia advir das condições de movimentação acordadas. Assim, se estas não facultarem débitos em conta por despesas e créditos do banqueiro em geral, o banqueiro terá de ter o cuidado de proceder a uma declaração avulsa de compensação, compensando com o saldo disponível[585].

---

[584] Contra: STJ 19-Abr.-2001 (DIONÍSIO CORREIA), CJ/Supremo IX (2001) 2, 25-28, na base de citações de A. VARELA; subjacente está a ideia de que a "solidariedade" das contas bancárias é a solidariedade obrigacional: mero contágio linguístico, como vimos.

[585] No nosso *Manual de Direito bancário*, 2ª ed. cit., 506, remetemos a solução deste problema para a interpretação do contrato de abertura de conta: tratar-se-ia de saber se o saldo é ou não livre, numa questão em aberto. Hoje complementamos essa nossa posição: o estudo mais atento da compensação mostra que esta está omnipresente, correspondendo a um esquema de responsabilidade patrimonial. *Ergo*, qualquer saldo está sempre "livre" para responder pelos débitos do titular da conta, podendo fazê-lo em termos de compensação, se se mostrarem reunidos os requisitos legais desta.

103. Contas conjuntas

I. Numa situação de conta conjunta, o problema é diverso. Aí só se torna viável movimentar a conta com a assinatura de todos os seus titulares. Admitir uma compensação pelo débito de apenas um deles iria forçar a vontade das partes, quando foi concluída a abertura de conta. Além disso, estaria aberta a porta a defraudar os próprios termos da abertura de conta: o particular que pretendesse movimentar sozinho uma conta conjunta mais não teria do que constituir débitos laterais junto do banqueiro: a consequência seria o que as partes não quiseram: a utilização isolada do saldo.

II. Não se infira, daqui, que a conta conjunta se torna indisponível, impenhorável ou inatingível, por força das dívidas de apenas um dos seus contitulares. De outro modo, o devedor poderia sempre eximir-se às regras da responsabilidade patrimonial, abrindo "contas conjuntas" com pessoas da sua confiança.

Nesta hipótese funcionará a presunção de igualdade das participações – artigos 534.º, 1403.º/2 e 1404.º, todos do Código Civil. O banqueiro poderá, então, operar a compensação, mas apenas na parte que cabe ao contitular devedor.

ÍNDICE DE JURISPRUDÊNCIA

JURISPRUDÊNCIA PORTUGUESA

Tribunal Constitucional

TC n.º 535/2001, de 5-Dez.-2002 (GUILHERME DA FONSECA) – créditos de ilícitos dolosos; constitucionalidade da exclusão, 138
TC n.º 98/2002, de 27-Fev.-2002 (HELENA BRITO) – créditos de ilícitos dolosos; constitucionalidade da exclusão, 138

Supremo Tribunal de Justiça

STJ 17-Jan.-1950 (CAMPELO DE ANDRADE) – compensação judiciária, 118, 130
STJ 25-Mar.-1955 (LENCASTRE DA VEIGA; dois votos de vencido) – reciprocidade dos créditos, 110
STJ 19-Jul.-1955 (ROBERTO MARTINS; vencido: EDUARDO COIMBRA) – liquidez, 118
STJ 27-Fev.-1962 (BRAVO SERRA) – compensação judiciária, 118
STJ 26-Jun.-1962 (ALBERTO TOSCANO) – compensação judiciária, 118
STJ 1-Jul.-1969 (RUI GUIMARÃES) – liquidez, 118
STJ 16-Abr.-1971 (LUDOVICO DA COSTA) – compensação em reconvenção, 131
STJ 30-Mar.-1973 (MANUEL JOSÉ FERNANDES COSTA; vencido: JOÃO MOURA) – compensação em reconvenção, 131
STJ 17-Mai.-1974 (JOÃO MOURA) – reciprocidade dos créditos, 110, 112
STJ 2-Jul.-1974 (JOSÉ ANTÓNIO FERNANDES) – excepção e reconvenção, 131
STJ 1-Jun.-1976 (RODRIGUES BASTOS) – reciprocidade dos créditos, 110
STJ 20-Jul.-1976 (RODRIGUES BASTOS) – compensação potestativa, 129
STJ 8-Fev.-1977 (OLIVEIRA CARVALHO) – excepção e reconvenção, 131
STJ 4-Abr.-1978 (FERREIRA DA COSTA) – excepção e reconvenção, 131
STJ 25-Jan.-1979 (JOÃO MOURA) – fungibilidade dos créditos, 117
STJ 7-Jun.-1979 (JOÃO MOURA) – excepção e reconvenção, 131
STJ 19-Jul.-1979 (DANIEL FERREIRA) – depósito bancário e compensação, 250
STJ 26-Jun.-1980 (ALBERTO ALVES PINTO) – reciprocidade dos créditos, 110, 111
STJ 25-Fev.-1981 (SANTOS SILVEIRA) – solidariedade e titularidade do saldo, 186
STJ 14-Jan.-1982 (ROSEIRA DE FIGUEIREDO) – excepção e reconvenção, 132
STJ 10-Fev.-1983 (SANTOS SILVEIRA) – compensação a título subsidiário, 133
STJ 2-Jul.-1985 (CORTE-REAL) – excepção e reconvenção, 132
STJ 5-Dez.-1985 (LUÍS FANQUEIRO) – homogeneidade dos créditos; entidades públicas, 117, 142

STJ 12-Jun.-1986 (SOLANO VIANA) – contrato de conta-corrente, 230
STJ 30-Jul.-1988 (ELISEU FIGUEIRA) – crédito prejudicial, 133
STJ 25-Out.-1990 (MARQUES CORDEIRO) – conta-corrente bancária, 238
STJ 24-Jan.-1991 (CABRAL DE ANDRADE) – montante compensado em execução de sentenças; execução, 120, 132
STJ 7-Fev.-1991 (FIGUEIREDO SOUSA) – depósito bancário e compensação, 250
STJ 8-Out.-1991 (MARTINS DA FONSECA) – depósito irregular, 225, 253
STJ 26-Fev.-1992 (TAVARES LOBO) – compensabilidade moedas estrangeira e nacional, 117
STJ 3-Nov.-1992 (RAMIRO VIDIGAL) – promessas com uma única assinatura, 173
STJ 22-Jun.-1993 (CARDONA FERREIRA) – defesa da língua portuguesa, 166
STJ 21-Set.-1993 (MACHADO SOARES) – actos unilaterais, 175
STJ 4-Out.-1994 (RAMIRO VIDIGAL) – depósito irregular, 221
STJ 9-Fev.-1995 (COSTA SOARES) – depósito irregular, 221
STJ 9-Nov.-1995 (SAMPAIO DA NÓVOA) – fim da moratória conjugal, 170
STJ 22-Nov.-1995 (MARTINS DA COSTA) – requisitos da compensação, 108
STJ 12-Mar.-1996 (OLIVEIRA BRANQUINHO) – uso do *fax*, 168
STJ 21-Mai.-1996 (MIGUEL MONTENEGRO) – contrato de depósito e confiança, 217, 226
STJ 26-Jun.-1996 (ALMEIDA DEVEZA) – créditos laborais, 145
STJ 1-Out.-1996 (FERNANDO FABIÃO) – depósito solidário e compensação, 252
STJ 8-Jul.-1997 (MACHADO SOARES) – actos unilaterais, 175
STJ 27-Nov.-1997 (MIRANDA GUSMÃO) – reciprocidade dos créditos, 110
STJ 27-Jan.-1998 (MARTINS DA COSTA) – titularidade do saldo, 188
STJ 5-Fev.-1998 (SOUSA INÊS) – regime conjugal de dívidas, 170
STJ 5-Nov.-1998 (DIONÍSIO CORREIA) – titularidade do saldo, 188
STJ 12-Jan.-1999 (COSTA MARQUES; vencidos: ROGER LOPES e NORONHA NASCIMENTO) – titularidade do saldo, 188
STJ 20-Jan.-1999 (FRANCISCO LOURENÇO) – titularidade da conta e do saldo, 188
STJ 11-Mar.-1999 (MIRANDA GUSMÃO; vencido: NASCIMENTO COSTA) – depósito solidário e compensação, 252
STJ 6-Jul.-2000 (TORRES PAULO) – invalidade da compensação, 136
STJ 1-Fev.-2001 (VICTOR DEVESA) – créditos laborais, 145
STJ 19-Abr.-2001 (DIONÍSIO CORREIA) – depósito solidário e compensação, 256
STJ 19-Abr.-2001 (NEVES RIBEIRO) – reconvenção; liquidação de sentença, 132
STJ 8-Nov.-2001 (QUIRINO SOARES) – saldo cativo, 240
STJ 7-Fev.-2002 (ÓSCAR CATROLA; vencido: NEVES RIBEIRO) – contrato de depósito, 217
STJ 14-Fev.-2002 (FERREIRA DE ALMEIDA) – alteração de cláusulas contratuais gerais, 184
STJ 28-Fev.-2002 (ÓSCAR CATROLA) – homogeneidade dos créditos, 117

Procuradoria Geral da República

Parecer n.º 53/75, de 12-Fev.-1976 (JOSÉ NARCISO CUNHA RODRIGUES) – compensação e entidades públicas, 143

Relação de Coimbra

RCb 9-Abr.-1976 (OLIVEIRA LOPES) – dispensa de liquidez e reconvenção, 120, 131

RCb 28-Nov.-1976 (OLIVEIRA LOPES) – reconvenção, 131
RCb 5-Fev.-1980 (MARQUES CORDEIRO) – excepção e reconvenção, 131
27-Mai.-1980 (MARQUES CORDEIRO) – excepção e reconvenção, 131
RCb 11-Abr.-1991 (SOUSA LAMAS) – créditos laborais, 145
RCb 24-Set.-1991 (VICTOR ROCHA) – depósito bancário e compensação, 250
RCb 19-Mar.-1992 (VICTOR DEVESA) – excepção e reconvenção, 132
RCb 15-Dez.-1992 (CARLINDO COSTA) – depósito bancário e compensação, 249
RCb 5-Jan.-1993 (COSTA MARQUES) – montante compensado em execução de sentença, 120
RCb 23-Fev.-1994 (MOREIRA CAMILO) – contrato de conta-corrente, 230
RCb 10-Mai.-1995 (CARLOS LEITÃO) – bloqueio de conta, 192
RCb 21-Mai.-1996 (NUNO CAMEIRA) – depósito e risco do banqueiro, 226
RCb 3-Dez.-1996 (EDUARDO ANTUNES; com declarações de não-concordância de NUNO CAMEIRO e RUA DIAS) – abertura de conta e compensação, 248, 252
RCb 12-Mai.-1998 (TÁVORA DIAS) – relação bancária de confiança, 211
RCb 16-Mar.-1999 (NUNO CAMEIRA) – abertura de conta, 229
RCb 23-Nov.-1999 (GIL ROQUE) – depósito solidário e compensação, 252
RCb 24-Out.-2000 (MONTEIRO CASIMIRO) – depósito solidário e compensação, 252
RCb 30-Jan.-2001 (NUNES RIBEIRO) – reciprocidade dos créditos, 110

Relação de Évora

REv 4-Abr.-1989 (MATOS CANAS) – depósito a prazo e compensação, 251
REv 14-Mar.-1996 (PITA DE VASCONCELOS) – contrato de conta-corrente, 230
REv 26-Mar.-1996 (PITA DE VASCONCELOS) – montante compensado em execução de sentença; reconvenção, 120, 132
REv 17-Dez.-1996 (HENRIQUES DA GRAÇA) – actos praticados por *fax*, 168

Relação de Lisboa

RLx 13-Fev.-1974 (s/indicação do relator) – desnecessidade de liquidez, 119
RLx 5-Ago.-1978 (CAMPOS COSTA) – depósito bancário e compensação, 250
RLx 9-Out.-1979 (FARINHA RIBEIRAS) – excepção e reconvenção, 131
RLx 16-Jun.-1986 (AZEVEDO BRITO) – contrato de depósito, 217
RLx 10-Out.-1988 (ALEXANDRE PINTO) – solidariedade e titularidade do saldo, 187
RLx 13-Out.-1988 (LEITE BARREIROS) – solidariedade e titularidade do saldo, 187
RLx 16-Nov.-1988 (QUEIROGA CHAVES) – créditos laborais, 145
RLx 7-Mar.-1991 (PIRES SALPICO) – compensabilidade moedas estrangeira e nacional, 117
RLx 23-Mai.-1991 (PIRES SALPICO) – natureza comercial dos actos bancários, 163
Despacho do Presidente da RLx 12-Nov.-1992 (CARDONA FERREIRA) – recurso por *fax*, 168
RLx 29-Abr.-1993 (SANTOS BERNARDINO) – excepção e reconvenção, 132
RLx 27-Jan.-1995 (CABANAS BENTO) – depósito irregular, 225
RLx 27-Jun.-1995 (CABANAS BENTO) – depósito solidário e compensação, 252
RLx 12-Mai.-1996 (PEREIRA DA SILVA) – depósito solidário e compensação, 252
RLx 15-Abr.-1997 (PINTO MONTEIRO) – contrato de depósito e diligência, 217
RLx 12-Mai.-1998 (PEREIRA DA SILVA) – depósito irregular; compensação, 225, 252

RLx 10-Mar.-1999 (GOMES DA SILVA) – créditos laborais, 145
RLx 15-Abr.-1999 (MARCOS RODRIGUES) – depósito bancário amplo, 238
RLx 15-Abr.-1999 (NUNES DA COSTA) – contrato de conta-corrente, 230
RLx 6-Mai.-1999 (SOARES CURADO) – depósito solidário e compensação, 252
RLx 7-Out.-1999 (SILVA PEREIRA) – depósito irregular, 225

Relação do Porto

RPt 12-Abr.-1983 (MARQUES CORDEIRO) – créditos hipotéticos, 119
RPt 12-Out.-1989 (LOPES FURTADO) – abertura de conta e compensação, 248
RPt 21-Out.-1991 (JOSÉ CORREIA) – créditos laborais, 145
RPt 1-Mar.-1993 (PIRES ROSA) – excepção e reconvenção, 132
RPt 26-Abr.-1993 (MANUEL FERNANDES) – montante compensado em execução de sentença; prescrição, 120, 122
RPt 12-Jul.-1995 (PEREIRA MADEIRA) – bloqueio de conta, 192
RPt 1-Jul.-1996 (GUIMARÃES DIAS) – reciprocidade dos créditos, 110, 117
RPt 21-Nov.-1996 (PIRES RODRIGUES) – depósito bancário e compensação, 249
RPt 4-Mai.-1997 (AFONSO CORREIA) – conta solidária, 186
RPt 18-Nov.-1997 (MÁRIO CRUZ) – execução e reconvenção, 132
RPt 14-Jan.-1998 (SALEIRO DE ABREU) – depósito a prazo e compensação, 251, 252
RPt 15-Out.-1998 (COELHO DA ROCHA) – abertura de conta e compensação, 248
RPt 14-Jan.-1999 (SALEIRO DE ABREU) – titularidade do saldo, 188

Primeira instância

Matosinhos 19-Abr.-1996 (NUNO RIBEIRO COELHO) – abertura de conta, 239

JURISPRUDÊNCIA ESTRANGEIRA

Alemanha

Reichsoberhandelsgericht

ROHG 11-Jun.-1873 – compensação e massa falida, 48
ROHG 28-Fev.-1874 – compensação na réplica, 48
ROHG 10-Abr.-1875 – compensação e massa falida e sociedade anónima, 48
ROHG 27-Nov.-1875 – compensação no processo, 48

Reichgericht

RG 28-Mar.-1881 – compensação no ALR, 48
RG 11-Out.-1881 – compensação contratual, 48
RG 19-Mai.-1882 – compensação parcial, 48
RG 21-Set.-1883 – conta-corrente e novação, 232
RG 11-Out.-1883 – compensação de sociedade com débitos do sócio, 48
RG 1-Fev.-1887 – conta-corrente e saldo, 232
RG 18-Mai.-1904 – contrato bancário geral, 197

RG 7-Jan.-1916 – conta-corrente e novação, 232
RG 25-Mar.-1931 – conta-corrente e compensação, 232

Bundesgerichthof

BGH 22-Nov.-1956 – contrato bancário geral, 197
BGH 31-Jan.-1957 – contrato bancário geral e deveres de informação, 197
BGH 17-Nov.-1960 – contrato bancário geral e dever de prevenir riscos, 197
BGH 20-Fev.-1967 – contrato bancário geral e dever de informação, 197
BGH 13-Dez.-1967 – depósito e risco do banqueiro, 226
BGH 28-Jun.-1968 – contrato de conta-corrente, 232
BGH 4-Jul.-1973 – dever bancário de sigilo e boa fé, 197
BGH 1-Jun.-1978 – homogeneidade de créditos, 51
BGH 26-Mar.-1981 – reciprocidade de créditos, 51

Tribunais de apelação

OLG Karlsruhe 9-Abr.-1970 – contrato bancário geral e dever de informação, 197
OLG Bremen 22-Jun.-1973 – risco linguístico, 166
OLG Koblenz 9-Dez.-1983 – depósito e risco do banqueiro, 226

França

Cour de Cassation

CssFr 11-Mai.-1880 – renúncia à compensação, 41
CssFr 6-Jul.-1926 – compensação tácita, 41
CssFr 21-Mar.-1934 – a compensação só interrompe a prescrição se for invocada, 41
CssFr 15-Jan.-1973 – a compensação não é decretada *ex officio*, 40

Primeira instância

Com 21-Mar.-1995 – renúncia à compensação, 41

Itália

CssIt 10-Mar.-1939 – depósito e conta a favor de terceiro, 221

ÍNDICE ONOMÁSTICO

ABREU, SALEIRO DE – 188, 251, 252
ABUDO, JOSÉ IBRAIMO – 222
ACÚRSIO – 34
ALBUQUERQUE, RUY DE – 140, 143
ALCIATUS – 34
ALMEIDA, CANDIDO MENDES DE – 65
ALMEIDA, CARLOS FERREIRA DE – 177
ALMEIDA, FRANCISCO FERREIRA DE – 184
ALTJOHANN, HORST W. – 195, 196, 197
AMBROSIO, ANNAMARIA – 214, 239
AMIRA, KARL VON – 109
ANDRADE, CABRAL DE – 120
ANDRADE, CAMPELO DE – 118
ANDRADE, MANUEL DE – 207
ANSCHÜTZ – 13
ANTUNES, EDUARDO –248, 252
APPLETON – 11, 18, 20, 22, 24, 27, 30, 31
ARNESBERG, ARNDTS R. v. – 48, 52
ASSMUTH, BERND – 219
ASTUTI, GUIDO – 19, 20, 22, 30, 34, 213, 219

BARASSI, LODOVICO – 42, 43
BARATA, CARLOS LACERDA – 222, 225, 226
BARATA-MOURA, JOSÉ – 7
BARREIROS, LEITE – 187
BASSIANO, G. – 34
BASTOS, JACINTO RODRIGUES – 98, 110, 129
BAUMBACH – 201, 231
BEHRENDS, OKKO – 27
BEIRÃO, VEIGA – 154
BEITZKE, GÜNTHER – 206, 207
BENTO, CABANAS – 225, 252
BERGER, PETER KLAUS – 12, 149
BERNARDINO, SANTOS – 132
BERNDT, HOLGER – 176
BERNSTEIN, OTTO – 195

BEVING, J. – 68
BIONDI, BIONDO – 20, 22, 28, 30
BLAUROCK, UWE – 229, 231, 232, 240
BONELLI, GUSTAVO – 229, 233
BONIFACIO, FRANCO – 213
BORGES, FERREIRA – 164
BÖRNER, BODO – 112
BORON, ANGELO – 42
BOVE, LUCIO – 21
BRAGA, S. – 156
BRANCO, LUÍS MANUEL BAPTISTA – 238
BRANQUINHO, OLIVEIRA – 168
BRASSLOFF, STEPHAN – 18
BREHM, WOLFGANG – 132
BRINZ, ALOIS VON – 52
BRITO, AZEVEDO – 217
BRITO, HELENA –138
BRITO, MÁRIO DE – 135
BRÜGGEMEIER, GERD – 34, 51
BRUNN, JOHANN HEINRICH VON – 196
BRUNO, T. – 42
BUCHARD, ULRICH – 177
BUNGE, LISELOTTE – 47, 55
BÜRGE, ALFONS – 21

CAMANHO, PAULA PONCES – 186, 211, 213, 225, 238, 241, 249, 250, 253, 254, 255
CAMEIRA, NUNO – 226, 229, 248, 252
CAMILO, MOREIRA – 230
CANARIS, CLAUS-WILHELM – 192, 195, 198, 199, 230, 231, 232
CANAS, MATOS – 251
CARAVELLI, CASIMIRO – 11
CARBONNIER, JEAN – 34, 39, 41
CARDOSO, EURICO LOPES – 130
CARVALHO, OLIVEIRA – 131
CARVALHO, RICARDO BENOLIEL – 238

Casimiro, Monteiro – 252
Casimiro, Sofia de Vasconcelos – 177
Catrola, Óscar – 117, 217
Cavallo, Aldo – 239
Chabas, François – 40, 41
Chaves, Queiroga – 145
Cian, Giorgio – 233
Cícero – 20
Claussen, Carsten Peter – 201, 202
Coase, Ronald H. – 11
Coelho, Nuno Ribeiro – 239
Coimbra, Eduardo – 118
Coing, Helmut – 34
Cordeiro, António Menezes – 17, 18, 20, 21, 109, 114, 115, 136, 162, 174, 178, 199, 200, 202, 207, 208, 210, 216
Cordeiro, Marques – 119, 131, 131-132, 238
Correia, Afonso – 186
Correia, Dionísio – 188, 256
Correia, Ferrer – 249
Correia, José – 145
Corte-Real – 132
Costa, Mário Júlio de Almeida – 131, 207
Costa, Campos – 250
Costa, Carlindo – 249
Costa, Ferreira da – 131
Costa, Ludovico da – 131
Costa, Manuel José Fernandes – 131
Costa, Martins da – 108, 188
Costa, Nascimento – 252
Costa, Nunes da – 230
Coviello – 233
Cruz, Manuel Braga da – 7
Cruz, Mário – 132
Cruz, Sebastião – 19, 23
Cunha, Paulo – 140, 146
Curado, Soares – 252
Cuturi, Torquato – 35, 42
Cujacius, Iacobus – 34, 35

D'Amelio, Mariano – 42, 43
Dalmartello, Arturo – 215, 216, 217
Dauto, Ussumane Aly – 229
David, M. – 12, 19

Delbrück, Helmut – 51
Denck, Johannes – 110, 134
Derham, Rory – 55, 56, 57
Dernburg, Heinrich – 22, 31, 47, 48, 52
Desgorces, Richard – 230
Desiderio, Luigi – 238
Deveza, Victor de Almeida – 132, 145
Dias, Guimarães – 110, 117
Dias, Mário Rua – 248, 252
Dias, Távora – 211
Domat, Jean – 35
Drakidis, Philippe – 41

Elísio, Filinto – 143
Enneccerus, Ludwig – 52
Erne, Roland – 201, 202
Escarra, Jean – 230
Esmein, Paul – 40

Fabião, Fernando – 252
Fadda, Carlos – 21
Falcone, Giuseppe – 192
Fanqueiro, Luís – 117, 142
Feldmann, Börries von – 11
Fenge, Hilmar – 144
Fernandes, José António – 131
Fernandes, Manuel – 120
Ferreira, Amadeu José – 177
Ferreira, Cardona – 166, 168
Ferreira, Daniel – 250
Ferreira, José Dias – 73, 129, 140, 141, 214
Ferri, Giuseppe – 192, 223
Figueira, Eliseu – 133
Figueiredo, Mário de – 234
Figueiredo, Roseira de – 132
Fikentscher, Wolfgang – 51, 119, 207
Finzi, Enrico – 42, 43
Fiorentino, Adriano – 230, 233, 236
Fischer, Reinfrid – 239, 248
Fonseca, Guilherme da – 138
Fonseca, Martins da – 225, 253
Foster – 23
Freire, Pascoal José de Melo – 67
Freitas, José Lebre de – 131

Índice onomástico

Frost, Marina – 200
Fuchs, Hans Ulrich – 195, 197, 198
Furtado, Lopes – 248

Gabolde, Gabriel – 40
Gadow, Wilhelm – 28
Gaius – 12, 17, 19, 20, 21, 22, 24, 25, 28
Galasso, Angelo – 215
Galasso, Giuseppe – 215
Gallo, Paolo – 214
Gandolfi, Giuseppe – 213
Gavalda, Christian – 189, 192, 248
Gelger, Klaus – 219
Gény, François – 41
Gerhard, Walter – 200
Gernhuber, Joachim – 51, 117 149, 156, 210
Giannini, Torquato – 229, 230, 233
Gierke, Julius von – 196
Gierke, Otto von – 109, 205, 206
Goldschmidt, Ludwig – 13, 48, 49
Gomes, Januário – 127
Gonçalves, Luiz da Cunha – 76, 77, 127, 130, 140, 164, 215, 221, 234
Goode, Roy – 55, 57
Graça, Henriques da – 168
Gramlich, Ludwig – 177
Grisi, Giuseppe – 230
Gröscher, Peter – 113, 115
Grunsky, Wolfgang – 133
Gschnitzer, Franz – 205, 206
Guestin, J. – 40
Guglielmucci, Lino – 223, 226
Guimarães, Rui – 118
Gursky, Karl-Heinz – 9, 11
Gusmão, Miranda – 110, 252

Heck, Philipp – 149
Hefermehl, Wolfgang – 233
Heineccius – 67
Heinrichs, Helmut – 109, 110, 200
Heymann – 198
Holden, H. A. – 20
Hopt – 201, 231
Horn, Norbert – 198

Horsch, Andreas – 160
Huber, Ulrich – 208
Hueck, Alfred – 196
Hüffer, Uwe – 219, 226
Huppert, Ulf – 146

Imbert, Jean – 23
Inês, Sousa – 170
Irnério – 33
Iustinianus – vide Justiniano

Jahr, Günther – 114
Javolenus – 135
Jayme, Erik – 166
Jorge, Fernando Pessoa – 177, 207
Justiniano – 27, 29, 31, 33
Justo, A. Santos – 17, 19

Kaser, Max – 17, 18
Kegel, Gerhard – 39, 47, 51, 55, 110
Kipp, Theodor – 48, 52
Klami, Hannu Tapani – 219
Klanten, Thomas – 239, 248
Klewheyer, Gerd – 33
Knütel, Rolf – 27
Koch, Arwed – 196
Köhler, Helmut – 22, 210
Kohler, J. – 27, 49
Kramer, Ernst A. – 200, 206, 210
Krbek, F.-S. Evans-Von – 200
Kretschmar, Paul – 10, 27, 30
Krüger – 29
Kümpel, Siegfried – 192, 198
Kupisch, Berthold – 27

Laker, Michael – 177
Lamas, Sousa – 145
Lamy – 226
Lange, Herman – 33
Larenz, Karl – 51, 156, 199, 207, 215, 255
Lehmann, Heinrich – 52
Leitão, Carlos – 192
Lenel, Otto – 214
Lenz, Hansrudi – 242
Lequette, Yves – 39, 40

LIESECKE, RUDOLF – 196, 198
LIMA, PIRES DE – 109, 111, 119, 121, 126, 132, 138, 169, 215, 216, 217, 220
LIPPMANN – 48
LITTEN, FRITZ – 109
LIVIUS, TITUS – 23
LOBO, TAVARES – 117
LONGO, CARLO – 213, 214
LONGO, GIOVANNI ELIO – 24
LOPES, OLIVEIRA – 120, 131
LOPES, ROGER – 188
LORENZI, VALERIA DE – 11, 47
LOURENÇO, FRANCISCO – 188
LUÍS, ALBERTO – 253
LÜKE, GERHARD – 146

MACKELDEY, F. – 68
MADEIRA, PEREIRA – 192
MARCO AURÉLIO – 27, 28, 29, 55
MARKGRAF, INGO – 177
MARMO, MARGHERITA – 214, 248
MARQUES, COSTA – 120, 188
MARTINS, ROBERTO – 118
MARTINUS GOSIA – 33, 34. 40
MARTORANO, FEDERICO – 236
MATCHOCO, VASCO – 222
MAYER-MALY, THEO – 47
MAZEAUD, HENRI – 40, 41
MAZEAUD, JEAN – 40, 41
MAZEAUD, LÉON – 40, 41
MCCRACKEN, SHEELAG – 55, 56, 57
MEDICUS, DIETER – 9, 53, 114
MENDEGRIS, ROGER – 11
MENDES, JOÃO DE CASTRO – 105, 130, 135, 136
MENESES, MIGUEL PINTO DE – 67
MILONE, FILIPPO – 28
MOLLE, GIACOMO – 192, 223, 229, 238
MONTEIRO, FERNANDO PINTO – 67
MONTENEGRO, MIGUEL – 217, 226
MOREIRA, GUILHERME ALVES – 73, 74, 75, 76, 77, 130, 138, 141, 153
MOURA, JOÃO – 110, 117, 131
MÜLLER, ULRICH – 200
MÜLLER-GRAFF – 199

NAPOLEÃO – 37, 40, 41
NASCIMENTO, NORONHA – 188
NDOKO, NICOLE-CLAIRE – 12
NEBELUNG – 196
NEGRI, GIOVANNI – 214
NICOLÒ, ROSARIO – 221
NIKISCH, ARTHUR – 129, 131
NOBBE, GERD – 191
NÓVOA, SAMPAIO DA – 170
NUISSL, DAGMAR – 201
NUNES, FERNANDO CONCEIÇÃO – 192

OERTMANN, PAUL – 53, 146
OETKER, HARTMUT – 206, 209
OTTO, HANSJÖRG – 206

PALANDT – 109, 110, 200, 215
PANTEL, JOACHIM – 198
PAOLI, UGO ENRICO – 213
PAULO, TORRES – 136
PAULUS – 28
PEREIRA, SILVA – 225
PICKER, EDUARD – 19
PIKART, HEINZ – 196
PINTO, ALBERTO ALVES – 110
PINTO, ALEXANDRE – 187
PINTO, CARLOS ALBERTO DA MOTA – 109
PIRES, JOSÉ MARIA – 224
PLANCK – 109
PLANIOL, MARCEL – 38, 40
PORTALE, GIUSEPPE B. – 215, 216, 217
POSNER, RICHARD A. – 11
POTHIER, ROBERT-JOSEPH – 35
PROVERA, GIUSEPPE – 20
PUCHTA, GEORG FRIEDRICH – 52
PUGLIESE, GIOVANNI – 17
PUNTSCHART, PAUL – 109

RADOUANT, JEAN – 40
RAISER, LUDWIG – 196, 199
REGELSBERGER, FERDINAND – 195
REICHEL, HANS – 12
REIS, JOSÉ ALBERTO DOS – 118, 130
REITERER, IRMGARD – 146
RESCIGNO, PIETRO – 45, 215, 217, 219

Reuter, Dieter – 215, 219, 220
Ribeiras, Farinha – 131
Ribeiro, Neves – 132, 217
Ribeiro, Fernando Nunes – 110
Ripert, Georges – 40
Rocha, Coelho da – 248
Rocha, M. A. Coelho da – 68, 69
Rocha, Victor – 250
Rodewald, Bernd – 176
Rodrigues, José Narciso Cunha – 143
Rodrigues, Marcos – 238
Rodrigues, Pires – 249
Römer – 28
Roque, Gil – 252
Rosa, Pires – 132
Rossa, Caroline Beatrix – 177
Rudorf – 52

Sá, Almeno de – 249
Salandra, Vittorio – 229, 230, 233
Salanitro, Niccolò – 238
Saleilles, Raymond – 41, 119
Salpico, Pires – 117, 163
Santoro, Vittorio – 230, 238
Savigny, Friedrich Karl von – 33, 205
Scaevola, Quintus Mucius – 20
Schäfer, Frank A. – 159, 178, 186, 189, 192, 201, 229
Schlesinger, Piero – 11
Schlosser – 114
Schlüter, Martin – 9
Schmitz-Esser, Valerio – 177
Schraepler, Hans-Joachim – 196
Schröder, Jan – 33
Schuler – 134
Schwanert, Hermann – 30
Schwintowski, Hans-Peter – 159, 178, 186, 189, 192, 201, 229
Scozzafava, Oberdan Tommaso – 230
Seabra, Alexandre de – 73
Seabra, António Luís (Visconde de) – 71, 73, 74, 103, 126, 127, 128, 137, 138, 140, 144, 214, 215, 252

Seiler, Hans Hermann – 27
Serra, Adriano Vaz – 76, 79, 80, 103, 110, 112, 119, 121, 122, 123, 131, 134, 135, 137, 139, 141, 149, 207, 255
Serra, Bravo – 118
Siber, Heinrich – 27, 49, 109
Silva, Gomes da – 145
Silva, Nuno Espinosa Gomes da – 105
Silva, Pereira da –225, 252
Silveira, Luís Novais Lingnau da – 105
Silveira, Santos – 133, 186
Simler, Philippe – 39, 40
Simonetto, Ernesto – 219
Sinn, Heinrich – 12
Soares, Costa – 225
Soares, Machado – 175
Soares, Quirino – 240
Sokolowski – 48, 52
Solazzi, Siro – 20, 22, 24, 28, 30
Sousa, Figueiredo – 250
Sousa, Miguel Teixeira de – 131
Sprau, Hartwig – 215
Stampe, Ernst – 12, 28
Steuer, Stephan – 189
Stöltzel – 132
Stolz, Carsten – 177
Stoufflet, Jean – 189, 192, 248

Teles, Miguel Galvão – 116
Telles, Inocêncio Galvão – 116, 192, 207, 211, 222, 241
Telles, José Homem Corrêa – 35, 67, 68
Terré, François – 39, 40
Teschemacher, Emil – 13
Thiele, Wolfgang – 200
Toscano, Alberto – 118
Trabucchi, Alberto – 233
Tuhr, Andreas von – 113

Upmeyer – 28, 30
Utzig, Siegfried – 242

Vangerow, Karl Adolph von – 52

Varela, Antunes – 109, 111, 119, 121, 126, 132, 138, 155, 169, 207, 215, 216, 217, 220, 253, 254, 255
Vasconcelos, Pita de – 120, 230
Veiga, Lencastre da – 110
Veloso, José António – 176
Viana, Solano – 230
Vidigal, Ramiro – 173, 221
Vierrath, Christian – 25, 156

Waldeck, D. Jo. Petrus – 67

Watermann, Thomas W. – 55, 56
Weigelin, Ernst – 51, 146
Weismann, Jakob – 49
Wendt, Otto – 28
Wiese, Günther – 206
Windscheid, Bernhard – 48, 52
Wolf, Ottmar – 242

Zimmermann, Reinhard – 9, 41, 57

ÍNDICE BIBLIOGRÁFICO

ABUDO, JOSÉ IBRAIMO – *Depósito bancário*, em *Temas de Direito bancário*, 1999.

ALBUQUERQUE, RUY DE – *Da compensabilidade dos créditos e débitos civis e comerciais dos bancos nacionalizados*, em *Estudos em Memória do Professor Doutor Paulo Cunha* (1989), 151-280.

ALMEIDA, CANDIDO MENDES DE – vide *Quarto Livro das Ordenações*.

ALMEIDA, CARLOS FERREIRA DE – *Desmaterialização dos títulos de crédito: valores mobiliários escriturais*, RB 16 (1993), 23-39.

ALTJOHANN, HORST W. – *Der Bankvertrag, ein Beitrag zur Dogmatik des Bankrechts*, 1962.

AMBROSIO, ANNAMARIA – *Il conto corrente bancario: le vicende del rapporto*, em ANNAMARIA AMBROSIO, *I contratti bancari* (1999), 331-368;
– AMBROSIO, ANNAMARIA – vide CAVALLO, ALDO;
– AMBROSIO, ANNAMARIA – vide MARMO, MARGHERITA.

AMIRA, KARL VON – rec. a OTTO VON GIERKE, *Schuld und Haftung im älteren deutschen Recht*, SZGerm 31 (1910), 484-500.

ANDRADE, MANUEL DE – *Teoria geral das obrigações*, 1965.

ANSCHÜTZ – *Das Institut der Zahlwoche auf den französischen Messen im Anfange des XIII Jahrhunderts*, ZHR 17 (1872), 108-109.

APPLETON – *Histoire de la compensation en Droit Romain*, 1895.

ARNESBERG, ARNDTS R. V. – *Lehrbuch der Pandekten*, 13ª ed., 1886.

ASSMUTH, BERND – vide KLAMI, HANNU TAPANI.

ASTUTI, GUIDO – *Compensazione (storia)*, ED VIII (1961), 1-17;
– *Deposito (storia)*, ED XII (1964), 212-236.

BARASSI, LODOVICO – *La teoria generale delle obbligazioni*, vol. III, *L'attuazione*, 2ª ed., reimp., 1964.

BARATA, CARLOS LACERDA – *Ensaio sobre a natureza jurídica do contrato de depósito bancário*, 1993, polic.
– *Contrato de depósito bancário*, em *Estudos em Honra do Prof. Doutor Inocêncio Galvão Telles*, II vol. (2002), 7-66.

BASTOS, JACINTO RODRIGUES – *Das obrigações em geral*, VI, 1973.

BAUMBACH/HOPT – *HGB*, 30ª ed., 2000.

BEHRENDS, OKKO/KNÜTEL, ROLF/KUPISCH, BERTHOLD/SEILER, HANS HERMANN – *Corpus Iuris Civilis/Die Institutionen*, 1993

BEITZKE, GÜNTHER – *Nichtigkeit, Auflösung und Umgestaltung von Dauerrechtsverhältnissen*, 1948.

BERGER, PETER KLAUS – *Der Aufrechnungsvertrag/Aufrechnung durch Vertrag/Vertrag über Aufrechnung*, 1996.

BERNDT, HOLGER – *Elektronisches Geld – Geld der Zukunft?*, Sparkasse 1995, 369-372.

BERNSTEIN, OTTO – *Die Geschäftsbedingungen der Bankiers und ihre rechtliche Behandlung*, Bank-Archiv IV (1905), 166-171.

BEVING, J. – vide MACKELDEY, F.

BIONDI, BIONDO – *La compensazione nel diritto romano*, 1927;
– *Compensazione (Diritto romano)*, NssDI III (1959), 719-722.

Black's Law Dictionary, 7ª ed., 1999.

BLAUROCK, UWE – *Das Anerkenntnis beim Kontokorrent*, NJW 1971, 2206-2209;
– *Das Kontokorrent*, JA 1980, 691-696.

BONELLI, GUSTAVO – *Sulla teoria del conto corrente*, RDComm XII (1914) 1, 825-834.

BONIFACIO, FRANCO – *Deposito (diritto romano)*, NssDI V (1960), 495-497.

BÖRNER, BODO – *Die Aufrechnung mit der Forderung eines Dritten*, NJW 1961, 1505-1509.

BORON, ANGELO – *Codice civile per gli stati di S. M. il Re di Sardegna*, 1842.

BOVE, LUCIO – vide FADDA, CARLOS.

BRAGA, S. – *Der Schadensersatzanspruch nach § 326 BGB und die Aufrechnung und Abtretung (§ 404 und 406 BGB)*, MDR 1959, 437-441.

BRANCO, LUÍS MANUEL BAPTISTA – *Conta-corrente bancária/da sua estrutura, natureza e regime jurídico*, RB 39 (1996), 35-85.

BRASSLOFF, STEPHAN – *Zur Geschichte des römischen Compensationsrechtes*, SZRom 21 (1900), 362-384.

BREHM, WOLFGANG – *Rechtsfortbildungszweck des Zivilprozess*, FS Ekkehard Schumann (2002), 57-69.

BRINZ, ALOIS VON – *Lehrbuch der Pandekten*, 2ª ed., 1876.

BRÜGGEMEIER, GERD – *AK-BGB*, §§ 387-389, 1981.

BRUNN, JOHANN HEINRICH VON – *Die Formularmässigen Vertragsbedingungen der deutschen Wirtschaft / Der Beitrag der Rechtspraxis zur Rationalisierung*, 2ª ed., 1956.

BRUNO, T. – *Codice civile del Regno d'Italia*, 6ª ed., 1901.

BUCHARD, ULRICH – *Kompetenz-Netzwerk versus Universalbank*, Bank 1997, 4-8.

BUNGE, LISELOTTE – *Die Aufrechnung im englischen Recht unter besonderer Berücksichtigung der Aufrechnung im Konkurse*, 1933.

BÜRGE, ALFONS – *Fiktion und Wirklichkeit: Soziale und rechtliche Strukturen des römischen Bankwesens*, SZRom 104 (1987), 465-558.

CAMANHO, PAULA PONCES – *Do contrato de depósito bancário*, 1998;
– anotação a RCb 12-Mai.-1998 (TÁVORA DIAS), nos *Estudos em Honra do Prof. Doutor Inocêncio Galvão Telles*, II vol. (2002), 102-130.

CANARIS, CLAUS-WILHELM – *Ansprüche wegen "positiver Vertragsverletzung" und "Schutzwirkung für Dritte" bei nichtigen Verträgen*, JZ 1965, 475-482;
– *Funktionen und Rechtsnatur des Kontokorrents*, FS Hämmerle (1972), 55-78;
– *Bankvertragsrecht* 1.° vol., 3ª ed., 1988.

CARAVELLI, CASIMIRO – *Teoria della compensazione e diritto di retenzione*, 1940.

CARBONNIER, JEAN – *Droit civil/4 – Les obligations*, 22ª ed., 2000.

CARDOSO, EURICO LOPES – *Manual da Acção Executiva*, 3ª ed., 1964.

CARVALHO, RICARDO BENOLIEL – *Aspectos do regime legal do depósito bancário*, RBr 25 (1971), 37-65.

CASIMIRO, SOFIA DE VASCONCELOS – *A responsabilidade civil pelo conteúdo da informação transmitida pela Internet*, 2000.

CAVALLO, ALDO – *Le operazioni bancarie in conto corrente*, em ANNAMARIA AMBROSIO, *I contratti bancari* (1999), 275-329.

CHABAS, FRANÇOIS – vide MAZEAUD, HENRI e LÉON.

CIAN, GIORGIO/TRABUCCHI, ALBERTO – *Commentario breve al Codice Civile*, 4ª ed., 1992.

CÍCERO – *De officiis Libri tres*, publ. H. A. HOLDEN, 1899, reimpr., 1966.

CLAUSSEN, CARSTEN PETER/ERNE, ROLAND – *Bank- und Börsenrecht*, 3ª ed., 2000.

COASE, RONALD H. – *The Problem of Social Cost*, J. Law & Econ. 3 (1960), 1-44.

COING, HELMUT – *Europäisches Privatrecht 1500 bis 1800 – Band I – Alteres Gemeines Recht*, 1985;
– *Europäisches Privatrecht 1800 bis 1914*, Band II – *19. Jahrhundert*, 1989.

CORDEIRO, ANTÓNIO MENEZES – *A pós-eficácia das obrigações*, 1983;
– *Direito da Economia*, 1.° vol., 1986;
– *Direito das obrigações*, 1.° vol., 1986, reimp.;
– *Concessão de crédito e responsabilidade bancária*, BMJ 359 (1986), 5-66 = *Banca, bolsa e crédito*, vol. 1.° (1990), 9-61;
– *A excepção do cumprimento do contrato-promessa*, TJ n.° 27 (1987), 1-5;
– *Direito das Obrigações*, 1.° vol., 1988;
– *Teoria geral do Direito civil/Relatório*, 1988;
– *Convenções colectivas de trabalho e alteração das circunstâncias*, 1995;
– *Da boa fé no Direito civil*, 1984, 2ª reimpr., 2001;
– *Da responsabilidade civil dos administradores das sociedades comerciais*, 1997;
– *Tratado de Direito civil*, I, tomo I, 2ª ed., 2000, tomo II, 2ª edição, 2002;

– *Manual de Direito comercial*, 1.º vol., 2001, 2.º vol., 2001;
– *Manual de Direito bancário*, 2ª ed., 2001;
– *A modernização do Direito das obrigações* I – *Aspectos gerais e reforma da prescrição*, ROA, 2002, 91-110;
– *Depósito bancário e compensação*, CJ/Supremo XI (2002) 1, 5-10 = *Estudos em Honra do Prof. Doutor Inocêncio Galvão Telles*, II vol. (2002), 90-102;
– *A modernização do Direito das obrigações*, II – *O direito da perturbação das prestações*, em publicação na ROA.

CORREIA, FERRER/SÁ, ALMENO DE – *Cessão de créditos/Emissão de cheque/Compensação*, CJ XV (1990) 1, 39-56.

COSTA, ALMEIDA – *Direito das obrigações*, 9ª ed., 2001.

CRUZ, SEBASTIÃO – *Da "solutio"/terminologia, conceito e características, e análise de vários institutos afins*, I – *Épocas arcaica e clássica*, 1962;
– *Direito romano*, 1.º vol., 4ª ed., 1984.

CUTURI, TORQUATO – *Trattato delle compensazioni nel diritto privato italiano*, 1909.

CVIACIUS, IACOBUS – *Opera*, tomus IV, ed. de 1777.

D'AMELIO, MARIANO/FINZI, ENRICO – *Codice Civile/Libro delle obbligazioni/Commentario*, vol. I, 1948.

DALMARTELLO, ARTURO/PORTALE, GIUSEPPE B. – *Deposito (diritto vigente)*, ED XII (1960), 236-274.

DAUTO, USSUMANE ALY – *Abertura de conta bancária*, em *Temas de Direito bancário*, 1999.

DAVID, M. – vide GAIUS.

DELBRÜCK, HELMUT – *Anfechtung und Aufrechnung als Prozessandlungen mit Zivilrechtswirkung*, 1915.

DENCK, JOHANNES – *Die Aufrechnung gegen gepfändete Vertragsansprüche mit Forderungen aus demselben Vertrag*, AcP 176 (1976), 518-534;
– *Vorausabtretung und Aufrechnung*, DB 1977, 1493-1498.

DERHAM, RORY – *Set-Off*, 2ª ed., 1996.

DERNBURG, HEINRICH – *Geschichte und Theorie der Compensation nach römischem und neuerem Rechte mit besonderer Rücksicht auf die preussische und französische Gesetzgebung*, 2ª ed., 1868.

DERNBURG/SOKOLOWSKI – *System des Römischen Rechts/Der Pandekten*, 2.º vol., 8ª ed., 1912.

DESGORCES, RICHARD – *Relecture de la théorie du compte courant*, RTDComm 50 (1997), 383-394.

DOMAT, JEAN – *Les loix civiles dans leur ordre naturel: le droit public et legum delectur*, 1767.

DRAKIDIS, PHILIPPE – *Des effets à l'égard des tiers de la renonciation à la compensation acquise*, RTDCiv 53 (1955), 238-253.

ELÍSIO, FILINTO – *Da compensabilidade dos créditos da banca nacionalizada*, ROA 1986, 771-803.

ENNECCERUS, LUDWIG/LEHMANN, HEINRICH – *Recht der Schuldverhältnisse/Ein Lehrbuch*, 15ª ed., 1958.

ERNE, ROLAND – *vide* CLAUSSEN, CARSTEN PETER.

ESCARRA, JEAN – *Cours de droit commercial*, 1952.

ESMEIN, PAUL – *vide* PLANIOL, MARCEL.

Estudos em Homenagem ao Prof. Doutor Inocêncio Galvão Telles, I volume, *Direito privado e vária*, 2002 e II volume, *Direito bancário* (2002).

FADDA, CARLOS – *Istituti commerciali del diritto romano/Introduzione*, 1903, reimpr., 1987, com notas de LUCIO BOVE.

FALCONE, GIUSEPPE – *Conto corrente bancario in diritto comparado*, DDP / SComm IV (1990), 27-28.

FELDMANN, BÖRRIES VON – *Die Aufrechnung – ein Überblick*, JuS 1983, 357-363.

FENGE, HILMAR – *Zulässigkeit und Grenzen des Ausschlusses der Aufrechnung durch Rechtsgeschäft*, JZ 1971, 118-123.

FERREIRA, AMADEU JOSÉ – *Valores mobiliários escriturais / Um novo modo de representação e circulação de direitos*, 1997.

FERREIRA, JOSÉ DIAS – *Codigo de Processo Civil Anotado*, tomo I, 1887;
– *Codigo Civil Portuguez Annotado*, vol. II, 2ª ed., 1895, vol. III, 2ª ed., 1898.

FERRI, GIUSEPPE – *Conto corrente di correspondenza*, ED IX (1961), 666-671;
– *Deposito bancario*, ED XI (1964), 278-285.

FIGUEIREDO, MÁRIO DE – *Contrato de conta-corrente*, 1923.

FIKENTSCHER, WOLFGANG – *Schuldrecht*, 9ª ed., 1997.

FINZI, ENRICO – *vide* D'AMELIO, MARIANO.

FIORENTINO, ADRIANO – *Conto corrente*, NssDI IV (1959), 408-414.

FISCHER, REINFRID/KLANTEN, THOMAS – *Bankrecht/Grundlage der Rechtspraxis*, 3ª ed., 2000), Nr. 3.62 (133).

FOSTER – *vide* LIVIUS, TITUS.

FREIRE, PASCOAL JOSÉ DE MELO – *Institutiones Juris Civilis Lusitani*, 4 tomos, 3ª ed. reimp, 1842; *idem* trad. port., MIGUEL PINTO DE MENESES, BMJ 168 (1967).

FREITAS, JOSÉ LEBRE DE – *Direito processual civil*, II vol., 1979, polic.;
– *A acção executiva*, 1ª ed., 1993, 2ª ed., 1997;
– *Código de Processo Civil Anotado*, vol. 1.º, 1999.

FROST, MARINA – *"Vorvertragliche" und "vertragliche" Schutzpflichten*, 1981.

FUCHS, HANS ULRICH – *Zur Lehre vom allgemeinen Bankvertrag*, 1982.

GABOLDE, GABRIEL – vide PLANIOL, MARCEL.

GADOW, WILHELM – *Die Einrede der Arglist*, JhJb 84 (1934), 174-203.

GAIUS – *Institutiones* (150 d.C.; utilizamos a edição de M. DAVID, *Gai institutiones secundum codicis veronensis aprographum studemundianum et reliquias in Aegypto repertas*, Leiden, 1964).

GALASSO, ANGELO/GALASSO, GIUSEPPE – *Deposito* DDP/SCiv V (1990), 253-274.

GALASSO, GIUSEPPE – vide GALASSO, ANGELO.

GALLO, PAOLO – *Deposito bancario in diritto comparato*, DDP/SComm IV (1990), 261-263;
– *Deposito in diritto comparato*, DDP/SCiv V (1990), 274-278.

GANDOLFI, GIUSEPPE – *Il deposito nella problematica della giurisprudenza romana*, 1971.

GAVALDA, CHRISTIAN/STOUFFLET, JEAN – *Droit bancaire*, 2ª ed., 1994.

GELGER, KLAUS – *Das Depositum irregulare als Kreditgeschäft*, 1962.

GÉNY, FRANÇOIS – anot. a CassFr 21-Mar.-1934, S 1934.1.361-366.

GERHARD, WALTER – *Der haftungsmassstab im gesetzlichen Schutzverhältnis (Positiver Vertragsverletzung, culpa in contrahendo)*, JuS 1970, 597-603;
– *Die Haftungsfreizeichung innerhalb der gesetzlichen Schutzverhältnisses*, JZ 1970, 535-539.

GERNHUBER, JOACHIM – *Die Erfüllung und ihre Serrogate/sowie das Erlöschen der Schukdverhältnisse aus anderen Gründen*, 2ª ed., 1994;
– *Hinausgeschobene Dauerschulden/Das Schuldverhältnis vor dem Anfangstermin*, FS Zöllner II (1998), 1119-1138.

GIANNINI, TORQUATO – *I contratti di conto corrente*, 1895.

GIERKE, JULIUS VON – *Handelsrecht und Schiffahrtsrecht*, 8ª ed., 1958.

GIERKE, OTTO VON – *Dauernde Schuldverhältnis*, JhJb 64 (1914), 355-411;
– vide AMIRA, KARL VON.

GOLDSCHMIDT, LUDWIG – *Die Rückwirkung des Kompensationsaktes/Ein Gutachten über den § 283 des Entwurfs eines Bürgerlichen Gesetzbuchs für das Deutsche Reich, dem Deutschen Juristentage*, 1890;
– *Die Geschäftsoperationen auf den Messen der Champagne* (*Les devisions des foires de Champagne*), ZHR 40 (1892), 1-32.

GOMES, JANUÁRIO – *Assunção fidejussória de dívida*, 2000.

GONÇALVES, LUIZ DA CUNHA – *Comentário ao Código Comercial Português*, vol. 1.º, 1914, vol. 2.º, 1915;
– *Tratado de Direito Civil*, vol. V, 1932 e vol. VIII, 1934.

GOODE, ROY – *Legal Problems of Credit and Security*, 2ª ed., 1988;
– *Commercial Law*, 2ª ed., 1995.

GRAMLICH, LUDWIG – *Elektronisches Geld. Gefahr für Geldpolitik und Währungshoheit?*, CR 1997, 11-18.

GRISI, GIUSEPPE – vide SCOZZAFAVA, OBERDAN TOMMASO.

GRÖSCHER, PETER – *Zur Wirkungsweise und zur Frage der Geltendmachung von Einrede und Einwendung im materiellen Zivilrecht*, AcP 201 (2001), 49-90.

GRUNSKY, WOLFGANG – *Die unzulässige Prozessaufrechnung*, JZ 1965, 391-399.

GSCHNITZER, FRANZ – *Die Kundigung nach deutschem und österreichischem Recht*, já citada, publ. em JhJb 76 (1926), 317-415 e JhJb 78 (1927/28), 1-86.

GUESTIN, J. – anot. a CassFr 15-Jan.-1973, D. 1973, 475-477.

GUGLIELMUCCI, LINO – *Deposito bancario*, DDP / SComm IV (1990), 255-261.

GURSKY, KARL-HEINZ – no STAUDINGERS *Kommentar*, 13ª ed., §§ 397 ss., 1994.

HECK, PHILIPP – *Grundriss des Schuldrechts*, 1929, reimpr., 1974.

HEFERMEHL, WOLFGANG – *Grundfragen des Kontokorrents*, FS Lehmann (1956), 547-562.

HEINRICHS, HELMUT – vide PALANDT.

HEYMANN – vide HORN, NORBERT.

HOLDEN, H. A. – vide CÍCERO.

HOPT – vide BAUMBACH.

HORN, NORBERT – em HEYMANN/*HGB*, vol. 4, 1990), Anhang § 372, Nr. 6 (319).

HORSCH, ANDREAS – *Versicherungsunternehmen in der Krise – Lehren aus Kreditwirschaft?*, Die Bank 2002, 668-673.

HUBER, ULRICH – *Leistungsstörungen*, II vol., 1999.

HUECK, ALFRED – *Normenverträge*, JhJb 73 (1923), 33-118.

HÜFFER, UWE – *Münch-Komm* 3/2, 2ª ed., 1986), § 700 (363 ss.).

HUPPERT, ULF – vide LÜKE, GERHARD.

IMBERT, JEAN – *"Fides" et "nexum"*, St. Arangio-Ruiz (1953), 339-363.

Institutiones Juris Civilis Lusitani, 4 tomos, 3ª ed., reimpr., 1842; a 1ª ed. foi publicada a partir de 1789.

JAHR, GÜNTHER – *Die Einrede des bürgerlichen Rechts*, JuS 1964, 125-132, 218-224 e 293-305.

JAYME, ERIK – *Sprachrisiko und Internationales Privatrecht beim Bankverkehr mit ausländischen Kunden*, FS Bärmann 1975, 509-522.

JORGE, FERNANDO PESSOA – *Direito das obrigações*, I, 1972;
– *Acções escriturais*, Dir 1989, 93-114.

JUSTO, A. SANTOS – *Direito romano* – I / *Parte geral (Introdução. Relação Jurídica. Defesa dos direitos)*, 2000.

KASER, MAX – *Das römische Zivilprozessrecht*, 1966;
– *Oportere und ius civile*, SZRom 83 (1966), 1-46.

KEGEL, GERHARD – *Probleme der Aufrechnung: Gegenseitigkeit und Liquidität/rechtsvergleichend dargestellt*, 1938.

KIPP, THEODOR – *vide* WINDSCHEID, BERNHARD.

KLAMI, HANNU TAPANI – *"Mutua magis videtur quam deposita"/Über die Geldverwahrung im Denken der römischen juristen*, trad. alemã do Autor e de BERND ASSMUTH, 1969.

KLANTEN, THOMAS – *vide* FISCHER, REINFRID.

KLEWHEYER, GERD/SCHRÖDER, JAN (publ.) – *Deutsche und Europäische Juristen aus neun Jahrhunderten/Eine biographische Einführung in die Geschichte der Rechtswissenschaft*, 4ª ed., 1996.

KNÜTEL, ROLF – *vide* BEHRENDS, OKKO.

KOCH, ARWED – *Die Allgemeinen Geschäftsbedingungen der Banken / ihre rechtliche und wirtschaftliche Bedeutung und Entwicklung*, 1932;
– *Der Krediteröffnungsvertrag*, Bank-Archiv XXXII (1933), 224-226.

KÖHLER, HELMUT – *Rückwirkende Vertragsanfassung bei Dauerschuldverhältnissen?*, FS Steindorf (1990), 611-641.

KOHLER, J. – *Kompensation und Prozess*, ZZP 20 (1894), 1-74;
– *Die Aufrechnung nach dem Bürgerliche Gesetzbuche*, ZZP 24 (1898), 1-49.

KRAMER, ERNST A. – no *Münchner Kommentar*, II, 4ª ed., 2001.

KRBEK, F.-S. EVANS-VON – *Nichterfüllungsregeln auch bei weiteren Verhaltens oder Sorgfaltspflichtverletzung?*, AcP 179 (1979), 85-152.

KRETSCHMAR, PAUL – *Über die Entwicklung der Kompensation im römischen Rechte*, 1907.

KÜMPEL, SIEGFRIED – *Bank- und Kapitalmarktrecht*, 1995.

KUPISCH, BERTHOLD – *vide* BEHRENDS, OKKO.

LAKER, MICHAEL/MARKGRAF, INGO – *Automatisierung: Risiken und Nebenwirkungen*, Bank 1997, 156-158.

LAMY – *Droit du financement*, 2001.

LANGE, HERMAN – *Römisches Recht im Mittelalter*, Band I – *Die Glossatoren*, 1997.

LARENZ, KARL – *Lehrbuch des Schuldrechts*, I *Allgemeiner Teil*, 14ª ed., 1987 e II, 1, *Besonderer Teil*, 13ª ed., 1986.

LEHMANN, HEINRICH – *vide* ENNECCERUS, LUDWIG.

LENEL, OTTO – *Das Edictum Perpetuum / Ein Versuch zu seiner Wiederherstellung*, 3ª ed. (1927), §§ 106-112 (288-302).

LENZ, HANSRUDI – *Der Fall Enron – Rechnungslegung und Wirtschaftsprüfung im Kreuzfeuer der Kritik*, BB 2002, 1.

LEQUETTE, YVES – vide TERRÉ, FRANÇOIS.

Les cinq codes (Napoléon, de Procédure Civile, de Commerce, d'Instruction Criminelle, et Pénal), T.D., 1811

LIESECKE, RUDOLF – *Die neuere Rechtsprechung des Bundesgerichtshofes zum Bankrecht*, WM 1959, 614-619;
– *Die Bankguthahen in Gesetzgebung und Rechtsprechung*, WM 1975, 214-230.

LIMA, PIRES DE/VARELA, ANTUNES – *Código Civil Anotado*, vol. II, 3ª ed., 1986, 4ª ed., 1997 e 4.º vol., 2ª ed., 1992.

LIPPMANN – *Zur Lehre von der Compensation nach dem Entwurfe des bürgerlichen Gesetzbuchs*, Gruchot XXXII (1893), 157-261.

LIVIUS, TITUS – *Ab urbe condita* 2.23 = FOSTER, *Livy in fourteen volumes*, ed. bilingue, 1967), 1.º vol., 291-293.

LONGO, CARLO – *Corso di diritto romano / Il deposito*, 1946.

LONGO, GIOVANNI ELIO – *Esecuzione forzata (diritto romano)*, NssDI VI (1960), 713-722.

LORENZI, VALERIA DE – *Compensazione*, DDP/SezCiv III (1990), 66-77.

LUÍS, ALBERTO – *Direito bancário*, 1985.

LÜKE, GERHARD/HUPPERT, ULF – *Durchblick: Die Aufrechnung*, JuS 1971, 165-171.

MACKELDEY, F. – *Manuel de Droit Romain*, 3ª ed., 1846, trad. fr. de J. BEVING, § 536 (250-251).

MARKGRAF, INGO – vide LAKER, MICHAEL.

MARMO, MARGHERITA – *Il deposito bancario*, em ANNAMARIA AMBROSIO e outros, *I contratti bancari* (1999), 1-63

MARTORANO, FEDERICO – *Contratto di conto corrente*, ED IX (1961), 658-666.

MATCHOCO, VASCO – *O depósito bancário*, 1995.

MAYER-MALY, THEO – *Juristische Reflexionen über ius*, SZRom 117 (2000), 1-29.

MAZEAUD, HENRI e LÉON/MAZEAUD, JEAN/CHABAS, FRANÇOIS – *Leçons de Droit civil*/tomo II, vol. 1.º – *Obligations/théorie générale*, 9ª ed., 1998

MAZEAUD, JEAN – vide MAZEAUD, HENRI.

MAZEAUD, LÉON – vide MAZEAUD, HENRI.

MCCRACKEN, SHEELAG – *The Banker's Remedy of Set-Off*, 2ª ed., 1998.

MEDICUS, DIETER – *Anspruch und Einrede als Rückgrat einer zivilistischen Lehrmethode*, AcP 174 (1974), 313-331;
– *Allgemeiner Teil des BGB / Ein Lehrbuch*, 7ª ed., 1997;
– *Schuldrecht I/Allgemeiner Teil*, 13ª ed., 2002.

MENDEGRIS, ROGER – *La nature juridique de la compensation*, 1969.

MENDES, JOÃO DE CASTRO – *Manual de Processo Civil*, 1963;

– *Limites objectivos do caso julgado em processo civil*, 1968;
– *Direito processual civil*, 3.º vol., 1974, polic.

MENDES, JOÃO DE CASTRO (com a colaboração de SILVA, NUNO ESPINOSA GOMES DA e SILVEIRA, LUÍS NOVAIS LINGNAU DA) – *Art. 852.º/Compensação de obrigações com lugares diferentes de pagamento*, 1973.

MILONE, FILIPPO – *La exceptio doli (generalis)/Studio di diritto romano*, 1882, reimpr., 1970.

MOLLE, GIACOMO – *Conto corrente bancario*, NssDI IV (1959), 414-424;
– *Deposito bancario*, NssDI V (1960), 518-528.

MOLLE, GIACOMO/DESIDERIO, LUIGI – *Manuale di diritto bancario e del'intermediazione financiaria*, 5ª ed., 1997.

MOREIRA, GUILHERME – *Instituições do Direito civil português* – Livro II – *Das obrigações*, s/d mas pré-edição de 1903;
– *Instituições do Direito civil português*, vol. II, *Das obrigações*, 1911.

MÜLLER, ULRICH – *Die Haftung des Stellvertreters bei culpa in contrahendo und positiver Forderungsverletzung*, NJW 1969, 2169-2175.

MÜLLER-GRAFF – *Die Geschäftsverbindung als Schutzpflichtverhältnis*, JZ 1976, 153-156.

NDOKO, NICOLE-CLAIRE – *Les mystères de la compensation*, RTDCiv 90 (1991), 661-694.

NEBELUNG – *Gutschriften auf dem Konto pro Diverse*, NJW 1959, 1068-1069.

NEGRI, GIOVANNI – *Deposito nel diritto romano, medievale e moderno*, DDP/Sciv V (1990), 219-252.

NICOLÒ, ROSARIO – *Deposito e contratto a favore di terzo*, RDComm XXXVII (1939) 2, 451-459, em anot. a CssIt 10-Mar.-1939.

NIKISCH, ARTHUR – *Die Aufrechnung im Prozess*, FS H. Lehmann II (1956), 765-788.

NOBBE, GERD – *Bankrecht/Aktuelle höchst- und obergerichtliche Rechtsprechung*, 1999.

NUISSL, DAGMAR – *Bankgeschäftsrecht*, 1997.

NUNES, FERNANDO CONCEIÇÃO – *Depósito e conta*, em *Estudos em Honra do Prof. Doutor Inocêncio Galvão Telles*, II vol., 2002, 67-88.

OERTMANN, PAUL – *Die rechtliche Natur der Aufrechnung*, AcP 113 (1915), 376-428;
– *Die Aufrechnung im Deutschen Zivilprozessrecht*, 1916.

OETKER, HARTMUT – *Das Dauerschuldverhältniss und seine Beendigung/Bestandaufnahme und kritische Würdigung einer tradieten Figur der Schuldrechtsdogmatik*, 1994.

Ordenaçoens do Senhor Rey D. Affonso V, Livro III, reprodução "fac-simile" da ed. de 1792, *Collecçaõ da Legislaçaõ Antiga e Moderna do Reino de Portugal*, Parte I – *Da Legislaçaõ Antiga*, ed. Fundação C. Gulbenkian, *Ordenações Afonsinas*, Livro IV, 1984.

Ordenaçoens do Senhor Rey D. Manuel. Livro III, reproduzidas em "fac-simile" da ed. de

1792, *Collecçaõ da Legislaçaõ Antiga e Moderna do Reino de Portugal*, Parte I. *Da Legislaçaõ Antiga*, ed. Fundação C. Gulbenkian, *Ordenações Manuelinas*, Livro IV, 1984.

OTTO, HANSJÖRG – no *STAUDINGERS Kommentar*, §§ 315-327, ed. 2001, § 326, Nr. 28 ss.

PALANDT – *BGB*, 62ª ed., 2003.

PANTEL, JOACHIM – *Pflichten der Bank aus dem Kreditverhältnis, insbesondere bei der Kündigung*, 1979.

PAOLI, UGO ENRICO – *Deposito (Diritto attico)*, NssDI V (1960), 494-495.

PICKER, EDUARD – *Rechtsdogmatik und Rechtschichte*, AcP 201 (2001), 763-859.

PIKART, HEINZ – *Die Rechtsprechung des Bundesgerichtshofs zum Bankvertrag*, WM 1957, 1238-1246.

PINTO, CARLOS ALBERTO DA MOTA – *Cessão da posição contratual*, 1970.

PIRES, JOSÉ MARIA – *Direito bancário*, 3.° vol., 1997.

PLANCK/SIBER – *BGB*, 4ª ed., 1914.

PLANIOL, MARCEL – *Traité Elémentaire de Droit civil*, 2.° vol., 3ª ed., 1903.

PLANIOL, MARCEL/RIPERT, GEORGES (colab. ESMEIN, PAUL/RADOUANT, JEAN/GABOLDE, GABRIEL) – *Traité pratique de Droit civil français*, tomo VII – *Les obligations*, II parte, 1931.

PORTALE, GIUSEPPE B. – *vide* DALMARTELLO, ARTURO.

POSNER, RICHARD A. – *Economic Analysis of Law*, 5ª ed., 1998.

POTHIER, R.-J. – *Traité des Obligations, Oeuvres*, II, 1848; o original é de meados do séc. XVIII.

PROVERA, GIUSEPPE – *Iudicium contrarium*, NssDI 9 (1963), 341-343.

PUCHTA/RUDORF – *Cursus der Institutionen*, 3.° vol., 1847.

PUGLIESE, GIOVANNI – *Il processo civile romano* II – *Il processo formulare* I, 1963.

PUNTSCHART, PAUL – *Schuld und Haftung im geltenden deutschen Recht*, ZHR 71 (1912), 297-326.

Quarto Livro das Ordenações, ed. "fac-simile" da edição de CANDIDO MENDES DE ALMEIDA, Rio de Janeiro, 1870, da Fundação Calouste Gulbenkian, *Ordenações Filipinas*, Livros IV e V, 1985.

RADOUANT, JEAN – *vide* PLANIOL, MARCEL.

RAISER, RUDWIG – *Das Recht der allgemeinen Geschäftsbedingungen*, 1935.

REGELSBERGER, FERDINAND – *Die rechtliche Bedeutung der sog. Geschäftsbedingungen der Bankiers für die Kontokorrentverträge*, Bank-Archiv V (1906), 169-172.

REICHEL, HANS – *Aufrechnung und Betrug*, AcP 125 (1925), 178-192.

REIS, JOSÉ ALBERTO DOS – *Comentário do Código de Processo Civil*, vol. 3.°, 1945.

REITERER, IRMGARD – *Die Aufrechnung*, 1976.

RESCIGNO, PIETRO (org.) – *Codice Civile*, 2ª ed., 1994, 3ª ed., 1997.

REUTER, DIETER – no *Staudingers Kommentar BGB*, 13ª ed., 1995), §§ 652-704, 779 ss.

RIPERT, GEORGES – *vide* PLANIOL, MARCEL.

ROCHA, M. A. COELHO DA – *Instituições de Direito Civil Portuguez*, 8ª ed., 1917, correspondente à 2ª ed., de 1848.

RODEWALD, BERND – *Der Erfolgskurs des electronic cash*, WM 1996, 11.

RÖMER – *Die exceptio doli insbesondere im Wechselrecht*, ZHR 20 (1874), 48-83.

ROSSA, CAROLINE BEATRIX – *Missbrauch beim electronic cash / Eine zivilrechtliche Bewertung*, CR 1997, 138-148.

ROTH – *Münch-Komm*, 4ª ed., 2001, § 242, Nr. 160 ss. (158 ss.)

RUDORF – *vide* PUCHTA.

SÁ, ALMENO DE – *vide* CORREIA, FERRER.

SALANDRA, VITTORIO – *Conti correnti bancari e contratto di conto corrente*, RDComm XXIX (1931) 1, 707-737.

SALANITRO, NICCOLÒ – *Conto corrente bancario*, DDP / SCom IV (1190), 8-26.

SALEILLES, RAYMOND – *Étude sur la théorie générale de l'obligation/d'après le premier projet de Code Civil pour l'Empire Allemand*, 1914

SANTORO, VITTORIO – *Il conto corrente bancario*, 1992.

SAVIGNY, FRIEDRICH KARL VON – *Das Obligationenrecht / als Teil des heutigen römichen Rechts*, 1851, 2ª reimp., 1987, § 28,2 (302);
– *Geschichte des römischen Rechts im Mittelalter*, IV vol., *Das 12. Jahrhundert*, 2ª ed., 1850, reimpr. 1986.

SCHÄFER, FRANK A. – *vide* SCHWINTOWSKI, HANS-PETER.

SCHLESINGER, PIERO – *Compensazione (diritto civile)*, NssDI III (1959), 722-731.

SCHLOSSER – *Selbständige peremptorische Einrede und Gestaltungsrecht im deutschen Zivilrecht*, JuS 1966, 257-268.

SCHLÜTER, MARTIN – no *Münchener Kommentar zum BGB*, 2.° vol., 4ª ed., 2001.

SCHMITZ-ESSER, VALERIO – *vide* STOLZ, CARSTEN.

SCHRAEPLER, HANS-JOACHIM – *Kreditauskunft –Einschränkung des Bankgeheimnis*, NJW 1972, 1836-1840.

SCHRÖDER, JAN – *vide* KLEWHEYER, GERD.

SCHULER – *Anfechtung, Aufrechnung und Vollstreckungsgegenklage*, NJW 1956, 1497-1500.

SCHWANERT, HERMANN – *Die Compensation nach Römischen Recht*, 1870.

SCHWINTOWSKI, HANS-PETER/SCHÄFER, FRANK A. – *Bankrecht/Commercial Banking – Investment Banking*, 1997

SCOZZAFAVA, OBERDAN TOMMASO/GRISI, GIUSEPPE – *Conto corrente*, DDP/SComm IV (1990) 1-7.

SEABRA, ALEXANDRE DE – *O codigo civil na pratica do foro. A compensação*, O Direito 1 (1869), 338-340.

SEILER, HANS HERMANN – *vide* BEHRENDS, OKKO.

SERRA, ADRIANO VAZ – *Compensação (Estudo de política legislativa)*, separata do BMJ n.º 31 (1952);
– *Pluralidade de devedores ou de credores*, sep. do BMJ 1957, 321;
– *Objecto da obrigação*, BMJ 74 (1958), 15 ss.;
– *Direito das obrigações*, BMJ 98 (1960), 129-316, 99 (1960), 267-526, 100 (1960), 161-413 e 101 (1960), 163-408;
– *Direito das obrigações*, BMJ 98 (1960), 13-128, 99 (1960), 27-265, 100 (1960), 17-159 e 101 (1960), 15-161.

SIBER, HEINRICH – *Compensation und Aufrechnung*, 1899;
– *Rechtszwang im Schuldverhältnis nach deutschem Reichsrecht*, 1903;
– rec. a FRITZ LITTEN, *Die Wahlschuld im deutschen bürgerlichen Rechte*, KrVSchr 46 (1905), 526-555;
– *vide* PLANCK.

SILVA, NUNO ESPINOSA GOMES DA – *vide* MENDES, JOÃO DE CASTRO.

SILVEIRA, LUÍS NOVAIS LINGNAU DA – *vide* MENDES, JOÃO DE CASTRO.

SIMLER, PHILIPPE – *vide* TERRÉ, FRANÇOIS.

SIMONETTO, ERNESTO – *Deposito irregolare* DDP/SCiv V (1990), 279-299.

SINN, HEINRICH – *Die Aufrechnung/eine rechtsvergleichende Darstellung unter Berücksichtigung ds deutschen, österreichischen und schweizerischen Rechts*, 1933.

SOKOLOWSKI – *vide* DERNBURG.

SOLAZZI, SIRO – *La compensazione nel diritto romano*, 2ª ed., 1950.

SOUSA, MIGUEL TEIXEIRA DE – *As partes, o objecto e a prova na acção declarativa*, 1995.

SPRAU – *vide* PALANDT.

STAMPE, ERNST – *Das Compensationsverfahren im Vorjustinianischen stricti juris judicium*, 1886.

STEUER, STEPHAN – *Girokonto für jedermann*, WM 1998, 439-440.

STÖLTZEL – *Die reichsgerichtliche Rechtsprechung über Eventualaufrechnung*, AcP 95 (1904), 1-47 e 96 (1905), 234-274.

STOLZ, CARSTEN/SCHMITZ-ESSER, VALERIO – *Cybermarket: Konkurrenz für Banken und Börsen?*, Bank 1997, 297-300.

STOUFFLET, JEAN – *vide* GAVALDA, CHRISTIAN.

TELES, MIGUEL GALVÃO – *Fungibilidade de valores mobiliários e situações jurídicas meramente categoriais*, em Estudos em Homenagem ao Prof. Doutor Inocêncio Galvão Telles, I volume, Direito privado e vária (2002), 579-628.

TELLES, INOCÊNCIO GALVÃO – *Manual de Direito das obrigações*, I, 1965.

TELLES, JOSÉ HOMEM CORRÊA – *Tratado das obrigações pessoaes e reciprocas nos pactos, contractos, convenções, & c. que se fazem a respeito de fazendas ou dinheiro, segundo as regras do foro da consciencia, e do foro externo, por Mr.* POTHIER, tomo II, Lisboa, 1835;
– *Digesto Portuguez ou Tratado dos direitos e obrigações civis accomodado ás leis e costumes da Nação Portuguesa para servir de subsidio ao "Novo Codigo Civil"*, nova edição revista, 1909, correspondente à 3ª ed., de 1845.

TERRÉ, FRANÇOIS/SIMLER, PHILIPPE/LEQUETTE, YVES – *Droit civil/Les obligations*, 7ª ed., 1999.

TESCHEMACHER, EMIL – *Ein Beitrag zur rechtlichen Betrachtung des Anrechnungsverkehrs bei den Abrechnungsstellen der Reichbank*, ZHR 67 (1910), 401-432.

THIELE, WOLFGANG – *Leistungsstörung und Schutzpflichtverletzung – Zur Einordnung der Schutzpflichtverletzungen*, JZ 1967, 649-657.

TRABUCCHI, ALBERTO – *vide* CIAN, GIORGIO.

TUHR, ANDREAS VON – *Der Allgemeine Teil des Deutschen Bürgerlichen Rechts*, I, 1910.

UPMEYER – *Ipso iure compensari / Ein Beitrag zur Lehre von der erfüllungssichernden Rechtsverhältnissen*, 1914.

UTZIG, SIEGFRIED – *Corporate Governance, Schureholder Value und Aktienoptionen – die Lehre aus Enron, Worldcom und Co*, Die Bank 2002, 594-597.

VANGEROW, KARL ADOLPH VON – *Leitfaden für Pandekten-Vorlesungen*, 3.º vol., 1847.

VARELA, ANTUNES – *Depósito bancário / Depósito a prazo em regime de solidariedade / Levantamento antecipado por um titular*, Revista da Banca 21 (1992), 41-75;
– *Direito da família*, 1.º vol., 4ª ed., 1996;
– *Das obrigações em geral*, vol. 1.º, 9ª ed., 1996, 10ª ed., 2000, vol. 2.º, 7ª ed., 1997, reimpr., 2001;
– *vide* LIMA, PIRES DE.

VELOSO, JOSÉ ANTÓNIO – *Electronic Banking: uma introdução ao EFST*, SI 1987, 77-155.

VIERRATH, CHRISTIAN – *Anrechnung und Aufrechnung*, 2000.

WALDECK, D. JO. PETRI – *Institutiones Juris Civilis Heineccianae*, ed. de Coimbra 1814, ed. 1837.

WATERMANN, THOMAS W. – *A Treatise on the Law of Set-Off, Recoupment, and Counter Claim*, 1869, reimpr., 1998.

WEIGELIN, ERNST – *Das Recht zur Aufrechnung als Pfandrecht an der eigenen Schuld/Ein Beitrag zur Lehre von der Aufrechnung nach deutschem Reichsrechte*, 1904.

WEISMANN, JAKOB – *Die Aufrechnung nach dem Bürgerlichen Gesetzbuche*, ZZP 26 (1899), 1-42.

WENDT, OTTO – *Die exceptio doli generalis im heutigen Recht oder Treu und Glauben im Recht der Schuldverhältnisse*, AcP 100 (1906), 1-417.

WIESE, GÜNTER – *Beendigung und Erfüllung von Dauerschuldverhältnissen*, FS Nipperdey I (1965), 837-851.

WINDSCHEID, BERNHARD/KIPP, THEODOR – *Lehrbuch des Pandektenrechts*, 2.º vol., 9ª ed., 1906, reimpr., 1984.

WOLF, OTTMAR – *Börsenkrisen: Was kommt nach der Baise?*, Die Bank 2002, 748-752.

ZIMMERMANN, REINHARD – *Die Aufrechnung/Eine rechtsvergleichende Skizze zum Europäischen Vertragsrecht*, nos FS Medicus (1999), 707-739.

ÍNDICE GERAL

§ 1.º **Introdução**
1. A compensação 9
2. Vantagens e papel 11
3. Objecto do presente estudo e sequência 13

I
A COMPENSAÇÃO CIVIL

CAPÍTULO I
A COMPENSAÇÃO NO DIREITO ROMANO

§ 2.º **As três situações clássicas**
4. Generalidades 17
5. A compensação nos *bonae fidei iudicia* 19
6. A compensação do banqueiro (*argentarius*) 21
7. A compensação do adquirente da massa falida (*bonorum emptor*) 22

§ 3.º **A evolução pós-clássica**
8. O rescrito de Marco Aurélio 27
9. *Ipso iure compensari* (533 d.C.) 29

CAPÍTULO II
A COMPENSAÇÃO NA HISTÓRIA
E NO DIREITO COMPARADO

§ 4.º **Direito intermédio**
10. Período intermédio e pré-codificação 33

§ 5.º **O sistema napoleónico**
11. O Código Napoleão 37
12. Aspectos gerais do regime 39
13. A natureza automática; apreciação 40
14. A experiência italiana 42

§ 6.º **O sistema alemão**
    15. A elaboração pandectística 47
    16. O Código Civil alemão 49
    17. A eficácia retroactiva 52

§ 7.º **O *common law***
    18. O *set off* 55
    19. Requisitos 56
    20. Aspectos gerais; natureza processual? 57

CAPÍTULO III
A EVOLUÇÃO DA COMPENSAÇÃO
NO DIREITO PORTUGUÊS

§ 8.º **Das Ordenações à pré-codificação**
    21. As Ordenações Afonsinas 59
    22. As Ordenações Manuelinas 62
    23. As Ordenações Filipinas 65
    24. A doutrina da pré-codificação 67

§ 9.º **O Código Civil de SEABRA**
    25. O texto de 1867 71
    26. A transposição de GUILHERME MOREIRA 73
    27. Aspectos do seu funcionamento 76

§ 10.º **A preparação do Código Civil vigente**
    28. Os estudos de VAZ SERRA 79
    29. O anteprojecto 80
    30. As revisões ministeriais 98
    31. Balanço geral 102

CAPÍTULO IV
A COMPENSAÇÃO NO DIREITO CIVIL PORTUGUÊS

§ 11.º **Requisitos**
    32. Generalidades 105
    33. Enunciado legal dos requisitos 107
    34. A reciprocidade e os desvios 109
    35. Exigibilidade; excepções materiais 113
    36. A homogeneidade 116
    37. (I)liquidez 118

§ 12.º **Âmbito**
    38. Generalidades 121

39. Créditos prescritos	122
40. Complexidade subjectiva; em especial: solidariedade	123
41. Dívidas acessórias; fiador e outros garantes	125

§ 13.º **Efectivação**
42. A declaração de compensar; o problema da reconvenção	129
43. A retroactividade	133
44. Pluralidade de créditos	134
45. Diversidade de lugares de cumprimento	135
46. A invalidade da compensação	136

§ 14.º **Exclusão**
47. Factos ilícitos dolosos	137
48. Créditos impenhoráveis	138
49. Créditos do Estado ou outras pessoas colectivas públicas	140
50. Prejuízo de direitos de terceiro	143
51. A renúncia à compensação	144
52. Créditos não-compensáveis, por disposição especial	144
53. A natureza da compensação; aspectos de eficácia	146

§ 15.º **A compensação convencional**
54. Aspectos gerais e relevo	149
55. Cláusulas contratuais gerais	151

§ 16.º **Compensações anómalas e impróprias**
56. Generalidades	153
57. Compensações anómalas: a conta-corrente	153
58. Compensações impróprias: a dedução de valores	155

II
A COMPENSAÇÃO NO DIREITO BANCÁRIO

CAPÍTULO I
ASPECTOS GERAIS DO DIREITO BANCÁRIO

§ 17.º **O Direito bancário e os princípios comerciais**
59. O Direito bancário	159
60. A natureza comercial dos actos bancários	160
61. A aplicação dos princípios comerciais; *a)* Liberdade de língua	163
62. Segue; *b)* Comunicações à distância	167
63. Segue; *c)* Solidariedade e regime conjugal de dívidas	169

§ 18.º **Os princípios bancários**
64. Generalidades; a simplicidade e reformalização	171

65. A unilateralidade 172
66. A rapidez e a desmaterialização 175
67. A ponderação bancária 177
68. A diferenciação conceitual; os perigos da sobreposição linguística ... 179
69. A eficácia sancionária 180

CAPÍTULO II
ABERTURA DE CONTA
E RELAÇÃO BANCÁRIA COMPLEXA

§ 19.º A abertura de conta
70. Generalidades: interesse da matéria 183
71. Celebração e conteúdo geral 184
72. Espécies; a "solidariedade" como categoria bancária 186
73. O problema do "direito à conta" 188
74. Cessação e bloqueio 190
75. Natureza 192

§ 20.º A relação bancária complexa
76. A doutrina do contrato bancário geral 195
77. A doutrina da relação legal e de confiança 198
78. Posição adoptada: a abertura de conta 201

§ 21.º A relação bancária como relação duradoura
79. Aspectos gerais e evolução 205
80. Construção geral 207
81. A sujeição à denúncia; contratos de longa duração 208
82. A relação bancária; a personalização 210

CAPÍTULO III
A COMPENSAÇÃO BANCÁRIA

§ 22.º O depósito bancário
83. Generalidades; o depósito comum 213
84. Os deveres do depositário 216
85. O depósito irregular 219
86. Depósito mercantil e depósito bancário 221
87. Modalidades de depósito bancário 222
88. Regime e natureza 225

§ 23.º A conta-corrente bancária
89. Generalidades; a conta-corrente comum 229

90. Dogmática actual	231
91. O regime de VEIGA BEIRÃO; *a*) Os efeitos	234
92. Segue; *b*) Vicissitudes	236
93. Conta-corrente bancária; terminologia e particularidades	238

§ 24.º **A compensação bancária em geral**

94. Generalidades; os problemas	241
95. Facilidade de compensação e custos do crédito	242
96. A compensação convencional	243
97. A compensação em conta-corrente	244

§ 25.º **A compensação nos diversos tipos de contas bancárias**

98. Contas diferentes do mesmo titular	247
99. Débitos avulsos do titular de conta	249
100. Depósitos com regimes diferenciados; depósitos a prazo	249
101. Contas solidárias	251
102. Segue; o regime aplicável	254
103. Contas conjuntas	257

Índice de jurisprudência	259
Índice onomástico	265
Índice bibliográfico	271
Índice geral	285

* * *